Zéro déchet

Béa
JOHNSON

Zéro déchet

DOCUMENT

Traduit de l'anglais (États-Unis)
par Laure Motet

Illustrations de Béa Johnson

Titre original :
ZERO WASTE HOME: THE ULTIMATE GUIDE
TO SIMPLIFYING YOUR LIFE BY REDUCING YOUR WASTE

Éditeur original :
Scribner, une filiale de Simon and Shuster Inc., New York

À Max et Léo

Cet ouvrage reflète les idées et opinions de son auteur. Il vise à fournir des informations utiles et instructives. L'auteur et l'éditeur n'entendent pas y prodiguer de conseils sanitaires ou médicaux, ni de services professionnels personnalisés. Le lecteur doit consulter son professionnel de santé, son médecin ou tout autre professionnel compétent avant de mettre en pratique les suggestions contenues dans ce livre, ou d'en tirer des conclusions.

L'auteur et l'éditeur déclinent toute responsabilité concernant les éventuels litiges, pertes ou risques (qu'ils soient personnels ou non) relatifs à l'adoption ou à l'application, directe ou indirecte, du contenu de cet ouvrage.

Introduction

Il n'y a pas si longtemps, les choses étaient bien différentes : je possédais une maison de 280 mètres carrés, deux voitures, quatre tables et vingt-six chaises. Je remplissais une poubelle de 240 litres chaque semaine.

Aujourd'hui, moins j'ai de biens matériels, plus je me sens riche. Et je n'ai plus besoin de sortir les poubelles !

Tout a changé il y a quelques années. Ma grande maison n'a pas brûlé, pas plus que je ne suis devenue moine bouddhiste.

Voici mon histoire.

J'ai grandi en Provence, dans une maison banale située au fond d'une impasse : loin de la ferme où mon père avait passé son enfance, ou de la base militaire où ma mère avait été élevée. Fidèle à ses origines paysannes, mon père était tout de même décidé à profiter au maximum du lopin de terre de son pavillon de banlieue : dès les premiers jours du printemps, il le travaillait à la sueur de son front pour y faire pousser fruits et légumes. L'hiver, il trouvait refuge dans le garage, parmi des tiroirs emplis de vis, de boulons et de pièces en tout genre : la récup était son hobby. Il était (et est toujours) le genre de personne qui n'hésitait pas à s'arrêter sur le bord de la route s'il voyait un vieil aspirateur, une radio, une télé ou un lave-linge abandonnés. Si l'objet en question lui semblait réparable, il le jetait à l'arrière de sa voiture, le rapportait à la maison, le démontait, puis le remontait : d'une manière ou d'une autre, il réussissait toujours à le refaire fonctionner. Il savait même réparer les ampoules grillées ! Mon père est doué, c'est évident, mais ce genre de savoir-faire est assez courant dans la région. Les gens sont débrouillards dans les campagnes françaises, ils savent comment prolonger la durée de vie de leurs affaires. Quand j'étais enfant par exemple, le tambour d'une vieille machine à laver le linge nous servait de piège à escargots, et sa carcasse, de cabane de jeux (un peu petite, il faut bien l'avouer !).

À mes yeux, notre maison représentait une version moderne de *La Petite Maison dans la prairie*, série télévisée que je regardais religieusement lors de ses nombreuses rediffusions. Bien que nous vivions dans une banlieue résidentielle et que mes deux frères et moi ne participions pas autant aux tâches domestiques que les enfants Ingalls (mon frère aîné ayant même la phobie des éponges !), mon père était du style bricoleur, et ma mère, une femme d'intérieur accomplie malgré un budget serré. Elle préparait des repas à trois plats pour le déjeuner et le dîner. Sa semaine était organisée autour de l'église, de la cuisine, du ménage, du repassage, de la couture et du tricot – tout comme celle de Caroline Ingalls ! Le jeudi, elle arpentait le marché à la recherche de bonnes affaires en fils et en tissus. Après l'école, je l'aidais à transférer des patrons et la regardais transformer ses étoffes en vêtements élaborés. Dans ma chambre, je l'imitais en créant des tenues pour mes deux poupées Barbie à partir de vieux collants et de gaze (mes parents recevaient celle-ci lors de leurs visites à la banque du sang). À douze ans, j'ai cousu mon premier ensemble et, à treize, j'ai tricoté mon premier pull-over.

Excepté les occasionnelles bagarres avec mes frères, notre vie de famille semblait heureuse. Toutefois, des désaccords profonds, qui nous étaient imperceptibles, conduisirent nos parents au divorce. À dix-huit ans, fragile psychologiquement, j'ai ressenti le besoin de m'éloigner, et je suis partie pour la Californie, pour y être jeune fille au pair pendant un an. J'étais loin de m'imaginer que, pendant cette année, je tomberais amoureuse de l'homme de mes rêves, de celui qui allait devenir mon mari, Scott. Il ne correspondait pas à l'image du surfeur californien dont rêvent les jeunes Françaises, mais ses gestes attentionnés m'apportèrent la stabilité émotionnelle dont j'avais tant besoin à l'époque. Ensemble, nous voyageâmes dans le monde entier et vécûmes à l'étranger, mais, quand je suis tombée enceinte, j'ai voulu être une super-maman à l'américaine (comme celles que j'avais vues à la télé), et nous sommes donc rentrés aux États-Unis.

MON RÊVE AMÉRICAIN : PLEASANT HILL

Quand nos garçons, Max et, peu de temps après, Léo, sont nés, je vivais mon rêve américain et en exhibais tous les signes extérieurs : nous vivions à Pleasant Hill, une banlieue résidentielle de San Francisco, dans une maison contemporaine de 280 mètres carrés située dans une impasse, avec de hauts plafonds, deux salons, un dressing, un garage pouvant abriter trois voitures et un bassin à carpes koï. Nous avions un 4 x 4, une énorme télé et un chien. Nous remplissions deux réfrigérateurs, un lave-linge et un sèche-linge de tailles industrielles plusieurs fois par semaine. Notre maison n'était pas désordonnée pour autant, et je n'achetais pas tout neuf. J'avais hérité de mes parents l'art de

faire des économies et je chinais volontiers vêtements, jouets et meubles d'occasion. Malgré tout,
sur le côté de la maison, une gigantesque poubelle
recueillait des restes de pots de peinture et nos
montagnes de détritus hebdomadaires. Mais notre
empreinte écologique ne nous dérangeait pas, car
nous remplissions le bac à recyclables.

En sept ans, Scott a gravi les échelons de la
société où il travaillait : il gagnait très bien sa
vie, ce qui nous permettait de partir en vacances
à l'étranger deux fois par an, d'organiser des fêtes
somptueuses, d'acheter des produits alimentaires de
premier choix, d'être membres d'une piscine privée,
de faire des virées shopping toutes les semaines et
de stocker des tonnes d'objets qui ne servent qu'une
fois et qu'on jette aussi sec.

Nous n'avions pas de problèmes financiers : la
vie était facile, et je pouvais m'offrir des cheveux
de Barbie, blond platine, un bronzage artificiel, des
lèvres au collagène et un front botoxé. J'ai même
essayé les extensions de cheveux, les faux ongles
et un soin d'amincissement consistant à faire du
vélo d'appartement enroulée dans du film plastique.
Nous étions en bonne santé et avions des amis
formidables. Nous semblions tout avoir.

Pourtant, les choses n'étaient pas toutes roses.
J'avais trente-deux ans et, au fond de moi, j'étais ter-
rifiée à l'idée que ma vie soit figée, immuable. Nous
étions devenus sédentaires. Dans notre banlieue-
dortoir, avec ses larges avenues et ses centres commerciaux, nous passions trop de temps en voiture
et pas assez à pied. La vie trépidante des capitales
où nous avions vécu à l'étranger nous manquait.
Nous regrettions de ne pas pouvoir arpenter les
rues, aller à pied au café ou à la boulangerie.

VERS LA SIMPLICITÉ

Nous avons décidé de déménager de l'autre côté de la baie, à Mill Valley, un village avec un centre-ville à l'européenne. Nous avons vendu notre maison, nous sommes installés temporairement dans un appartement avec le strict nécessaire et avons mis le reste au garde-meuble, pensant que nous finirions par trouver la maison parfaite pour accueillir ma décoration d'inspiration mauresque et tous les meubles qui allaient avec.

C'est au cours de cette période de transition que nous avons réalisé qu'en ayant moins de biens matériels nous avions plus de temps pour faire ce que nous aimions. Nous ne passions plus nos week-ends à tondre la pelouse et à entretenir notre grande maison et son contenu : désormais, nous passions du temps en famille, à faire du vélo ou des randonnées, à pique-niquer et à partir à la découverte de notre nouvelle région côtière. Une vraie libération ! Scott a fini par comprendre ce que son père avait voulu dire peu de temps avant sa mort : « Si je pouvais revenir en arrière, je passerais moins de temps à entretenir ma pelouse ! » De mon côté, alors que je réfléchissais au nombre de tables et de chaises que j'avais collectionnées au fil des ans pour meubler le coin cuisine, la salle à manger et les deux terrasses de notre ancienne maison, je me suis rappelé une remarque que m'avait faite mon bon ami Éric : « Combien d'endroits faut-il pour s'asseoir dans une maison ? »

Je me suis peu à peu rendu compte que la plupart des choses que nous avions mises au garde-meuble ne nous manquaient pas, que nous avions passé un nombre incalculable d'heures et dépensé des sommes folles pour des affaires inutiles.

Faire du shopping pour notre ancienne maison était devenu un passe-temps sans aucun intérêt, un prétexte pour sortir et m'occuper dans notre banlieue-dortoir. J'ai compris que la plupart des objets que nous stockions ne servaient aucun but précis, si ce n'est celui de remplir des pièces immenses. Nous avions accordé trop d'importance aux « choses ». Chercher la simplicité nous permettrait d'avoir une vie plus riche, plus sensée.

Il nous a fallu un an et deux cent cinquante visites pour trouver la maison idéale : un cottage construit en 1921, de 130 mètres carrés, sans pelouse, à deux pas du centre-ville où l'on nous avait dit qu'il n'y avait aucun bien disponible dans notre budget. Les prix étaient deux fois plus élevés au mètre carré à Mill Valley qu'à Pleasant Hill : la vente de notre maison précédente nous permettait donc d'en acheter une deux fois plus petite. Mais nous rêvions d'être à deux pas des chemins de randonnée, de la bibliothèque, de l'école et des cafés, et nous étions disposés à vivre dans plus petit.

Quand nous avons déménagé, nous avons rempli le garage et le sous-sol des meubles qui n'étaient plus adaptés à notre nouvelle maison et les avons peu à peu vendus. Puis nous avons évalué ce dont nous avions vraiment besoin et nous sommes débarrassés de tout ce qui n'avait pas de réelle utilité. Avions-nous vraiment besoin de garder la remorque à vélos, le kayak, les rollers, les snowboards, la tenue de taekwondo, les deux paires de gants de boxe, le râtelier à vélos, les trottinettes, le panier de basket, les boules de pétanque, les raquettes de tennis, le tuba, le matériel de camping, les skateboards, la batte et le gant de baseball, la cage de foot, l'ensemble de badminton, les clubs de golf et les cannes à pêche ? Dans un premier temps, faire le vide fut difficile pour Scott. Il adorait les activités sportives et avait travaillé dur pour se payer tous ces équipements, mais il finit par comprendre qu'il valait mieux déterminer ses activités préférées, se concentrer sur un nombre plus restreint d'entre elles, plutôt que de laisser la poussière s'accumuler sur des clubs de golf. C'est comme ça qu'en deux ans environ nous nous sommes séparés de 80 % de nos affaires.

VERS LA RÉDUCTION DES DÉCHETS

Quand nous avons entrepris de simplifier notre vie, j'ai suivi les conseils que donne Elaine St. James dans ses livres sur la simplicité et j'ai relu les différents tomes de *La Petite Maison dans la prairie* de Laura Ingalls Wilder. Ces livres nous ont poussés à remettre en question toutes nos activités quotidiennes. Nous avons débranché la télé et annulé nos abonnements à divers catalogues et magazines. Sans la télé et les virées shopping pour nous faire perdre notre temps, nous avons enfin pu nous sensibiliser aux questions environnementales qui nous préoccupaient déjà. Nous avons lu des livres comme *Natural Capitalism*[1], *Cradle to Cradle*[2] et *Nutrition, mensonges et propagande*[3], et loué des documentaires comme *Un jour sur Terre*[4]

---

1. Ouvrage de Paul Hawken, Amory Lovins et Hunter Lovins, sous-titré « Comment réconcilier économie et environnement », Scali, Paris, 2008, pour l'édition française (*N.d.T.*).
2. Ouvrage de Michael Braungart et William McDonough, sous-titré « Créer et recycler à l'infini », Éditions Alternatives, 2011, pour l'édition française (*N.d.T.*).
3. Ouvrage de Michael Pollan, Thierry Souccar Éditions, Vergèze, 2008, pour la version française (*N.d.T.*).
4. Film documentaire réalisé et écrit par Alastair Fothergill et Mark Linfield sorti en 2007 (*N.d.T.*).

et *Home*[1]. Nous avons découvert les conséquences désastreuses des régimes alimentaires malsains et de la consommation irresponsable. Nous avons commencé à comprendre non seulement que la survie de notre planète était compromise, mais aussi que nos décisions quotidiennes inconsidérées ne faisaient qu'empirer la situation du monde dans lequel nous vivons, monde que nous allons léguer à nos enfants.

Nous prenions énormément notre voiture, emballions notre déjeuner dans des sacs en plastique jetables, buvions de l'eau en bouteille, nous servions sans compter d'essuie-tout et de mouchoirs en papier et utilisions d'innombrables produits toxiques pour nettoyer la maison et prendre soin de nous. Les nombreuses poubelles que j'avais remplies de sacs à provisions à Pleasant Hill et les plats surgelés entourés de plastique que j'avais fait réchauffer au four à micro-ondes me sont également revenus à l'esprit. Je me suis rendu compte qu'en vivant le rêve américain nous étions devenus des citoyens et des consommateurs irresponsables. Comment avions-nous pu à ce point nous couper de la réalité et des conséquences de nos actions ? Ou, plutôt, en avions-nous jamais eu conscience ? Qu'étions-nous en train d'enseigner à nos deux garçons, Max et Léo ? D'un côté, ces découvertes nous donnaient envie de pleurer, nous étions furieux d'avoir été aveugles pendant aussi longtemps. D'un autre, elles nous ont donné la force, nous ont convaincus de changer radicalement nos habitudes de consommation et notre style de vie, pour l'avenir de nos enfants.

Scott a ressenti le besoin de mettre ses théories en pratique : en pleine récession économique, il a

---

1. Film documentaire écrit et réalisé par Yann Arthus-Bertrand et sorti en 2009 (*N.d.T.*).

démissionné pour créer sa propre société de conseil en développement durable. Nous avons changé les enfants d'école (l'école privée française n'étant plus dans nos moyens), et j'ai entrepris d'instaurer des alternatives écologiques à la maison.

Ayant compris que le recyclage n'était pas la solution miracle à la crise environnementale et que les matières plastiques ravageaient les océans, nous sommes d'abord passés des bouteilles d'eau jetables aux gourdes, puis des sacs plastique aux cabas. Il suffisait de penser à les prendre avec nous quand nous en avions besoin : facile. J'ai ensuite commencé à faire mes courses dans les magasins bio : j'ai compris que les produits locaux et diététiques qu'ils proposaient valaient bien quelques dollars de plus et que le rayon des aliments en vrac permettait d'éviter les emballages inutiles.

Avec des filets à linge pour transporter fruits et légumes, des sacs en tissu que j'ai cousus à partir d'un vieux drap pour acheter les aliments en vrac, et toute une collection de bocaux pour ranger ces derniers, j'ai peu à peu réduit notre consommation de produits sous emballage. (On peut même dire que je suis devenue accro au vrac, parcourant de longues distances en voiture dans la région de la baie de San Francisco, à la recherche de fournisseurs). Fabriquer une douzaine de torchons dans ce même drap et acheter des chiffons en microfibre élimina le sempiternel essuie-tout. Scott aménagea un tas de compost dans le jardin, et je pris des cours de botanique et de cueillette pour apprendre à me servir des plantes sauvages que nous repérions lors de nos randonnées.

J'étais tellement obsédée par les détritus que générait notre cuisine que j'en avais oublié la salle de bains, mais je me suis vite mise à essayer des solutions alternatives, sans déchet, dans cette pièce aussi. Pendant six mois, je me suis lavé les cheveux avec du bicarbonate de soude et les ai rincés avec du vinaigre de cidre. Lorsque Scott a fini par ne plus supporter l'« odeur de vinaigrette » au lit, j'ai découvert que des shampoings et des démêlants se vendaient en vrac. Fini les virées shopping à Pleasant Hill pour me distraire. Ce qui me stimulait désormais, c'était de découvrir des pratiques à la fois économes et respectueuses de l'environnement. Notre situation financière était devenue difficile depuis que Scott s'était lancé dans sa nouvelle activité professionnelle.

Max et Léo participaient à nos efforts écologiques eux aussi, en se rendant à l'école à vélo, en faisant la course pour prendre la douche la plus rapide possible, en éteignant systématiquement la lumière dans une pièce inoccupée, etc. Malgré tout, un jour, alors que j'accompagnais Léo à une sortie scolaire au magasin bio local, il m'a surprise en ne sachant pas répondre à une question de son instituteur : « Pourquoi est-ce écologique d'acheter en vrac ? » C'est à ce moment-là que j'ai réalisé que nous n'avions pas encore informé nos enfants de nos efforts ciblés sur la réduction des déchets. Satisfaits de mes biscuits faits maison, ils n'avaient même pas remarqué que les biscuits sous emballage avaient disparu. Ce soir-là, je leur ai montré et expliqué pourquoi nous avions un garde-manger atypique et leur ai parlé des autres changements qu'ils avaient déjà adoptés sans même s'en rendre compte. Maintenant que les enfants étaient au courant, nous étions en mesure de viser ensemble le zéro déchet.

J'étais tombée sur ce terme, jusqu'alors appliqué aux pratiques industrielles, en recherchant des alternatives aux emballages. Je n'ai pas approfondi sa définition ni même porté attention à ce que cela impliquait pour les industries, mais l'idée a fait tilt. Elle nous donna un objectif et un moyen de quantifier nos efforts : nous ne savions pas si nous étions capables d'échapper complètement aux ordures ménagères, mais elle nous obligeait à discerner l'origine de celles que nous produisions et de nous attaquer même aux plus petites d'entre elles.

Nous avions atteint un tournant.

LE ZÉRO DÉCHET POUSSÉ À L'EXTRÊME

Pour définir les prochaines étapes à suivre, j'ai examiné ce qu'il restait dans notre poubelle et notre bac à recyclage. Dans la poubelle, j'ai trouvé des emballages de viande, de poisson, de fromage, de pain, de beurre, de glace et de papier toilettes ; au recyclage, des papiers, des boîtes de conserve de tomate, des bouteilles de vin vides, des verres à moutarde et des briques de lait de soja. J'ai entrepris de tous les bannir.

J'ai commencé à présenter des bocaux à la boucherie de mon magasin pour les faire remplir de viande et de charcuterie et éliminer les barquettes en polystyrène. Cela m'a valu des regards étonnés, des questions et des remarques de la part des autres clients et des employés, mais je me suis aperçue que leur dire tout simplement que je n'avais pas de poubelle leur convenait et m'évitait de partir dans des débats. Puis, je me suis mise à apporter une taie d'oreiller à la boulangerie de mon supermarché pour récupérer ma commande hebdomadaire de pain non emballé : au départ, j'ai eu droit à quelques remarques là aussi, mais cette habitude a vite été acceptée. Un nouveau marché de producteurs s'est ouvert près de chez moi : j'ai alors entrepris de faire mes premières conserves de tomates fraîches pour ma réserve d'hiver. J'ai trouvé une cave qui acceptait de remplir nos bouteilles de vin rouge de table, j'ai appris à faire du papier à partir des polycopiés que mes enfants ramenaient de l'école et je me suis attaquée à tous les imprimés publicitaires qui atterrissaient dans notre boîte aux lettres. La bibliothèque ne proposait pas de livre sur la réduction de déchets, je me suis donc ouverte aux idées nouvelles : j'ai cherché sur Google des façons de remplacer les produits que je ne trouvais pas sans emballage. J'ai appris à pétrir le pain, à confectionner de la moutarde maison, à incuber du yaourt, à faire du fromage, à filtrer du lait de soja, à baratter du beurre et à fabriquer du baume à lèvres.

Un jour, un invité bien intentionné est arrivé chez moi avec un dessert sous emballage. C'est à ce moment-là que j'ai réalisé que nous n'atteindrions jamais notre objectif de zéro déchet sans l'aide de nos amis et de notre famille. J'ai compris que c'est à l'extérieur de la maison que commence le zéro déchet, principalement en achetant en vrac dans les magasins bio et en privilégiant les articles réutilisables à ceux à usage unique, mais aussi en demandant à nos amis de ne pas apporter de déchets ou nous offrir de babioles quand ils nous rendent visite. C'est alors que nous avons ajouté le verbe « refuser » au mantra du développement durable : « Réduire, réutiliser, recycler et composter. » J'ai commencé à écrire un blog pour partager notre style de vie, en me donnant pour mission de faire savoir à nos amis et à notre famille que nos efforts étaient réels et notre objectif d'atteindre zéro déchet, sérieux. J'ai prié pour qu'on ne m'apporte plus de boîtes de gâteaux indésirables, de petits cadeaux inutiles, ni de publicités, et j'ai créé un service de conseil pour diffuser mes idées et aider les autres à simplifier leur vie.

Rapidement, nous avons réduit nos déchets recyclables à quelques rares courriers, polycopiés scolaires et bouteilles de vin blanc vides. Nous étions arrivés à un point où le zéro recyclage était même envisageable. À cette même époque, nous sommes partis pour notre voyage annuel en France : je rêvais qu'à notre retour nous irions encore plus loin dans notre démarche zéro déchet et que nous annulerions le service de collecte sélective.

TROUVER L'ÉQUILIBRE

Les tas d'ordures à l'aéroport et dans l'avion m'ont vite ramenée à la réalité. Je me suis aperçue que je vivais dans une bulle. À l'échelle de la planète, il y avait toujours autant de gaspillage. Passer deux mois chez ma mère, dans une maison « normale », m'a permis de faire le break dont j'avais besoin pour me détendre, cesser de porter des jugements et me débarrasser de mes frustrations. J'ai aussi eu l'occasion de prendre du recul par rapport à mon obsession du zéro déchet. J'ai compris que certaines de mes pratiques m'isolaient socialement, qu'elles prenaient beaucoup trop de temps et n'étaient donc pas durables. Faire mon propre beurre par exemple revenait très cher, compte tenu de la quantité qu'il me fallait pour cuisiner biscuits et autres quiches chaque semaine ; faire du fromage était difficile et non nécessaire puisque je pouvais l'acheter à la coupe, sans emballage, en faisant remplir mon bocal. J'étais allée trop loin. J'étais allée jusqu'à chercher de la mousse en forêt pour remplacer le papier toilettes, pour l'amour du ciel !

En fin de compte, il semblait que nous serions plus à même de tenir le cap si nous n'étions pas aussi durs envers nous-mêmes, si nous trouvions une forme d'équilibre. Générer zéro déchet, c'était faire le choix d'un certain mode de vie : si nous voulions nous y tenir à long terme, nous devions faire en sorte que cela soit viable et corresponde à la réalité de notre quotidien. Il nous fallut à nouveau simplifier.

À notre retour de France, j'ai laissé tomber les extrêmes, sans compromettre pour autant les avancées que nous avions faites en matière de réduction des déchets. J'ai cessé d'aller chercher des produits en vrac à Perpette-les-Oies en faisant avec ceux que vendent les magasins proches de chez nous. Au lieu de faire de la glace maison, j'ai demandé au marchand du coin de m'en remplir un bocal. Nous avons aussi à nouveau accepté que nos invités nous offrent du vin et avons abandonné l'idée du zéro recyclage. J'ai arrêté de faire mon propre beurre et me suis décidée à composter les papiers d'emballage sulfurisés de celui que j'achetais dans le commerce. À ce jour, le beurre est toujours la seule nourriture que nous achetons sous emballage. En un mois, le zéro déchet est devenu simple comme bonjour, amusant, et absolument pas stressant.

Scott, qui craignait depuis le début que ma nouvelle passion pour les marchés de producteurs, les alternatives écologiques et les produits biologiques en vrac ne soit une charge trop lourde pour nos finances, entreprit d'analyser nos dépenses. Il compara les frais occasionnés par notre ancien style de vie (en 2005) et le nouveau (en 2010) : il passa en revue tous nos relevés bancaires, en tenant compte du fait que nos deux garçons mangeaient désormais beaucoup plus (puisqu'ils avaient cinq ans de plus). Ses conclusions furent meilleures que ce que nous avions osé espérer : nous faisions près de 40 % d'économie sur nos dépenses annuelles ! Ce chiffre, associé au gain de temps – ayant adopté un style de

vie plus simple et faisant moins de virées shopping
–, a suffi à faire disparaître toutes ses craintes.

Aujourd'hui, notre mode de vie ne nous pose
plus aucun problème. Nous avons tous les quatre
adopté de nouvelles pratiques dans notre train-train
quotidien et profitons au maximum de ce que ce
style de vie a à offrir – bien au-delà de la simple
« bonne conscience écolo ». En adoptant des alternatives zéro déchet, nous avons remarqué des améliorations incontestables dans notre vie : un gain
de temps et d'argent considérable, et des bienfaits
notables sur notre santé. Nous avons découvert que
ce mode de vie n'était pas synonyme de privation.
Bien au contraire, grâce à lui, j'ai trouvé un sens
et un but à ma vie. Celle-ci en a été complètement
transformée. Elle tourne maintenant autour des
expériences nouvelles, et non plus des biens matériels. Désormais, j'embrasse le changement, je ne
me réfugie plus dans le déni.

À PROPOS DE CE LIVRE

Notre environnement, notre économie et notre
santé sont en crise. Les ressources naturelles
s'épuisent, l'économie est instable, notre état de
santé décline, et notre qualité de vie n'a jamais été
aussi basse. Que peut-on faire devant ces problèmes
monumentaux ? Le poids écrasant de la réalité peut
nous paralyser, mais nous devons garder à l'esprit
que nos actions individuelles sont déterminantes et
capables de changer les choses.

Les ressources naturelles s'épuisent, et, pourtant, nous achetons des produits à base de pétrole.
L'économie est faible, mais nous achetons des produits étrangers. Notre état de santé général décline,
mais nous nous nourrissons d'aliments transformés

et utilisons des produits toxiques pour nettoyer nos maisons. Ce que nous consommons influe directement sur notre environnement, notre économie et notre santé, tout en soutenant des pratiques industrielles spécifiques et en créant une demande plus forte. En d'autres termes, acheter, c'est voter. Les décisions que nous prenons au quotidien ont le pouvoir de nuire à notre société ou de la guérir.

Beaucoup de personnes se sentent concernées par la conservation de l'environnement et aspirent à faire plus, au-delà du simple recyclage.

Le concept du zéro déchet nous a donné la confiance nécessaire pour relever de front les défis qui se présentaient à nous.

Ce livre vous proposera des solutions différentes de celles qu'on trouve habituellement dans les ouvrages traitant de l'écologie. Il vous encouragera à désencombrer et à moins recycler, pour le bien de l'environnement mais aussi pour votre bien à vous. Vous y trouverez des solutions, pratiques et testées, pour mener une existence plus riche et plus saine. Elles utilisent les ressources durables et sans déchet à notre disposition et suivent cinq règles de base, dans cet ordre précis : refuser (ce dont nous n'avons pas besoin), réduire (ce dont nous avons besoin), réutiliser (ce que nous consommons), recycler (ce que nous ne pouvons ni refuser, ni réduire, ni réutiliser) et composter le reste.

Ces dernières années, j'ai compris que tout le monde portait un regard différent sur notre style de vie. Par exemple, certains pensent qu'il est excessif parce que nous ne consommons pas de *junk food*. Pour d'autres il n'est pas assez extrême car nous achetons du papier toilettes, mangeons de la viande une fois par semaine et prenons l'avion de temps à autre. Ce qui compte à nos yeux, ce n'est pas ce que les gens pensent mais ce que notre style de vie nous apporte, à nous. Ce ne sont pas les clichés sur ses prétendues contraintes, mais les possibilités infinies que nous avons découvertes dans le zéro déchet qui en font un sujet digne d'intérêt. Et l'idée de partager ce que nous avons appris pour aider les autres à améliorer leur vie me réjouit.

Ce livre ne vise *pas* à vous faire atteindre le zéro déchet absolu : compte tenu des pratiques industrielles actuelles, il est évident que cela est impossible aujourd'hui. Mais le zéro déchet est un idéal, un objectif auquel on peut tenter de se rapprocher au maximum. Tous les lecteurs de cet ouvrage ne pourront pas mettre en pratique l'intégralité des conseils prodigués dans ces pages, ni réduire leurs déchets domestiques à un bocal d'un litre par an, comme le peut ma famille. D'après le *feedback* que font les lecteurs de mon blog, des questions géographiques et démographiques entrent en jeu et influent sur la mise en pratique du zéro déchet. Mais tout le monde peut effectuer quelques changements dans sa vie. Après tout, ce qui importe, c'est de comprendre l'impact que notre pouvoir d'achat a sur l'environnement et d'agir en conséquence. Tout pas vers le développement durable, si moindre soit-il, aura un effet positif sur notre planète et notre société.

Je suis consciente que, compte tenu de ma position, certains me reprocheront de publier un livre imprimé. Je leur objecterai ceci : des informations utiles ne doivent-elles être partagées qu'avec ceux qui lisent des livres électroniques ? À l'heure actuelle, publier un livre simultanément en version imprimée et électronique est le meilleur moyen pour moi d'atteindre un maximum de lecteurs. Je crois qu'il est de mon devoir de faire connaître ma méthode du zéro déchet au plus grand nombre, de faire évoluer nos habitudes de surconsommation, et d'encourager les entreprises à rendre compte des produits et des choix qui ont un impact sur notre santé et gaspillent nos ressources naturelles. J'ai longuement réfléchi avant de prendre cette décision. Mon analyse du « pour » et du « contre » m'a conduite à penser qu'inciter ne serait-ce qu'une personne à réduire ses déchets au quotidien valait bien le coût environnemental de ce livre. De plus, il serait hypocrite de ma part de ne pas l'imprimer, alors que je fréquente moi-même assidûment les bibliothèques ! D'ailleurs, je vous encourage vivement à donner ce livre à une bibliothèque ou à un ami quand vous n'en aurez plus besoin.

Zéro Déchet n'est pas un ouvrage scientifique. Les statistiques et les données brutes, ce n'est pas mon truc. De nombreux auteurs ont déjà brillamment analysé et démontré la nécessité, pour notre société, de passer au zéro déchet. Dans *Garbology*, Edward Humes[1] analyse le problème de nos déchets et dévoile l'horrible vérité. Dans *Vilain Petit Canard. Ces produits domestiques qui nous intoxiquent*, Rick Smith et Bruce Lourie[2] font prendre conscience de la toxicité de nombreux articles de notre quotidien. Ce livre est différent. C'est un guide pratique, basé sur ma propre expérience.

Mon but, mon ambition, est de partager avec mes lecteurs les trucs et astuces qui ont fait leurs preuves chez moi et qui m'ont aidée à me rapprocher le plus possible du zéro déchet. Je partage avec vous ce qui a fonctionné et aussi ce qui a échoué lamentablement ! Certains s'y essaieront en dilettante ; d'autres décideront de pousser les choses

---

1. Edward Humes, *Garbology. Our Dirty Love Affair with Trash*, Avery, New York, 2012 (*N.d.T.*).
2. Rick Smith et Bruce Lourie, *Vilain Petit Canard. Ces produits domestiques qui nous intoxiquent*, Éditions MultiMondes, Québec, 2010 (*N.d.T.*).

à l'extrême. Quoi qu'il en soit, j'espère que vous y trouverez des solutions utiles, quelle que soit votre situation personnelle ou géographique.

Le foyer devrait être un sanctuaire. Nous – mères, pères, citoyens – avons le droit, si ce n'est le devoir, et assurément le pouvoir, de faire évoluer le monde de manière positive par nos décisions et nos actions quotidiennes.

Construire un avenir meilleur commence chez soi avec le *Zéro déchet* !

Le style de vie zéro déchet :
ses « cinq règles »
et ses bienfaits

« C'est facile pour vous de rester assis à regarder la télé, de consommer ce que vous voulez, de tout jeter à la poubelle puis de laisser vos ordures dans la rue en attendant que les éboueurs viennent les chercher. Mais où vont-elles, vos ordures ? »

Magna, ancienne ramasseuse de recyclables à la décharge de Jardim Gramacho de Rio de Janeiro, citée dans le documentaire *Waste Land*.

C'est vrai, on sort la poubelle sur le trottoir le soir, et, le lendemain matin, les emballages plastiques de céréales et les essuie-tout souillés ont disparu, comme par enchantement. Mais, quand on dit : « Je l'ai jeté », qu'est-ce qu'on veut dire exactement ? On l'a jeté où ? On a beau chasser les poubelles hors de notre vue, ça ne veut pas dire qu'on ne doit plus y penser. Après tout, nos déchets ne disparaissent pas sous prétexte que les éboueurs les ont enlevés. Ils finissent dans les décharges, à compromettre notre environnement à l'équilibre précaire, à libérer des composés toxiques dans l'air et le sol, à gaspiller les ressources utilisées pour créer ces produits dont on s'est débarrassé, et à nous coûter des sommes astronomiques chaque année pour les traiter.

Voilà pourquoi il est essentiel de viser le zéro déchet. Mais que signifie exactement le « zéro déchet » ? C'est une philosophie fondée sur une série de pratiques visant à éviter autant que possible de générer des déchets. Dans le monde industriel, cela inspire des écoconceptions dites « du berceau au berceau » ; à la maison, cela pousse le consommateur à agir de manière responsable. De nombreuses personnes se méprennent et pensent que le zéro déchet n'implique qu'un recyclage extensif, quand au contraire il n'encourage pas le recyclage : il tient compte des incertitudes et des coûts liés aux opérations de recyclage. Le recyclage est considéré comme un traitement alternatif des déchets (alors que, dans l'idéal, il faudrait les éliminer totalement), et, bien qu'il fasse partie du modèle zéro déchet, c'est un dernier recours avant la décharge (tout comme le fait de composter).

Qu'implique le zéro déchet pour votre environnement domestique ? Réduire vos déchets ménagers est relativement simple si vous suivez ces cinq étapes : refusez ce dont vous n'avez pas besoin ; réduisez ce dont vous avez besoin ; réutilisez ce que vous consommez ; recyclez ce que vous ne pouvez ni refuser, ni réduire, ni réutiliser ; et compostez le reste.

Comme l'illustre le graphique ci-dessous, j'ai découvert que mettre en pratique ces « cinq règles » *dans l'ordre* permet d'engendrer naturellement très peu de déchets. Les deux premières concernent la prévention des déchets, la troisième, la consommation responsable, et les deux dernières, le traitement des déchets.

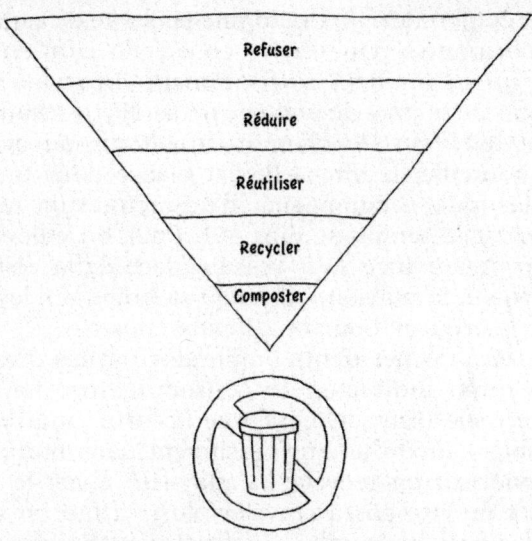

PREMIÈRE ÉTAPE : REFUSER
(CE DONT NOUS N'AVONS PAS BESOIN)

Lorsque ma famille s'est lancée dans l'aventure zéro déchet, il est vite devenu évident que mettre en place ce procédé à la maison commence par notre comportement *à l'extérieur*.

Réduire la consommation est un aspect essentiel de la réduction des déchets (ce que nous ne consommons pas n'aura pas besoin d'être jeté), mais la consommation ne se limite pas au fait d'*acheter*. Dans notre société, on commence à consommer dès qu'on passe le seuil de notre porte. Dans la rue, on attrape l'échantillon de café servi dans un petit gobelet en plastique que nous tend un représentant du Starbucks Coffee qui va s'ouvrir. Au travail, on distribue des cartes de visite à tout-va et on ressort d'une réunion avec une poignée d'entre elles. Lors

33

d'une conférence, on prend une pochette de cadeaux promotionnels. On vérifie ce qu'elle contient et, bien qu'on ait déjà suffisamment de stylos à la maison pour une vie entière, on se dit : « Chouette, un stylo ! » Sur le chemin du retour, on achète une bouteille de vin : elle est placée dans un sac en plastique, accompagnée d'un reçu, avant même qu'on ait le temps de dire ouf. Puis, on enlève un prospectus coincé sous l'essuie-glace de la voiture. Une fois à la maison, on ouvre sa boîte aux lettres, pour la trouver bourrée de publicités.

Le zéro déchet tient compte des formes directes mais aussi indirectes de consommation. La première règle (refuser) concerne la forme indirecte : les objets superflus qui s'insinuent dans notre vie. On pourrait en recycler la majorité, mais le zéro déchet ne vise pas à recycler plus : il fait en sorte que les déchets inutiles n'entrent pas chez nous en premier lieu.

La moindre petite chose qu'on accepte, ou qu'on prend, fait augmenter la demande. En d'autres termes, accepter de manière compulsive (par opposition au fait de refuser) revient à tolérer et à renforcer des pratiques génératrices de gâchis. Quand on laisse un serveur nous resservir de l'eau qu'on ne boira pas ou nous donner une paille qu'on n'utilisera pas, on dit sans le dire : « L'eau n'est pas importante », et : « Veuillez produire plus de pailles jetables, s'il vous plaît. » Quand on prend un échantillon de shampoing « gratuit » dans une chambre d'hôtel, cela a une conséquence aussi : il faudra puiser plus de pétrole pour en fabriquer un nouveau et le remplacer. Lorsqu'on accepte passivement un prospectus publicitaire, un arbre est abattu quelque part dans le monde pour en fabriquer d'autres, et on gaspille son temps à s'occuper de quelque chose de totalement inutile et à le recycler.

Dans notre société de consommation, on ne manque pas d'occasions de refuser. Voici quatre domaines à considérer :

1. Les articles en plastique à usage unique : sacs, bouteilles, gobelets, pailles et autres couverts en plastique jetables. Ces articles sont conçus pour être utilisés pendant trente secondes en moyenne : s'en servir, c'est approuver des procédés industriels toxiques ; on encourage le recours à des produits chimiques dangereux qui s'infiltrent dans le sol, la chaîne alimentaire et l'organisme ; on subventionne la fabrication de matériaux qui sont rarement recyclés (parfois même non recyclables) et ne se décomposeront jamais. Ces produits polluent nos océans, comme en attestent les vortex de déchets récemment découverts, et notre environnement, comme on peut le voir quotidiennement au bord des routes, dans nos villes, nos parcs et nos forêts. Ce problème est monumental et peut paraître insurmontable, mais on peut dépasser sa frustration en agissant simplement : en refusant ces articles jetables et en se promettant de ne plus jamais en utiliser – se faire ce genre de promesses peut être extrêmement efficace pour atteindre les objectifs qu'on se fixe. Vous pouvez facilement éliminer tous les articles en plastique à usage unique : pour cela, il suffit de s'organiser et de réutiliser (voir « Troisième étape : réutiliser »).

2. Les cadeaux gratuits : les articles de toilette des chambres d'hôtel, les échantillons alimentaires et autres sacs de cadeaux promotionnels qu'on nous donne dans des événements en tout genre (conférences, foires et même rencontres écoresponsables). Je vous entends déjà : « Oh, mais c'est gratuit ! » L'est-ce vraiment ? Ces petits cadeaux sont principalement fabriqués à partir de plastique, à peu de frais, ce qui signifie qu'ils se cassent facilement (ils ne durent d'ailleurs souvent pas plus longtemps que les articles en plastique à usage unique). Tout produit manufacturé a une empreinte carbone élevée et des coûts environnementaux. Les accumuler chez soi est aussi source de désordre et entraîne plus tard des coûts d'élimination. Refuser ces babioles demande beaucoup de volonté, mais, après quelques tours de chauffe, vous profiterez vite des améliorations que cela apporte à votre vie.

3. Les imprimés publicitaires : beaucoup de gens mettent directement les publicités au recyclage, sans même y réfléchir. Mais, collectivement, ce geste simple a des conséquences considérables et encourage la distribution de dix milliards d'imprimés publicitaires chaque année en France. Ces publicités contribuent à la déforestation et requièrent de précieuses ressources énergétiques pour leur fabrication. Pour quoi ? Essentiellement, nous faire perdre notre temps et gaspiller l'argent de nos impôts. J'ai compris que la tolérance zéro (voir « Imprimés publicitaires » à la page 264) était la meilleure manière de lutter contre. Malheureusement, il est impossible de les éviter complètement aujourd'hui. Comme vous allez le voir dans les pages qui suivent, j'ai déclaré la guerre à ces publicités indésirables. Bien que j'aie presque gagné, mener ce combat a été la partie la plus frustrante de mon cheminement vers le zéro déchet. Je trouve ahurissant de pouvoir empêcher le superflu de passer le seuil de ma porte, mais non celui de ma boîte aux lettres.

4. Les pratiques non durables : parmi celles-ci, citons le fait d'accepter reçus et autres cartes de visite qu'on ne consultera jamais, ou d'acheter des produits avec des emballages superflus et de jeter ces derniers sans suggérer au fabricant de changer ses pratiques. Ces exemples montrent que nos actions individuelles peuvent avoir un impact énorme pour faire changer les choses : ils donnent l'occasion de faire entendre notre voix et de nous investir activement dans la lutte contre les déchets (voir « Déchets actifs » à la page 378). Les consommateurs peuvent faire évoluer des procédés générateurs de gâchis s'ils font savoir au fabricant et au détaillant ce qu'ils veulent. Par exemple, si tout le monde refusait les reçus, une solution alternative (comme celle de ne pas les imprimer mais de les envoyer par e-mail) émergerait.

Des « cinq règles » que nous traiterons dans ce chapitre, « refuser » est sans doute la plus difficile sur le plan social, en particulier pour les ménages avec des enfants. Personne ne veut nager à contre-courant ni se montrer grossier quand on nous offre quelque chose de bon cœur. Mais un peu de pratique et des justifications toutes simples permettent de décliner facilement même les propositions les plus insistantes. Tout ce que vous avez à dire, c'est : « Je suis désolé, mais je n'ai pas de poubelle », « je suis désolé, mais j'essaie de simplifier ma vie » ou « je suis désolé, mais nous en avons déjà trop à la maison ». En général, les gens comprennent, respectent un choix personnel et n'insistent pas. Dans certains cas, nous avons appris que se montrer proactif – en se désabonnant d'une liste avant que les publicités ne soient envoyées par exemple – est le plus efficace.

Refuser n'a pas pour but de nous isoler sociale-ment, mais de nous faire réfléchir aux décisions que nous prenons au quotidien, à la consommation indirecte à laquelle nous participons et au pouvoir que nous détenons au niveau collectif. Même si le fait de refuser n'élimine pas la création du déchet en question, cela stimule une demande pour envi-sager d'autres solutions. Le concept du refus est fondé sur le pouvoir de la collectivité : si nous refusons tous les échantillons d'hôtel, ceux-ci ne nous seront plus proposés ; si nous refusons tous les reçus, ceux-ci n'auront plus lieu d'être imprimés. À titre d'exemple, certaines chaînes d'hôtels et de magasins (ceux d'Apple notamment) proposent désormais la possibilité de vous envoyer un reçu par e-mail au lieu de l'imprimer. Essayez donc de refuser. Les occasions ne manquent pas.

Il y a deux ans, j'ai été nominée pour The Green Awards (qui récompense l'heureux élu d'un prix de 25 000 dollars en espèces) pour faire connaître et répandre ma démarche zéro déchet. L'événement était sponsorisé par Géant Vert, lequel m'offrit le voyage en avion jusqu'à Los Angeles pour la cérémonie, accompagnée de l'invité de mon choix. J'ai choisi d'emmener mon fils Max. J'étais bien déterminée à refuser discrètement (sans offenser mon généreux hôte) l'éventuel sac cadeau, ainsi que le trophée si je le remportais. J'ai facilement refusé le premier dès mon arrivée, mais, le lendemain soir, lorsque mon nom a retenti dans le micro, j'ai accepté le globe en verre, aveuglée par la joie et les projecteurs (impossible de le refuser discrètement en cette occasion). J'ai posé pour les photographes, récompense à la main, et Max l'a fièrement gardée sous le bras tout le reste de la soirée, puisqu'il avait « toujours rêvé d'en avoir une ». Je lui ai rappelé que nous n'étions pas venus pour gagner un objet, mais pour les opportunités que nous procurerait le prix en espèces. Il a malgré tout insisté pour qu'on le ramène à la maison. Un ou deux mois plus tard, l'excitation de la victoire passée, son attachement au trophée a lui aussi fini par s'atténuer. Je lui ai alors demandé :

« Est-ce que je peux le renvoyer à Géant Vert pour qu'il le réutilise l'année prochaine ?

– Oui, vas-y. »

Et c'est ce que j'ai fait. Il ne l'a pas regretté un seul instant. Moi non plus. Les photos que nous avons prises ce soir-là, les souvenirs que nous avons en commun, et les actions que nous avons pu entreprendre pour le bien de la communauté zéro déchet grâce à cet argent nous rappellent cette formidable soirée. Et puis, eux, pas besoin de les épousseter !

DEUXIÈME ÉTAPE : RÉDUIRE (CE DONT NOUS AVONS BESOIN MAIS NE POUVONS PAS REFUSER)

> « Il semblerait que, lorsqu'on a peu de choses dans la vie, on a peu de raisons de s'inquiéter. En revanche, quand on en a beaucoup, on a beaucoup à perdre. »
>
> Rick Ray dans son documentaire
> *10 Questions for the Dalai Lama*.

Réduire, c'est contribuer directement à la résolution de la crise environnementale. C'est s'attaquer au cœur du problème des déchets et prendre en considération les conséquences environnementales de l'accroissement de la population, de la consommation qui va avec, et de la raréfaction des ressources planétaires qui ne peuvent pas subvenir aux besoins de tous. Réduire permet aussi d'avoir un style de vie simplifié et de préférer la qualité à la quantité, l'expérience aux biens matériels. Cela incite à remettre en question tous vos achats, passés et futurs : en avez-vous besoin ? Les utilisez-vous ? Vous devriez avoir réellement besoin de ce que vous possédez.

Voici trois idées à mettre en pratique pour réduire de manière efficace :

1. Évaluez votre consommation passée : déterminez l'utilité de chacun de vos biens et débarrassez-vous de ce qui n'est pas nécessaire. Faites le vide. Lancez-vous des défis et envisagez même de vous débarrasser de ce dont vous avez toujours pensé avoir besoin. En faisant ça, nous nous sommes rendu compte que nous n'avions pas besoin d'essoreuse à salade par exemple. Remettez tout en question chez vous, et vous ferez des découvertes surprenantes.

– Faire le vide donne naissance à de meilleures habitudes d'achat : le temps et l'énergie que vous consacrez à déterminer le besoin et l'utilité de précédents achats vous pousseront à réfléchir à deux fois avant de faire entrer de nouveaux objets chez vous. Ce processus vous apprend à éviter d'accumuler des biens (qui épuisent les ressources naturelles) et à choisir la qualité (réparable) plutôt que la quantité (jetable).

– Faire le vide permet de partager avec les autres : donner ou vendre de précédents achats soutient le marché de l'occasion et la collectivité (voir « Troisième étape : réutiliser »). Cela encourage à être généreux, en partageant des ressources déjà consommées, et fait augmenter le stock des biens d'occasion (ce qui, par conséquent, facilite les achats d'occasion).

– Faire le vide permet de mieux gérer votre démarche zéro déchet : la simplification facilite la planification et l'organisation du zéro déchet. Avoir moins, c'est avoir moins de raisons de s'inquiéter, moins de choses à nettoyer, à stocker, à réparer ou à jeter plus tard.

2. Restreignez votre consommation actuelle et future : réduire vos achats (que ce soit du neuf ou de l'occasion) permet de conserver les ressources, c'est évident. À quoi peut-on penser ? Réduire les emballages (est-ce que je peux acheter en vrac à la place ?) ; moins utiliser sa voiture (est-ce que je peux prendre mon vélo plus souvent ?) ; réduire la taille de son habitation (est-ce que je peux vivre dans une maison plus petite ?) ; réduire ses effets personnels (en ai-je besoin ?), la technologie (est-ce que je peux m'en passer ?) et le papier (ai-je besoin de l'imprimer ?). Mais aussi : est-ce que je peux acheter en moins grande quantité (peut-être sous une forme concentrée) ? Cette quantité ou cette taille correspond-elle à mes besoins ? Remettez vos achats éventuels en question en tenant compte de leur cycle de vie et choisissez des produits que vous pouvez au mieux réutiliser ou, au pire, recycler (voir « Quatrième étape : recycler », à la page 48).

3. Évitez les activités qui soutiennent ou amènent à la consommation : l'exposition aux médias (télé, magazines) et les virées shopping peuvent pousser à la consommation. Le marketing ciblé des médias et le merchandising implacable des magasins nous donnent l'impression de ne pas être tendance ou à la hauteur. Ces sentiments nous poussent à céder à la tentation afin de satisfaire des besoins factices. Réduire notre exposition à ces activités peut avoir un impact significatif sur notre consommation, mais aussi sur notre bonheur. Comme l'a si bien dit le penseur bouddhiste David Loy : « Se contenter de ce que l'on a est la plus grande richesse. »

Refuser est assez facile : dites non, tout simplement. En revanche, réduire est une démarche bien plus personnelle. Vous devez déterminer ce dont vous avez besoin en fonction des réalités de votre vie de famille, mais aussi de votre situation financière et géographique. Par exemple, ne plus se servir de sa voiture est impossible pour la plupart des gens qui vivent dans des régions rurales ou semi-rurales, en fonction des transports en commun à leur disposition. Malgré tout, réduire incite à nous demander si on ne pourrait pas avoir qu'une voiture par exemple, moins se déplacer ou faire du covoiturage. Dans tous les cas, réduire pousse à prendre conscience de nos habitudes de consommation actuelles et à trouver des manières de restreindre celles qui ne sont pas durables.

De toute mon aventure zéro déchet, c'est cette démarche qui m'a le plus ouvert les yeux : elle s'est révélée être « ma botte secrète ». Cette simplicité volontaire offre de nombreux avantages, et certains ont été de réelles surprises.

PISTES POUR RÉDUIRE

Emmaüs et La Croix-Rouge sont les sites de dons les plus communs, mais il existe d'autres solutions, souvent plus appropriées pour les articles qui peuvent encore servir. Voici quelques adresses utiles, en fonction des objets dont vous voulez vous débarrasser, pour vendre, échanger ou donner !

Pistes pour échanger ou vendre

Livres : amazon.fr
Matériaux de construction : lecoindupro.com ; mes-materiaux-a-vendre.com
Objets divers : ebay.fr ; troc.com ; leboncoin.fr ; craigslist.org
Objets de grande valeur : magasins d'antiquités, ventes aux enchères et boutiques de dépôt-vente
Objets de faible valeur : marchés aux puces, vide-greniers (vide-greniers.org)
Outils et bricolage : outillage.sitoshop.fr ; levide-chantier.fr
Vêtements de mode/luxe : videdressing.com ; comptoirduchic.com ; fr.vestiairecollective.com
Vêtements pour enfants : bbdeluxe.com ; charli-neetsescopains.com ; fripes
Vêtements de travail : depiedencap.eu

Pistes pour donner

Assiettes et couverts : les manifestations locales (fêtes d'école)

Consoles de jeux, CD et DVD : engagement-solidaire.fr

Couvertures, draps et serviettes : crèches, garderies et associations

Fournitures de blanchisserie : laveries automatiques

Jouets : les opérations annuelles (« Enfants sans Noël »), les sites Internet (jedonnemesjouets.fr), crèches et garderies

Livres : bibliothèques et écoles, initiatives populaires (Circul'Livre).

Lunettes : votre opticien, Fondation du Lions Club International (LCIF), Lunettes sans frontière ou opérations annuelles « Action 100 000 lunettes »

Magazines : bibliothèques, laveries automatiques, salles d'attente

Matériaux de construction : chantiers de récupération, Habitat for Humanity

Nourriture : banques alimentaires, associations (restosducoeur.org ; donappetit.fr)

Objets divers : vos amis, églises, Secours populaire ou Secours catholique, refuges pour les sans-abri, foyers pour femmes, ventes de charité ; sites Internet (freecycle.fr ; donne.consoglobe.com ; toutdonner.com) ; les gratiferias (« marchés gratuits » où vous pouvez venir déposer tous vos objets en bon état) ou votre trottoir avec une pancarte : « Servez-vous ! »

Vêtements, petite maroquinerie, chaussures et linge de maison : les relais (lerelais.org)

Lorsque, en pleine crise économique, Scott a quitté son boulot pour monter sa société de conseil en développement durable, nous nous étions déjà lancés dans la simplification mais, par nécessité financière, nous avons été obligés de réduire plus encore nos dépenses. Nous ne pouvions plus nous payer les vacances ni les petites escapades qui rendaient la vie excitante et nous permettaient de nous échapper du quotidien.

Nous nous consolions en profitant pleinement des avantages évidents qu'offrait le style de vie zéro déchet : déménager dans une maison plus petite nous avait permis d'habiter dans un quartier plus agréable, et simplifier nos vies avait facilité l'entretien de la maison. Jusqu'au jour où nous nous sommes rendu compte que ces avantages combinés avaient un à-côté non négligeable : la possibilité de louer notre maison pour financer nos vacances. La première fois, il a fallu s'organiser avant de partir : écrire un « Guide Opérationnel » de la maison », créer des étiquettes, et réinstaller la poubelle et un conteneur de recyclables plus grand pour les locataires. Mais nos efforts ont été récompensés : la location de notre maison a payé nos billets d'avion et le logement en France pour rendre visite à ma famille et immerger nos enfants dans leur seconde langue. Depuis, louer notre maison nous a permis de nous payer des week-ends et même des vacances exotiques. Alors ça, c'est un bonus auquel on ne s'attendait pas en adoptant ce style de vie !

TROISIÈME ÉTAPE : RÉUTILISER
(CE QUE NOUS CONSOMMONS
ET NE POUVONS NI REFUSER NI RÉDUIRE)

De nombreuses personnes confondent les termes *réutiliser* et *recycler*. Pourtant, ils sont très différents en ce qui concerne la préservation de l'environnement. Recycler, c'est retraiter un produit pour lui donner une nouvelle forme. À l'inverse, réutiliser, c'est utiliser plusieurs fois le produit sous sa forme manufacturée d'origine afin de maximiser son utilisation et de prolonger sa durée de vie ; cela permet donc d'économiser les ressources que l'on perd lors du processus de recyclage.

Le fait de réutiliser a mauvaise réputation car il a été associé au style de vie des « hippies » et à l'accumulation. D'ailleurs, avant de me lancer dans le zéro déchet, j'imaginais qu'il signifiait avoir des plans de travail encombrés de récipients en tout genre, et des montagnes de sacs à sacs. Mais ça n'a pas à être ainsi ! Réutiliser peut être simple, beau.

Si vous suivez les « cinq règles » dans l'ordre, vous aurez moins à réutiliser – puisque les étapes « refuser » et « réduire » auront déjà éliminé le superflu. Par exemple, les sacs en plastique peuvent servir à autre chose qu'à transporter vos courses (comme y mettre des chaussures boueuses par exemple). Toutefois, comme vous pouvez aussi facilement les refuser, une maison zéro déchet n'aura besoin ni de les stocker ni de leur trouver une utilité secondaire. De la même manière, si vous avez restreint tous vos biens matériels à vos seuls réels besoins, vous pouvez contrôler la quantité d'objets que vous réutilisez. Par exemple, de combien de sacs réutilisables ai-je vraiment besoin ? En réduisant, j'ai déterminé l'utilisation que j'en faisais et j'en ai conclu que ma famille n'a besoin que de trois grands cabas. Plus besoin de sac à sacs.

La réutilisation est le pivot central du zéro déchet : elle s'attaque au problème de la consommation et participe à la sauvegarde de l'environnement, tout en donnant une dernière chance de ne pas jeter. C'est un bon moyen (1) d'éviter une consommation inutile, (2) d'atténuer l'épuisement des ressources et (3) d'allonger la durée de vie de biens déjà acquis.

1. Éviter la consommation inutile : les produits réutilisables peuvent dispenser du recours aux emballages et aux produits à usage unique en :

– faisant ses courses avec des contenants réutilisables. Emmener des contenants réutilisables quand vous allez faire vos courses réduit ou élimine les emballages de produits alimentaires ;

– échangeant tout produit jetable contre son équivalent réutilisable. Pour chaque objet jetable, il existe une alternative réutilisable ou rechargeable. Les chapitres suivants exploreront plus en détail ces points, mais, pour commencer, référez-vous à la « Liste des objets réutilisables de base » à la page suivante.

2. Atténuer l'épuisement des ressources en :

– participant à la consommation collaborative (partager). La plupart des objets que nous consommons restent inutilisés pendant des heures, voire des jours d'affilée (tondeuses à gazon, voitures, maisons, etc.). En empruntant, en prêtant, en échangeant, en troquant ou en louant de particulier à particulier, nous pouvons maximiser leur utilisation et même gagner de l'argent. En exemple, citons (liste non exhaustive) les voitures (drivy.com), les domiciles (airbnb.com), les locaux de bureau (bureauxapartager.com) et les outils (unpretepourunrendu.com) ;

– achetant d'occasion. Les magasins d'occasion, les vide-greniers, les dépôts-ventes, les marchés aux puces, Le Bon Coin, eBay et Amazon sont parfaits pour acheter d'occasion. On devrait toujours commencer par eux pour faire son shopping ;

– achetant malin. Cherchez des produits réutilisables/rechargeables, réparables, durables et polyvalents. Les chaussures en cuir par exemple sont

durables et plus facilement réparables que les chaussures en matières synthétiques.

**3. Allonger la durée de vie de biens déjà acquis
en :**

– réparant. Une virée à la quincaillerie ou un
simple appel au fabricant résout le problème dans
la plupart des cas ;

– repensant. Un verre peut servir de pot à crayons,
et vous pouvez utiliser un torchon noué pour transporter votre déjeuner ;

– rapportant. Vous pouvez par exemple rapporter
les cintres métalliques au pressing afin qu'ils soient
réutilisés ;

– récupérant. Les feuilles de papier imprimées
sur une seule face et les colis peuvent à nouveau
servir avant d'être mis au recyclage.

LISTE DES OBJETS RÉUTILISABLES
DE BASE

Cabas
Gourdes ou Thermos
Bocaux
Bouteilles en verre
Sacs en tissu
Chiffons
Torchons de cuisine
Serviettes de table en tissu
Mouchoirs en tissu
Piles rechargeables

QUATRIÈME ÉTAPE : RECYCLER
(CE QUE NOUS NE POUVONS NI REFUSER, NI RÉDUIRE, NI RÉUTILISER)

> « Le recyclage est un cachet d'aspirine qui tenterait de soulager une gueule de bois collective plutôt sévère... la surconsommation. »
>
> William McDonough,
> *Cradle to Cradle. Créer et recycler à l'infini.*

Souvent, quand des gens découvrent lors d'une soirée mon mode de vie zéro déchet, ils aiment me confier qu'eux aussi ils « recyclent tout ».

Bien sûr, vous savez maintenant que pratiquer le zéro déchet ne se résume pas au recyclage et que la gestion des déchets commence en dehors de chez soi, en réduisant sa consommation, ce qui élimine d'office la plupart des objets à recycler et réduit considérablement les problèmes associés au recyclage. Parmi ceux-ci figure le fait que les opérations de recyclage ne requièrent pas seulement de l'énergie pour traiter les déchets, mais souffrent également d'une absence de réglementation pour guider et coordonner les efforts des fabricants, des municipalités, des consommateurs et des entreprises de recyclage. À l'heure actuelle, trop de variables entrent en jeu en matière de recyclage : on ne peut pas compter sur lui pour solutionner nos problèmes de déchets. Le recyclage dépend, entre autres :

– de la capacité des fabricants à communiquer avec les entreprises de recyclage, à concevoir des produits durables mais aussi hautement recyclables (la séparation des matériaux mixtes est onéreuse, et, souvent, il revient moins cher de les envoyer à la décharge que de les recycler ; certaines choses sont recyclables dans une ville, mais non dans une autre) et à indiquer sur leurs produits leur recyclabilité et leur contenu recyclé ;

– de la capacité des consommateurs à connaître les politiques de recyclage locales, à recycler de façon responsable, mais aussi à consommer en conséquence et à acheter des produits recyclés de façon à créer un marché pour ces produits ;

– de la capacité des municipalités à proposer des services de ramassage des recyclables et des sites de collecte (type déchetterie) pour les objets difficiles à recycler, et à éduquer leurs résidents (de simples graphiques imprimés sur les conteneurs de recyclables s'avèrent efficaces) ;

– de la capacité des transporteurs de déchets à s'unir aux municipalités pour fournir aux résidents des services pratiques et financièrement intéressants (comme une redevance proportionnelle au volume et au poids des déchets par exemple) et à recevoir une formation adéquate des centres de tri des déchets recyclables pour pouvoir répondre aux questions des clients (les transporteurs sont en général le seul contact que les clients ont avec les services de recyclage) ;

– de la capacité des centres de tri à trier efficacement, à proposer la meilleure qualité possible de matériaux triés (c'est-à-dire contenant le moins possible de polluants), à savoir répondre aux questions de consommateurs consciencieux et à sous-traiter des entreprises de recyclage locales (car de nouvelles variables entrent en jeu quand on envoie des recyclables à l'étranger) ;

– de la capacité des entreprises de recyclage à communiquer avec les fabricants, à augmenter la disponibilité de leurs produits, et à encourager la valorisation des déchets (ou « upcycling ») et le recyclage plutôt que le décyclage (« downcycling », ou dévalorisation, procédé qui consiste à transformer un déchet en un nouveau produit de qualité moindre, non recyclable).

À chaque nouvel achat, on devrait évaluer le cycle de vie entier du produit, dont sa recyclabilité. Non seulement les matières plastiques sont toxiques lors de leur production, de leur consommation et de leur recyclage, mais celles qui sont recyclées se dégradent lors de ce processus, sont transformées en produits non recyclables (décyclées) et sont par conséquent vouées à finir à la décharge.

Un autre problème à prendre en considération naît de l'émergence de la nouvelle économie « verte ». Beaucoup de fabricants créent actuellement des produits à base de mystérieux mélanges de matériaux (tels que les matières plastiques « biodégradables » ou « compostables »). Ces produits sèment la confusion non seulement dans l'esprit des consommateurs consciencieux, mais aussi dans l'industrie du recyclage, et finissent la plupart du temps par polluer la chaîne de recyclage. Si celui-ci a pour but de contribuer à un circuit fermé (« du berceau au berceau »), ses procédés doivent être simplifiés. Dans un monde zéro déchet, le recyclage devrait être standardisé à l'échelle de la planète ou, mieux encore, les produits devraient être conçus pour être réutilisés et réparés, si bien que le recyclage ne serait même plus nécessaire ou, du moins, serait considérablement réduit.

Nous sommes bien loin du compte.

La bonne nouvelle, c'est que nous, les consommateurs, pouvons réduire les préoccupations liées au recyclage en appliquant les « cinq règles » dans l'ordre. Du moment que nous refusons ce dont nous n'avons pas besoin, que nous réduisons ce dont nous avons besoin et que nous réutilisons ce que nous consommons, il reste peu à recycler. En outre, ce système élimine de nombreuses visites à la déchetterie et les questions que présentent la recyclabilité des objets jetables : plus besoin de deviner si un gobelet jetable est recyclable ou non, puisque l'étape de réutilisation vous aura incité à le remplacer par un verre lavable.

Lorsque c'est absolument inévitable, recycler un objet est une meilleure solution que l'envoyer à la décharge. En effet, cela économise de l'énergie, préserve les ressources naturelles et crée une demande pour les matériaux récupérés. Bien que cela soit une forme de traitement des déchets, cela fournit une indication pour faire des achats plus intelligents, basés sur ce qui se recycle le mieux. Quand on achète du neuf, on devrait toujours choisir des produits qui peuvent non seulement être réutilisés, mais qui sont également fabriqués à partir de matériaux postconsommation recyclés, sont compatibles avec le programme de recyclage de notre collectivité et peuvent être recyclés, à l'infini de préférence (comme le verre, l'acier et l'aluminium) ou plusieurs fois (comme le papier), et non décyclés (comme les matières plastiques).

LE RECYCLAGE DOMESTIQUE

1– Apprenez par cœur ce que vous pouvez et ne pouvez pas recycler dans le cadre du service de ramassage des recyclables de votre collectivité. Par exemple, les ampoules à incandescence, les miroirs, le cristal, le Pyrex, la céramique et le papier photo ne sont pas acceptés dans nos conteneurs.

2– Envisagez de vous rendre dans votre centre de tri ou apprenez à reconnaître les matières plastiques qui sont recyclables. Ne vous fiez pas seulement au(x) symbole(s) de recyclage. Certains produits qui en sont affublés ne sont pas recyclables, alors que d'autres qui ne le portent pas le sont.

3– Choisissez un endroit pratique pour le bac à recyclage dans votre cuisine (sous le plan de travail, c'est l'idéal) et votre bureau. Une salle de bains ou une chambre zéro déchet n'en ont pas besoin.

4– Trouvez des sites de collecte pour les matériaux qui ne sont pas acceptés dans le ramassage des recyclables, tels que les produits difficiles à recycler (les bouchons, les vieilles chaussures et les vêtements usagés) et les substances dangereuses (piles, peinture et huile de moteur). Rendez-vous sur les sites ourecycler.fr et allo-dechetterie.com pour trouver les lieux de collecte de votre région.

5– Attribuez un bac de recyclage pour chacune de ces destinations.

J'aimerais pouvoir vous dire que nous avons atteint le zéro recyclage chez nous, mais, compte tenu des achats que nous avons faits avant de nous lancer dans le zéro déchet et des pratiques industrielles actuelles, j'ai accepté le fait que ce n'était pas encore réalisable (tout comme le zéro déchet absolu n'est pas encore possible). Nous avons essayé, mais avons trouvé cela trop contraignant (étant obligés de refuser les bouteilles de vin que nous offraient nos amis), cela prenait trop de temps (devant fabriquer du papier à partir des polycopiés scolaires des enfants) et ce n'était pas durable à long terme (par exemple, l'entretien de la maison ne peut pas seulement reposer sur la réutilisation de matériaux). Cette expérience a cependant soulevé des tas de questions, et j'ai beaucoup appris sur le processus du recyclage. Lorsque nous avons cassé des verres, j'ai dû me demander : décharge ou recyclage ? Les recherches que j'ai effectuées sur Internet ne m'ont pas apporté de réponse unanime : elles penchaient plutôt du côté de la décharge, mais je voulais en être sûre et certaine. Il m'a fallu me rendre dans deux centres de tri, contacter vingt et une personnes et envoyer des bris de verre par la poste à l'entreprise qui recycle mon verre (la localiser n'a pas été facile) pour découvrir que mes verres étaient bel et bien recyclables. On m'a expliqué que ceux en cristal ne le sont pas, car ils fondent à une température différente des autres verres. Je ne suis pas en train de vous suggérer de recycler vos verres (vérifiez d'abord vos politiques de recyclage locales), mais plutôt de vous démontrer la complexité du système actuel et d'attirer votre attention sur le fait que, pour que le recyclage soit efficace, trouver les réponses à nos questions devrait être plus simple. Jusqu'à ce que ce soit le cas, recyclez lorsque c'est inévitable et reposez-vous sur les autres « règles ».

CINQUIÈME ÉTAPE : COMPOSTER (LE RESTE)

> « J'ai passé ma vie à attendre une épiphanie, une manifestation de la présence de Dieu, le genre d'expérience magique, transcendante, qui vous fait prendre conscience de la place que vous occupez dans le monde. Et c'est ce que j'ai ressenti avec mon premier tas de compost. »
>
> L'actrice et humoriste Bette Midler, citée dans le *Los Angeles Times*.

Le compostage, c'est tout simplement le recyclage des matières organiques.

C'est un recyclage naturel : avec le temps, les déchets organiques se décomposent et rendent leurs nutriments au sol. À l'échelle domestique, le compostage crée les conditions idéales pour la décomposition des déchets de la cuisine et du jardin, et en accélère le processus. Autrement, ces détritus finiraient à la décharge, où leur décomposition naturelle serait gênée et contribuerait à la contamination de l'air et du sol. Un tiers des déchets ménagers sont organiques : le compostage est donc on ne peut plus pertinent dans une cuisine zéro déchet.

Personnellement, je trouve le compostage tout à fait satisfaisant. Son processus est observable : on peut mettre des épluchures de légumes dans un lombricomposteur et voir les vers transformer de la matière organique en compost, puis on a un produit prêt à l'emploi ! Et pas de surprise quant au compostage : ce que vous mettez dans votre bac à compost se transforme en un terreau riche, que les jardiniers appellent « l'or noir ». Ce qui n'est pas le cas des matériaux plastiques que l'on recycle. Lorsque l'on met une bouteille de solution pour lentilles de contact au recyclage, que devient-elle ? De l'imitation bois ? Un banc ? Une brosse à dents ? Ou finit-elle à la décharge ? J'ai appris que, quel que soit son cheminement, au bout du compte, elle terminera à la décharge. Je m'imaginais que le compostage était dégoûtant, sentait mauvais, était salissant, compliqué, et nécessitait des connaissances scientifiques. Il s'est avéré qu'il n'en était rien.

Comme pour le recyclage, je ne suis pas experte en la matière – loin de là. Des générations entières l'ont pratiqué, bien avant que j'en aie entendu parler. Mais ma famille s'y est vite mise, et, en termes de réduction des déchets, cela a fait une sacrée différence. Le compostage est un élément clé du style de vie zéro déchet : il transforme ce qui ne peut être ni refusé, ni réduit, ni réutilisé, ni recyclé. Il nous a aussi permis de réduire notre consommation de matières plastiques : nous choisissons des matériaux compostables en bois (brosses à dents, par exemple) lorsqu'il n'existe pas d'équivalent en métal ou en verre.

Nous avons testé trois différentes sortes de compostage. Nous avons commencé par le compostage aérobie ; puis nous avons ajouté un lombricomposteur ; enfin, nous avons adopté le compostage de la ville (ramassage municipal de biodéchets similaire à celui des recyclables) et avons laissé tomber notre tas de compost. Toutefois, la situation de chacun est différente, et le succès de votre démarche dépendra de plusieurs facteurs. Compte tenu de la multitude d'options qui existent, choisir la bonne méthode de compostage peut être difficile (en particulier pour le novice). J'ai créé l'« Outil de comparaison des types de compostage » (voir pages suivantes) pour vous faciliter la tâche.

Il existe forcément une méthode qui répondra à vos besoins. Choisir un type de compostage relève d'un choix tout autant personnel que pratique. Voici ce dont vous devez tenir compte.

– Le coût : l'installation de certains systèmes ne coûte rien, puisqu'ils ne requièrent aucune structure. Vous pouvez en fabriquer quelques-uns avec ce que vous avez sous la main (des restes de clôture par exemple), tandis que d'autres imposent d'investir dans une structure secondaire pour permettre la maturation du compost issu de la première structure.

– Le lieu : si vous avez un jardin, adoptez un système de compostage qui accepte les résidus de jardin. Si vous vivez en appartement, vos choix seront restreints par les particularités de votre lieu d'habitation.

– **L'esthétique :** certains systèmes sont tout bonnement hideux. En fonction de l'espace que vous
avez à disposition, vous pouvez chercher un système
qui se fonde dans votre décor, qui soit compact et
invisible. Le compostage en fosse et le compostage
de surface sont idéaux dans les municipalités où les
structures extérieures de compostage sont interdites.

– **Votre consommation alimentaire :** sauf indication contraire, la plupart des systèmes de compostage acceptent les épluchures de fruits et de
légumes, les feuilles de thé, le marc de café, les
boîtes d'œufs et les coquilles d'œuf brisées (d'autres
aliments compostables sont décrits plus loin).
Certains systèmes acceptent également la viande,
les produits laitiers et les os, ce qui peut s'avérer
très utile dans un foyer zéro déchet non végétalien.

– **Le produit fini :** en fonction d'où vous vivez
et de ce que vous cultivez (plantes d'intérieur ou
potager), vous aurez l'utilité de compost ou d'engrais liquide. Choisissez votre système en fonction.
N'oubliez pas que, si votre système fournit plus de
produit fini que ce dont vous avez besoin, vous
pouvez le donner à des amis ou à des clubs de
jardinage, ou le mettre sur un site de donation
entre particuliers (donne.consoglobe.com ; donnons.
org ; recupe.net ; freecycle.org ; etc.).

– **Votre implication :** dans le compostage traditionnel, il est important d'établir un équilibre entre
carbone (matières brunes) et azote (matières vertes).
Mais, si vous ne voulez pas vous préoccuper de
cela, certains systèmes permettent d'échapper à cette
contrainte (voir « Rapport carbone/azote – Marge
d'erreur » dans l'« Outil de comparaison des systèmes de compostage » aux pages suivantes).

– **Les ravageurs :** de toute évidence, la lutte
contre les ravageurs dépend de votre régime alimentaire (les gros ravageurs recherchent en général

les restes de repas carnivores) et de ce que vous comptez composter. Les composteurs manufacturés sont en général conçus pour accélérer le processus de compostage, mais aussi pour garder les bestioles à distance.

– **Vos animaux de compagnie :** si vous avez un animal de compagnie, vous pouvez envisager d'acheter un composteur qui digère ses excréments ou d'en fabriquer un vous-même (voir les instructions page 245). Dans tous les cas, il n'est pas recommandé d'utiliser le produit fini comme engrais sur les aliments comestibles que vous cultivez.

– **Sa capacité :** votre système doit être adapté à votre foyer et au volume de déchets qu'il génère. Par exemple, l'essuie-tout, les mouchoirs en papier, les sachets de thé, les filtres à café, les boules de coton et les bioplastiques étiquetés « compostables » peuvent être compostés (souvenez-vous que les températures basses dans les composteurs domestiques entraînent une décomposition lente). Toutefois, appliquer les « cinq règles » dans l'ordre et suivre les conseils donnés dans cet ouvrage vous fournira des solutions alternatives pour ne plus vous servir de ces produits.

Note : lorsqu'on achète du neuf, doit-on favoriser les produits compostables ou les produits recyclables ? Pour éviter les matières synthétiques ou les bioplastiques, privilégiez avant tout la durabilité et la recyclabilité du métal, du verre, du papier et des fibres naturelles. Sinon, choisissez un produit fait à partir de ressources compostables, renouvelables et exploitées de façon durable, comme le bois.

OUTIL DE COMPARAISON DES SYSTÈMES DE COMPOSTAGE

	Déchets de jardin	Déchets d'animaux[1]	Résistance aux ravageurs	Viande/os Poisson/arêtes Produits laitiers	Rapidité	Coût	Urbain
Composteur conique	Non	Oui	***	Oui	***	$$-$$$	Non
Composteur à tambour	Oui, petit	Non	***	Non	**	$$	Non
Seau à compost Bokashi	Oui, mais pas pratique	Oui, séparément	***	Oui	***	$-$$$	Oui
Composteur en enceinte close/digesteur	Oui	Oui, séparément	**	Non	**	$-$$	Non
Composteur électrique de cuisine	Non	Oui	***	Oui	***	$$$	Oui
Lombricomposteur	Oui, non ligneux	Oui, séparément	**	Non	**	$-$$	Oui
Compostage en fosse de 30 centimètres de profondeur	Oui	Oui, loin des aliments comestibles	*	Non	**	$	Non
Ramassage municipal de biodéchets	Oui	Non	**	Oui	***	$$$	Oui
Compostage de surface	Oui	Non	*	Non	*	$	Non
Compostage en tas/compostage ouvert	Oui	Oui, fumier	*	Non	*-**	$-$$	Non

1. Il existe également des composteurs spécialement conçus pour les déchets animaux. Vous pouvez par ailleurs en fabriquer un vous-même (voir instructions page 245).

Produit fini	Esthétique	Inodore	Maturation nécessite une seconde structure ou emplacement	Commentaires	Ratio carbone/azote - Marge d'erreur
Aucun	**	**	Oui, pendant deux semaines	Difficile à vider (tout les deux ans). Activateur parfois nécessaire.	***
Compost	*	***	Oui	Volumineux. Difficile à retourner.	**
Amendement du sol/engrais liquide	***	***	Oui	Activateur de Boshaki (matière bio fermentée) nécessaire pour fonctionner (possibilité de le faire ou de l'acheter). Le produit fini doit être ajouté à de la terre ou du compost.	***
Compost	**	**	Oui	Sent mauvais et lent.	*
Compost	***	***	Non	Requiert de l'électricité.	***
Compost/engrais liquide	**	**	Non	Pas d'ail, d'oignon ni de brindille. À rentrer à l'intérieur quand il fait froid.	**
Compost enterré	***	***	Oui	Pratique quand les tas de compost ne sont pas autorisés par la municipalité.	***
Compost pour quelqu'un d'autre	***	**	Non	Onéreux. Empreinte carbone élevée.	***
Compost	*	*	Oui	De saison.	*
Compost	*	*-**	Oui	Doit être retourné.	**

* Bas, ** Moyen, *** Élevé.
$ Peu cher, $$ Coût moyen, $$$ Cher.

Pour moi, le compostage a été une vraie révélation. Ce processus m'a ouvert les yeux et m'a aidée à mieux comprendre le fonctionnement du monde naturel. Je trouve fabuleux de pouvoir 1) cultiver une herbe aromatique sur ma terrasse (avec du compost), 2) donner ses tiges à manger à mes vers, 3) me servir de leurs turricules pour cultiver d'autres herbes, et 4) utiliser leur « thé de compost » pour booster la croissance de mes plantes d'intérieur, lesquelles améliorent la qualité de l'air en absorbant les polluants comme le formaldéhyde et le benzène. Puis, quand je taille ces plantes, 5) leurs déchets peuvent à leur tour être compostés et être bénéfiques pour l'environnement. Le compostage représente le genre de gestion des déchets en circuit fermé sur lequel notre modèle industriel aurait dû être fondé dès le départ.

LES AVANTAGES DU STYLE DE VIE ZÉRO DÉCHET

> « Le zéro déchet est une évidence environnementale. »
>
> Jeffrey Hollender,
> directeur général de Seventh Generation,
> cité dans l'ouvrage *The Story of Stuff*
> d'Annie Leonard.

Le zéro déchet offre des avantages primordiaux sur le plan environnemental, c'est une évidence : il réduit la pollution (en faisant diminuer le nombre de déchets dangereux solides ou gazeux) et encourage la préservation (en réduisant la demande en ressources naturelles). Mais les avantages du zéro déchet dépassent largement les aspects écologiques.

Cela améliore indéniablement la qualité de vie. Le profane peut imaginer que le zéro déchet prend beaucoup de temps et coûte cher (comme c'était mon cas), pourtant, on ne saurait être plus loin de la vérité !

Finances

L'avantage le plus facilement quantifiable du zéro déchet est d'ordre financier. Au début, mon mari Scott n'était pas convaincu par ce style de vie, mais il l'a embrassé avec joie lorsqu'il s'est rendu compte qu'il permettait de faire des économies.

Le zéro déchet est intéressant sur le plan financier. En voici la preuve en dix points.

1. Il réduit la consommation (on se concentre plus sur les activités que sur les « choses »).

2. Il réduit les coûts de stockage, d'entretien et de réparation.

3. Il élimine le besoin d'acheter des produits jetables et permet de réaliser des économies cumulées.

4. Il pousse à acheter d'occasion et à faire ses provisions dans le rayon vrac, en général moins cher.

5. Il réduit (ou, dans le meilleur des cas, élimine) les déchets solides, ce qui fait baisser les frais de ramassage.

6. Il rend l'achat de sacs poubelle inutile (les déchets humides sont compostables).

7. Il privilégie la qualité : moins de casse, donc plus besoin de remplacer aussi souvent.

8. Il favorise un style de vie sain (voir pages suivantes), ce qui réduit les frais de santé.

9. Il pousse à vendre les objets inutilisés et à louer ceux rarement utilisés, ce qui rapporte de l'argent.

10. Il permet de vendre ses excédents de compost aux jardiniers.

Santé

Les bienfaits sur la santé de ce style de vie reposent principalement sur la réduction (exposition et utilisation) de matières synthétiques. Le seul inconvénient (mais, en fait, c'est un avantage), c'est que je suis plus sensible qu'avant aux odeurs chimiques et aux goûts de plastique. Mais, dans l'ensemble, ma famille est en bien meilleure santé, et ça me rassure de donner à mes enfants des aliments qui n'ont pas été enveloppés de matières plastiques dangereuses pour la santé.

Le zéro déchet améliore la santé de votre famille. En voici la preuve en dix points.

1. Il dissuade d'acheter des produits et des emballages plastiques, ce qui réduit les risques d'exposition. Les matières plastiques suscitent de plus en plus d'inquiétudes : elles contaminent la nourriture (le bisphénol A par exemple) et dégagent des gaz dans nos habitations (le vinyle par exemple).

2. Il encourage la réutilisation (l'achat d'occasion entre autres), ce qui réduit notre exposition aux dégagements gazeux toxiques puisque les produits utilisés ont déjà (en grande partie) libéré les leurs.

3. Il incite à faire ses courses dans les magasins bio (grâce à leur disponibilité en vrac), lesquels proposent une nourriture typiquement plus saine que les grandes surfaces.

4. Il incite à acheter des produits recyclables, ce qui réduit l'exposition aux substances chimiques dangereuses libérées lors de l'utilisation des casseroles ou des poêles en Téflon, qui ne sont pas recyclables.

5. Il pousse à utiliser des remèdes et des produits d'entretien naturels, ce qui réduit l'exposition aux substances chimiques inconnues.

6. Il incite à avoir moins de biens matériels, ce qui réduit l'accumulation de poussière et les allergies qui vont avec.

7. Il encourage les activités en plein air, ce qui aide à pallier les carences en vitamine D, fournit un air plus pur (l'air peut être plus pollué à l'intérieur qu'à l'extérieur) et augmente l'activité physique.

8. Il encourage à acheter des aliments complets (plus facilement disponibles sans emballage), ce qui limite la consommation d'aliments surtransformés.

9. Il limite l'exposition aux médias et à la publicité, ce qui calme les envies d'aliments malsains.

10. Il procure une alimentation plus maigre en réduisant la consommation de viande.

Temps

L'avantage le plus satisfaisant dans ce style de vie est très probablement le gain de temps. Dans une société où le temps est notre bien le plus précieux, qui ne souhaiterait pas en avoir plus ?

En se débarrassant du superflu, en arrêtant d'accumuler et en changeant ces habitudes qui nous font perdre du temps (comme transvaser les imprimés publicitaires d'un endroit à l'autre par exemple), on gagne en efficacité. Cela simplifie l'intendance, le rangement, l'entretien, le nettoyage et l'organisation. La gestion du foyer et la mise en œuvre du zéro déchet en sont facilitées. En outre, réutiliser permet de gagner le temps que l'on perd à acheter, transporter ou se débarrasser des articles jetables.

Tout le monde tirerait avantage à mener une vie libérée du fardeau des biens matériels et des pratiques inutiles, et à se concentrer sur les expériences. Ce temps gagné donne par ailleurs l'occasion de s'impliquer dans sa communauté et de prendre part à la consommation collective, grâce à laquelle le partage, l'interaction et le renforcement des liens sont possibles. On rencontre des personnes croyant aux mêmes idées, on ne se sent plus seul, et on a foi en l'avenir comme jamais auparavant. Néanmoins, l'aventure zéro déchet sera différente en fonction de chacun.

Personnellement, grâce à ce gain de temps, je mène une vie plus riche. Il m'a permis de m'instruire, de prendre des décisions plus réfléchies et de trouver un nouveau sens à ma vie. Il m'a donné l'occasion de rendre ma maison plus « verte », d'apprendre à faire la cueillette et de m'essayer à tout un tas de travaux manuels. Cela m'a donné le loisir d'exprimer pleinement ma créativité et de laisser libre cours à ma sensibilité artistique. J'ai pu tenir un blog, écrire ce livre et renouer avec la nature. Maintenant que je passe plus de temps dehors, je ne considère plus notre planète comme un acquis, et ma foi spirituelle s'en est trouvée accrue.

Le zéro déchet m'a permis de me remettre en question ; il vous réserve aussi des découvertes surprenantes.

Dans chacun des chapitres pratiques qui suivent, je partage avec vous des anecdotes personnelles (je n'ai pas pu résister !) et laisse les « cinq règles » vous guider, avec ces éléments récurrents : simplicité, réutilisation et tri. La *simplicité* concerne la prévention des déchets (refuser-réduire), la *réutilisation*, la consommation inutile (réutiliser), et le *tri*, la gestion des déchets (recycler-composter).

Le zéro déchet, ce n'est pas que du travail. Amusez-vous, profitez-en… L'odeur des poubelles et la vue des montagnes de déchets ne vous manqueront pas, je vous en fais la promesse.

La cuisine et les provisions

Je m'étais juré de renoncer aux emballages jetables et m'apprêtais à mettre notre dernier pot de moutarde de Dijon vide au recyclage quand, par curiosité, j'ai jeté un coup d'œil aux ingrédients sur l'étiquette. De l'eau, des graines de moutarde, du vinaigre, du sel. Ça ne devait pas être bien compliqué à faire. J'avais tous les ingrédients sous la main, sauf un. Quelqu'un avait-il déjà essayé d'en préparer soi-même ? Je me suis précipitée à mon ordinateur, toute excitée à cette idée, et, en quelques minutes, j'avais trouvé une recette toute simple.

Comment avais-je pu être naïve au point de penser que la moutarde ne pouvait que s'acheter ? Pourquoi n'avais-je jamais eu l'idée d'en faire moi-même ? Était-ce parce que je n'avais jamais vu ma mère, une cuisinière accomplie, préparer ce condiment ? Était-ce parce qu'il ne figurait pas parmi les bocaux faits maison de ma grand-mère ? Était-ce parce que je n'avais jamais vu Caroline Ingalls en fabriquer dans *La Petite Maison dans la prairie* ? (Je me souvenais d'elle en train de baratter du beurre en revanche... peut-être le pourrais-je aussi ?)

Je suis allée acheter des graines de moutarde en vrac au magasin bio et, en une journée, j'avais un plein pot de moutarde maison. Je suis vite devenue accro : j'ai commencé à réfléchir au potentiel des quelques aliments emballés qui restaient dans ma cuisine. Pouvais-je les préparer eux aussi moi-même ? J'ai parlé avec ma mère, ma belle-mère et des amies, et j'ai passé des heures sur Google à chercher des recettes. J'étais prête à tout essayer.

Un jour, une discussion avec mon amie Karine me conduisit à m'essayer au kéfir[1]. Quelques grains de kéfir (une culture vivante) ajoutés à un litre de lait, et, en une nuit, j'avais obtenu un yaourt à boire gazeux. Facile ! La préparation était tout ce qu'il y a de plus simple, et mes deux garçons adoptèrent rapidement cette nouveauté – en y ajoutant un peu de sucre, il faut bien le dire... Malgré tout, avec le temps, ils s'en désintéressèrent. Je décidai alors d'aller plus loin et d'en faire du fromage : c'était une bonne manière d'utiliser le kéfir que nous fermentions mais ne buvions pas assez vite. Je suspendis cette boisson faite maison dans un mouchoir au-dessus de l'évier et laissai le liquide se concentrer en un fromage à pâte molle. Ça avait un vrai goût de fromage, et mes amis en furent impressionnés. D'ailleurs, leur enthousiasme (et un peu de fierté personnelle) me motiva à expérimenter un peu plus en matière d'assaisonnement et de texture : roulé dans du poivre, enveloppé de feuilles de laurier, mariné dans de l'huile, pressé, séché, etc.

Les grains de kéfir n'ont l'air de rien : ils ressemblent à des grains de riz blanc. Mais l'entretien qu'ils requièrent, dû à une alimentation régulière, eut vite occupé une place importante dans notre famille. Nous nous en préoccupions autant que de notre chien Zizou : « As-tu nourri les grains de kéfir aujourd'hui ? Les emmène-t-on faire du camping ce week-end ? Et en France cet été ? » Un procédé qui au départ était tout simple avait pris des proportions

---

1. Boisson issue de la fermentation des grains de kéfir (*N.d.T.*).

démesurées et fini par me compliquer la vie, plus que je n'osais l'admettre.

Avant même que je ne m'en aperçoive, ces petits grains (et les graines de moutarde avant eux) avaient à jamais changé mon rapport à la nourriture, aux emballages et même aux autres.

Ce que j'aime le plus dans le fait maison, c'est apprendre comment – et à partir de quoi – sont fabriqués des aliments ordinaires. Préparer ma propre nourriture satisfait ma curiosité et me rassure. Cela me permet de contrôler notre alimentation et d'éliminer les ingrédients au nom imprononçable qui se trouvent dans les aliments manufacturés et auxquels je ne peux pas faire confiance. Les étiquettes de la plupart des produits vendus dans le commerce, avec leur composition obscure, peuvent nous dissuader de les préparer nous-mêmes, mais j'ai découvert que la majeure partie des aliments que j'achetais sous emballage pouvaient être fabriqués à partir de quelques ingrédients seulement.

Les produits manufacturés sont pratiques, mais ils nous éloignent du processus de fabrication. Moins on a recours au fait maison, plus on devient dépendant de l'industrie. On en oublie les préparations basiques qui nous permettaient autrefois de survivre et d'être indépendants. Or c'est en cherchant à résoudre la crise environnementale qu'on trouve des solutions dans le savoir-faire de nos ancêtres. Facilité aujourd'hui par Internet et les réseaux sociaux, le fait maison permet de s'entraider et de partager son savoir. Il renforce les liens, comble les fossés entre les générations et les cultures. Grâce à lui, j'ai pu entretenir ma relation avec ma mère quand la distance nous séparait et resserrer mes liens avec ma belle-mère quand des différences culturelles nous éloignaient. J'espère que mes enfants en profiteront eux aussi, ainsi que leurs enfants (après tout, le savoir-faire est le seul héritage que je tienne à tout prix à leur laisser – mais j'y reviendrai).

Bien sûr, vous n'avez pas à vous enflammer ni à laisser le kéfir contrôler votre vie comme je l'ai fait ! Après tout, si l'on vise le développement durable, il faut chercher à effectuer des changements qui soient viables à long terme.

Je ne fais plus de fromage maison à partir de grains de kéfir, pas plus que je ne les cultive. Je les ai compostés (avec tristesse) et j'ai dit adieu à l'entretien qu'ils demandaient (avec soulagement). Cependant, je suis loin de regretter d'avoir appris ce procédé : aujourd'hui, s'il me reste du yaourt, j'en fais du fromage. Je suis également heureuse d'avoir appris à faire du beurre car je suis désormais consciente de la quantité de crème nécessaire pour en faire une livre. Un demi-litre de crème (denrée assez chère) produit environ 60 grammes de beurre maison. Étant donné la quantité de beurre que nous utilisons (une bonne partie servant à la fabrication du biscuit quotidien de mes garçons), le faire moi-même revenait bien trop cher.

Ma cuisine est un vrai laboratoire. Si je sors des betteraves du frigo, je peux finir avec une salade, un colorant à lèvres ou une teinture. Les possibilités sont infinies, limitées par ma seule créativité. Je fais attention à adopter des changements durables, en fonction de mon temps et de mes moyens : le temps requis pour faire du fromage et les frais entraînés par la fabrication du beurre n'en font donc pas partie. Pour adopter le zéro déchet en tant que mode de vie, il est important de trouver un équilibre : faire simple tout en respectant l'environnement.

Dans ce chapitre, je partage avec vous comment mettre en pratique le zéro déchet dans sa cuisine. J'y couvre en détail organisation, courses et repas. Ce mode de vie comporte nécessairement une part de fait maison (pour préparer les aliments qui ne sont pas disponibles en vrac), mais pas besoin de devenir accro. Laissez plutôt la simplification vous guider et déterminez les méthodes qui seront tenables à long terme : elles deviendront vite une seconde nature. À vos marques ! Prêts ? Partez (lentement, mais sûrement) !

L'ORGANISATION DE LA CUISINE

Transformer une cuisine normale en cuisine zéro déchet n'est pas aussi compliqué que vous pouvez le croire. Cela demande un peu de réorganisation et de recherches, mais, une fois qu'un système est mis en place et que votre famille y est habituée, le zéro déchet est facile comme tout.

Simplifier

Avant de passer à l'action, comprenons bien le but de la simplification.

La cuisine est une pièce commune, souvent surnommée le cœur de la maison. C'est là que nous cuisinons, mangeons, buvons, nous entraidons, discutons, parfois même lisons ou faisons nos devoirs. Avec un tel tourbillon d'activités, la cuisine est une des principales sources de déchets et de désordre dans nos maisons.

Jetez un simple coup d'œil dans vos placards : des tas de choses s'y accumulent. Les sacs de congélation et les sacs à glaçons, l'essuie-tout, les gobelets jetables et les plats surgelés qu'on y trouve mettent en évidence une des raisons majeures de l'encombrement : le besoin de gagner du temps, à tout prix. De fait, l'organisation d'une cuisine zéro déchet doit se concentrer sur cet élément clé : l'efficacité. Celle-ci vous permettra de gagner du temps et de vous défaire d'habitudes malsaines et génératrices de gaspillage ; elle vous fera aussi économiser de l'énergie et de l'argent. Or, pour récolter ces bénéfices, il est absolument nécessaire de désencombrer votre cuisine. En fonction de votre organisation actuelle, faire le vide peut paraître décourageant sur le moment, mais, à long terme, ce processus simplifie nettement le nettoyage (en attribuant une place à chaque chose) et facilite la préparation culinaire : ces tâches, souvent considérées comme des corvées, en seront égayées, et votre créativité, renforcée

La plupart des cuisines regorgent de gadgets censés faciliter et rendre amusante la préparation : sorbetière, gaufrier, presse-panini, etc. Mais s'en sert-on réellement ? Si oui, tous les combien ? Et qu'en est-il du zesteur, des différents moules à gâteaux, des emporte-pièces, de la douzaine de sets de table, du panier à vin, de la brique à vin, du seau à champagne, du deuxième ou du troisième service de table, des marque-verres, des verres à *shot* et des poids de nappe ? Oh ! Et de la jolie bougie qu'on n'ose pas allumer ? Pensez au tiroir rempli de maniques (deux ne sont-elles pas suffisantes ?), ou à votre tiroir fourre-tout (qu'y a-t-il là-dedans dont vous ne pouvez pas vous passer ?).

Les fabricants promettent de nous transformer en Alice Waters[1], alors que tous ces objets prennent beaucoup de place, rendent plus difficile l'accès aux ustensiles de base, créent du stress et nous font perdre du temps (sans parler des ressources

---

1. Chef américaine qui a marié la tradition culinaire française aux ingrédients cultivés localement, figure des mouvements Slow Food et Locavore (*N.d.T.*).

naturelles) : ils nous empêchent d'être efficaces quand on cuisine. Il y a de fortes probabilités que vous n'ayez pas vraiment besoin de la plupart des objets mentionnés plus haut : ils peuvent donc être donnés ou remplacés par autre chose (la râpe à fromage peut faire office de zesteur par exemple). Moins on a d'accessoires, moins on a de choses à laver, moins de choses finissent aussi par se casser (et se retrouvent, eh bien, vous savez où), et plus vite on peut cuisiner. Alice Waters elle-même reconnaît l'importance de la simplification. Elle a déclaré : « Je crois que, dans la cuisine, il est souhaitable d'avoir le moins d'équipements possible. Quand vous avez des tonnes de gadgets, vous vous éloignez des aliments, alors que, si vous utilisez un mortier et un pilon, ou si vous hachez à la main au lieu d'utiliser une machine, vous commencez à vous sentir plus autonome, responsable de ce que vous faites. » Vivre avec moins n'enlève rien à votre vie, cela l'améliore.

Commençons maintenant le processus de désencombrement.

Selon le principe de Pareto, environ 80 % des effets sont le produit de 20 % des causes. Dire que 20 % des articles ménagers servent 80 % du temps serait généreux. Les 80 % qui restent ne sont pas vraiment utiles. En théorie, simplifier une cuisine devrait être aussi facile qu'évaluer les 20 % dont nous nous *servons* et nous débarrasser du reste. Mais ce n'est pas toujours aussi simple. Notre raison nous joue des tours et nous fait garder des choses pour tout un tas de raisons. « Et si je voulais organiser une soirée marocaine ? J'aurais besoin de ce plat à tajine ! » Une manière moins violente de procéder consiste à fixer un jour (ou deux, en fonction de votre rapidité à prendre des décisions) pour *tout* sortir de vos placards (y compris la nourriture) et de n'y replacer que ce qui a survécu aux questions suivantes.

– Cela fonctionne-t-il encore ? Est-ce périmé ? Garder un objet dans l'intention de le réparer ne lui évite pas la décharge, cela ne fait que retarder son triste sort. Réparez-le sur-le-champ, vendez-le, donnez-le pour ses pièces détachées, ou envoyez-le au recyclage ou à la déchetterie une bonne fois pour toutes. Compostez la nourriture périmée.

– Est-ce que je l'utilise régulièrement ? L'ai-je utilisé le mois dernier ? Si vous n'êtes pas sûr, marquez la date dessus et mettez-le hors de vue. Si vous n'éprouvez pas le besoin de vous en servir dans le mois qui suit, donnez-le. Mais ne vous mentez pas à vous-même : utiliser le service à fondue précisément ce soir-là pour me donner tort ne compte pas ! Donnez votre service à fondue et les autres articles de cuisine qui prennent la poussière.

– En ai-je plusieurs ? Vous ne pouvez mettre que deux mains en même temps dans le four, alors choisissez votre paire de maniques préférée ! Pour vous faciliter la tâche quand vous triez les articles que vous avez en plusieurs exemplaires, limitez-vous à un nombre maximal ou à un espace précis. Mélangez les fonds d'aliments identiques.

– Cela met-il la santé de ma famille en danger ? Par exemple, le Téflon (antiadhésif), l'aluminium et le plastique entraînent des risques pour la santé. Éliminez ces matières toxiques (par exemple, pour les spatules, recyclez celles en plastique et gardez celles en bois ou en acier inoxydable) : la santé de votre famille en sera protégée, et votre conscience, tranquillisée.

– Est-ce que je le garde par culpabilité ? Ne vous sentez pas coupable de vous débarrasser aussi de cadeaux. Souvenez-vous que ceux-ci ne vous ont pas été offerts dans l'intention de vous accabler ni de vous encombrer : ils vous ont été donnés par politesse. Si un invité vous demande un jour où est passé son cadeau, il est tout à fait acceptable de lui exprimer votre gratitude et de lui expliquer que vous simplifiez votre vie. Soyez maître en votre demeure. Ne gardez pas un objet pour l'unique raison qu'il vous a été offert.

– **Est-ce que je le garde parce que « tout le monde en a un »** ? Nous accumulons de nombreux gadgets dans notre cuisine (et nous en servons même parfois) simplement à cause des stratégies marketing. Déterminez si vous avez vraiment besoin d'un coupe-œuf, d'un couteau à pamplemousse, d'une essoreuse à salade ou d'un rouleau à pâtisserie ? Est-ce qu'un autre objet pourrait servir le même but ? Un torchon de cuisine peut prendre la place d'une essoreuse à salade, et une bouteille, d'un rouleau pâtisserie. D'ailleurs, vos doigts suffisent souvent.

– **Mérite-t-il que je consacre du temps à le nettoyer ?** Dans votre cuisine, vous devez tout passer en revue, même les plus petits objets, même ceux accrochés au mur ou rangés au-dessus des placards. Pensez à tous les objets de décoration que vous avez accumulés au fil des ans : ils n'ont aucune utilité. Or ils donnent une impression de désordre et demandent à être dépoussiérés. En valent-ils la peine ? Le robot culinaire est un autre exemple d'objet qui nécessite beaucoup d'entretien. Le temps qu'on le sorte du placard et qu'on assemble et nettoie toutes ses pièces encombrantes, on aurait largement eu le temps de hacher deux fois plus d'oignons. Cela vaut-il le coup de le garder ?

– **Pourrais-je utiliser cet espace pour autre chose ?** Si vous voulez rentabiliser le moindre espace dans votre cuisine, pensez un peu à la place perdue par votre tiroir fourre-tout par exemple. Si les objets qui s'y trouvent sont rangés à leur place, ils libèrent de l'espace.

– Est-ce réutilisable ? Si ce n'est pas le cas, cela peut-il servir à quelqu'un d'autre ? Nous allons nous pencher sur ce point dans un instant.

N'ayez pas peur de désencombrer : concentrez-vous sur les avantages que vous tirerez à vivre avec moins.

Ne craignez pas non plus de regretter ces objets dont vous vous débarrassez. Se poser l'inévitable question : « Et si j'en avais besoin ? » fait partie de cette démarche, et il y aura inévitablement un objet que vous regretterez d'avoir donné. Mais, croyez-moi, c'est un petit sacrifice, un prix dérisoire à payer pour reprendre votre cuisine en main et en profiter pleinement. Rien ne doit être négligé. Examinez en détail tout ce que vous possédez. Et si vous finissez par garder des objets « juste pour remplir l'espace vide » (oui, ça arrive !), enlevez des éléments de rangement ou des étagères, ou envisagez d'emménager dans une maison moins grande avec une cuisine plus petite ! Car, pour atteindre l'efficacité maximale, votre espace devrait être adapté à vos réels besoins. Sinon, tout excès d'espace devient un gaspillage de temps, d'entretien et d'énergie (pour le chauffer).

Bien sûr, faire le vide est une démarche très subjective, qui dépend de la taille de votre famille et de ses habitudes et aptitudes culinaires. À titre d'illustration, voici les articles de cuisine (je reviendrai sur la question du garde-manger) que nous avons choisi de garder pour vivre confortablement, mais sans excès.

– Vaisselle : douze grandes assiettes, douze petites assiettes, douze tasses et douze bols. Nous avons acheté des articles de qualité dans un atelier de poterie local. Douze de chaque, car nous pouvons accueillir jusqu'à dix personnes à notre table, et j'utilise les deux supplémentaires pour le service.

– **Verrerie** : une étagère de verres à pied, une étagère de gobelets (environ vingt-cinq de chaque). Ces deux étagères nous permettent de ne pas avoir à recourir aux gobelets jetables lorsque nous organisons une fête. Nous utilisons aussi ces verres pour le service de soupes froides et d'amuse-gueules, et pour l'organisation de la maison (on s'en sert pour contenir le sel ou nos brosses à dents par exemple).

– **Couverts** : un service pour douze.

– **Préparation** : trois poêles de tailles différentes, trois casseroles de tailles différentes, une marmite, trois couvercles et une bouilloire (tous en Inox).

– **Préparation et service** : trois saladiers et un plat.

– **Cuisson** : deux plats à tarte, un plat à gratin, un moule à cake, deux plaques de four.

– **Ustensiles** : une louche, une cuillère, une spatule, des pinces et un fouet, ainsi qu'une cuillère en bois.

– **Tranchants** : un petit couteau de cuisine, un couteau à découper, un couteau-scie, une paire de ciseaux et une planche à découper.

– **Accessoires** : une passoire, un tamis, une râpe, un panier cuit-vapeur et un entonnoir, un verre doseur, une balance, un ouvre-bouteille, un moulin à poivre, deux maniques, deux dessous-de-plat.

– **Petit électroménager** : un mixeur plongeur et un grille-pain.

Qu'est-ce qui manque ?

Voici quelques exemples d'objets qui n'ont pas survécu à la liste de questions mentionnée plus haut :

– **Robot de cuisine** : hacher à la main n'est pas seulement plus rapide (que nettoyer un gros appareil), c'est également plus sensuel. Toucher les aliments apporte du plaisir à la préparation.

– **Micro-ondes :** je trouvais qu'il prenait trop de place, et on ne s'en servait quasiment que pour faire chauffer de l'eau. Nous avons préféré garder notre bouilloire à la place.

– **Ouvre-boîte :** tout simplement parce que nous n'achetons plus de boîtes de conserve.

– **Essoreuse à salade :** nous nous servons d'une passoire, d'un torchon ou d'un filet à fruits et légumes (voir le « kit de shopping » à la page 91) à la place.

– **Rouleau à pâtisserie :** j'étale la pâte dans un moule à tarte avec mes doigts, sinon j'utilise une bouteille.

– **Emporte-pièce à cookies :** la maison regorge d'objets qui peuvent très bien convenir.

– **Zesteur :** j'utilise notre râpe ou un couteau à la place.

– **Presse-ail :** je me sers du côté plat de la lame de mon couteau à découper pour écraser et faire sortir l'ail de sa peau.

– **Pinceau à badigeonner :** j'utilise un bouquet d'herbes aromatiques, mes doigts ou une cuillère à la place.

– **Économe :** renoncer à mon économe m'a simplifié la vie car je ne pèle plus les légumes qui n'en ont pas besoin. Cela a réduit notre production de compost tout en augmentant notre apport en vitamines, lesquelles sont contenues dans la peau des légumes.

– **Planches à découper :** nous utilisons uniquement celle intégrée au plan de travail.

– **Moules à gâteaux :** j'utilise mes plats allant au four à la place.

– **Sets de table et nappes :** je trouve qu'ils se salissent trop vite : c'est une perte d'énergie physique et électrique, et de détergent. Essuyer une table est bien plus facile que lessiver un set de table ou une nappe. Surtout qu'avec les sets de table on finit toujours par nettoyer aussi la table ! (Ça fait deux fois plus de travail.)

– **Objets de décoration :** je n'ai pas envie de passer du temps à nettoyer ou à me soucier de quelque chose qui n'a pas d'utilité. La vie est trop courte. Je préfère jouer avec mes garçons à la place.

– **Élastiques et clips :** comme nous n'achetons pas d'aliments sous emballage, nous n'avons pas besoin d'accessoires ou de gadgets pour les refermer.

– **Vaisselle de réception et deuxième service à couverts :** je ne pouvais pas justifier l'espace qu'ils prenaient, ni l'entretien supplémentaire (lavage à la main) qu'ils demandaient.

– **Brochettes :** nous utilisons des branches de romarin, qui donnent en plus très bon goût aux brochettes de viande.

– **Les produits jetables !**

Réutiliser

Si des produits jetables ont réussi à résister au désencombrement de votre cuisine, laissez-moi vous assurer une chose : vous n'en avez pas besoin. Gardez votre argent dans votre poche… et loin de la décharge ! Vous pouvez facilement remplacer ces produits par leurs équivalents réutilisables.

On aspire tous à avoir plus de temps à tout prix (y compris celui de l'environnement) : du coup, on croit aux promesses des campagnes marketing et à leurs prétendues astuces pour nous en faire gagner. Mais à qui profite ce « tout-jetable » en fin de compte ? Prenez par exemple un paquet de gobelets jetables : comment (1) déchirer son emballage, (2) faire le tri de l'emballage et de ces gobelets,

(3) sortir recyclables et poubelle sur le trottoir, (4) rapporter ces conteneurs à l'intérieur, (5) retourner au magasin pour renouveler son inventaire, et (6) faire ce trajet indéfiniment peut-il être plus rapide que (1) attraper des gobelets réutilisables dans le placard, (2) les mettre au lave-vaisselle et (3) les ranger ? Il semble bien qu'on nous ait bernés en nous faisant croire que les nombreux voyages au magasin et au bac à recyclage que requièrent ces produits jetables nous font gagner du temps comparés à un objet durable et réutilisable. « Pas besoin de faire attention, ils ne se casseront pas ! », nous disent les publicitaires pour vanter les mérites de leurs produits jetables. Nous sommes grands, capables de gérer les objets fragiles.

À la maison, nous avons substitué des chiffons en microfibre à l'essuie-tout, et nous ne sommes jamais à court ! Nous n'avons plus besoin de sacs poubelle grâce au compostage. Je me suis rendu compte que je pouvais facilement me passer de papier sulfurisé ou d'aluminium. Et mon mari apprécie les économies que l'on fait à ne plus acheter de serviettes en papier ni d'assiettes et de gobelets jetables. Tant de virées shopping en ont été supprimées !

Si vous arrêtez d'acheter des produits à usage unique pour votre cuisine, vous réaliserez rapidement que vous pouvez vivre sans. Faites-en l'expérience. Vous verrez que certains de ces produits peuvent tout simplement être supprimés ; d'autres requièrent un investissement de départ, mais celui-ci est rentabilisé en seulement quelques mois ! Consommer pour sauver l'environnement ? Oui, si votre achat remplace celui d'un produit à usage unique. Si vous avez vendu les objets dont vous vous êtes débarrassé lors de l'étape de simplification, vous pouvez réinvestir cet argent dans des produits réutilisables. Veillez toutefois à choisir des matériaux recyclables. Optez pour des produits à base de métal, de verre et de papier, et évitez les matières plastiques.

Ici encore, les besoins de chacun sont différents, mais, à titre d'illustration, voici les produits jetables que ma famille a remplacés par des réutilisables :

– **Essuie-tout :** une pile de chiffons pour essuyer le plan de travail et une pile de torchons pour s'essuyer les mains et sécher la vaisselle. Nous nous servons du couteau à découper pour racler les morceaux de viande ou de poisson humides.

– **Bouteilles d'eau :** une bouteille en Inox pour chaque membre de la famille : deux normales (pour les enfants), deux isothermes (pour Scott et moi). L'eau en bouteille est non seulement source de gaspillage, elle est aussi moins contrôlée que celle du robinet (vous ne savez pas vraiment ce que vous buvez).

– **Film alimentaire/sacs de congélation :** une collection de bocaux de conserve. J'en ai une centaine, de tailles différentes : je les utilise pour faire des conserves, stocker les aliments, les congeler et les transporter. J'en garde une dizaine vide dans un placard pour les restes. Je préfère les bocaux de conserve français, non pas parce que je suis française, mais parce leurs pièces sont rattachées, ce qui facilite manipulation et lavage (certaines marques proposent en plus un joint en caoutchouc naturel).

– **Serviettes en papier :** une pile de serviettes en tissu. J'en ai une trentaine, chiffre adapté au nombre maximal d'invités que nous pouvons recevoir. Je les ai fabriquées à partir d'un tissu imprimé pour cacher les taches tenaces, et conçues de taille moyenne pour qu'elles soient polyvalentes (elles sont adaptées aussi bien aux apéritifs qu'aux dîners). Chaque membre de la famille a un rond de serviette différent pour reconnaître et réutiliser sa serviette entre les lavages.

– **Sachets à thé :** une boule à thé. J'en ai choisi une de taille moyenne, adaptée à l'ouverture et à la contenance de nos bouteilles Thermos en Inox.

– **Filtres à café :** une cafetière à piston. Il existe également des filtres réutilisables pour ceux qui choisissent de se servir d'une cafetière électrique.

– **Cure-dents :** piques à bigorneaux en inox. Une trentaine, chiffre adapté au nombre maximal d'invités que nous sommes susceptibles de recevoir. Vous pouvez aussi acheter des piques à cocktail en Inox ou en titane.

Réutiliser ne se résume pas seulement au fait de se débarrasser des produits jetables : il s'agit aussi de choisir de la qualité, durable, quand on achète de nouveaux produits. Achetez du matériel de professionnel d'occasion, comme des ustensiles de chef par exemple, quand vous le pouvez ; sinon, rendez-vous chez un fournisseur de restaurants pour vous procurer des produits conçus pour une utilisation intensive.

Trier

Dans une cuisine zéro déchet, attribuer un réceptacle à chaque type de déchets est essentiel : afficher une liste complète de ce que collecte chaque réceptacle sur son couvercle vous permettra, ainsi qu'à votre famille et à vos invités, de mieux identifier la destination de chaque déchet et d'être intransigeant en matière de tri sélectif. L'afficher sur son frigo est une solution courante, mais moins efficace. La taille de vos réceptacles dépend de votre accès à l'alimentation en vrac, mais, dans l'idéal, le plus petit contiendra les déchets destinés à la décharge. Voici les réceptacles dont vous aurez besoin.

Le compostage

La première étape pour avoir une cuisine zéro déchet est d'adopter un système de compostage qui réponde à vos besoins, tels qu'ils sont décrits aux pages 57 et 58. Dès que vous aurez mis un système en place, vous remarquerez vite une nette diminution du contenu de votre poubelle. Quel que soit le système que vous choisissez, la partie la plus importante du compostage est la collecte des matières compostables. Je me suis rendu compte que le compostage est plus facile quand le réceptacle (à savoir le récipient qui recueille les matières compostables dans votre cuisine) est :

1. Assez grand : un grand récipient réduira le nombre de voyages que vous effectuerez à votre composteur. N'importe quel récipient fera l'affaire : vous pouvez même vous servir de votre poubelle de cuisine actuelle comme seau à compost. Vous n'avez pas besoin d'en acheter un équipé d'un filtre à charbon jetable. Le processus de décomposition des matières végétales est initialement inodore : il ne sent mauvais que lorsque ces matières sont mélangées à des produits non biodégradables (ces derniers les empêchant de se décomposer correctement, comme c'est le cas à la décharge) ou d'origine animale. Nous ne vidons le nôtre qu'une fois par semaine ; je congèle les restes de viande et de poisson jusqu'au jour du ramassage.

2. Esthétique : de nombreuses personnes répugnent à composter car elles ne supportent pas l'idée d'avoir un récipient « sale » sur leur plan de travail. Je les comprends bien, mais qui a dit que le contenant devait être installé sur le plan de travail ? On n'aurait jamais l'idée d'y poser nos poubelles. C'est mieux sous le plan de travail. Loin des yeux, mais toujours à l'esprit.

3. À portée de main : votre contenant devrait être facile d'accès pour maximiser son utilisation – y faire tomber les bouts non comestibles de fruits et légumes, y vider votre grille d'évier et y racler vos assiettes avant de charger le lave-vaisselle. Le nôtre est placé sous l'évier, sur rails coulissants.

En fonction de votre système de compostage, la liste que vous collez à votre réceptacle peut inclure :
- aliments périmés* ;
- allumettes ;
- assiettes en papier* ;
- brochettes en bambou* ou en romarin ;
- cartons à œufs* ;
- coquillages (crustacés) ;
- coquilles de noix, noisettes, etc. ;
- coquilles d'œufs ;
- cure-dents* ;
- essuie-tout* ;
- filtres à café* ;
- fruits et légumes ;
- marc de café ;
- os de viande et arêtes de poissons* ;
- pain rassis* ;
- papier sulfurisé*, y compris celui des emballages de beurre ;
- papiers ou cartons sales, comme les boîtes à pizza* ;
- restes* ;
- sacs en Cellophane (assurez-vous bien qu'ils sont en Cellophane, et non en plastique !)* ;
- serviettes en papier* ;
- thé en vrac (les sachets de thé, dont la plupart sont recouverts de polypropylène, ne se décomposeront pas entièrement).

* Des solutions de substitution vous évitant d'avoir à jeter ou à composter ces matériaux vous sont proposées dans cet ouvrage.

Le recyclage

Renseignez-vous sur tout ce que votre municipalité recycle (y compris les matières considérées comme difficiles à recycler) et attribuez un réceptacle à chaque destination. Les matières difficiles à recycler sont celles qui ne sont pas prises en charge par le service de collecte sélective et que vous devez déposer (ou envoyer) sur des sites spéciaux tels que votre dechetterie. Dans notre cuisine par exemple, nous avons un réceptacle pour le recyclage mixte : notre municipalité recycle le verre, le papier, l'aluminium et les boîtes de conserve en fer blanc, ainsi que les plastiques numérotés de 1 à 7. Nous avons un petit récipient pour les bouchons en liège : nous les portons chez notre épicier, qui en fait la collecte pour un recycleur. En France, ma mère porte les siens dans une cave à vin. Nous en avons aussi un pour les bouchons en plastique et les rares emballages de bonbons qui pénètrent chez nous. Quand il est rempli, j'expédie son contenu à TerraCycle pour qu'il soit valorisé (voir le « Carnet d'adresses » pour plus d'informations[1]). Si l'on tient compte de l'empreinte carbone associée à l'expédition, ce n'est pas la solution idéale, mais, le temps que les processus de fabrication et les opérations de recyclage s'améliorent, ça dépanne bien.

N'oubliez pas que la quantité de déchets que vous recyclez actuellement diminuera au fur et à mesure que vous adopterez les mesures proposées dans cet

---

1. TerraCycle existe en France, mais ne recycle pas les mêmes objets qu'aux États-Unis, www.terracycle.fr/fr/brigades.html.

ouvrage : votre système de recyclage doit donc être souple, au moins à court terme. Par exemple, il se peut que vous ayez déjà une poche pour recueillir vos sacs en plastique, mais, dans un instant, vous n'en aurez plus besoin !

La poubelle

Maintenant que vous utilisez votre ancienne poubelle pour recueillir vos déchets compostables, vous pouvez utiliser votre ancien seau à compost pour recueillir vos déchets destinés à la décharge. Et pas besoin de sac poubelle, puisque les déchets humides qui le rendent nécessaire sont compostables.

Ce qui finit à la poubelle devrait toujours nous motiver à passer à l'action. Commençons par changer la façon dont nous faisons nos courses.

FAIRE LES COURSES

Liste de provisions et liste de courses

Une liste fait de toute évidence gagner du temps quand on fait ses courses, j'ai remarqué qu'elle servait un but bien plus important.

Mon service de simplification à domicile m'a réservé bien des surprises : j'ai constaté que les trois quarts des familles que je consultais ne tenaient pas de liste, ce qui les poussait à faire de nombreux trajets à l'épicerie (tous les jours dans certains cas) et des achats compulsifs (parfois même de choses qu'elles avaient déjà).

À la maison, nous avons deux listes : l'une pour les provisions, l'autre pour diverses courses. Toutes deux sont pendues au mur près du garde-manger et sont faites de bandes de papier (devoirs scolaires imprimés sur une seule face), attachées avec une pince et reliées à un crayon. Nous remplissons ces listes de bas en haut pour économiser du papier et pouvoir ne déchirer que le nécessaire. Les téléphones portables sont de bonnes solutions alternatives, qui n'utilisent pas de papier, mais ils sont moins faciles d'accès et n'incitent pas toute la famille à participer.

Quand l'un d'entre nous finit un produit alimentaire ou d'hygiène, il le note sur la *liste de provisions*. Toute la famille participe. Une fois, Léo a écrit : « 10 000 bananes », car notre politique « locavore » le frustrait. Je n'ai pas totalement honoré sa requête, mais, pour le récompenser de sa participation, j'en ai acheté une demi-douzaine. J'utilise aussi cette liste pour noter ce dont on a besoin pour les occasions spéciales, comme du fromage supplémentaire en cas de pique-nique avec des amis par exemple. La liste de provisions est dédiée aux produits disponibles dans le magasin bio où je me rends une fois par semaine et que j'ai pris soin de choisir en fonction de sa sélection de vrac, de son emplacement et de sa boulangerie sur place.

Quand nous voulons acheter quelque chose ailleurs, nous l'écrivons sur la *liste de courses*. Le temps que je parte faire ma tournée (une fois par semaine), j'ai en général trouvé des solutions de remplacement, où tout bonnement perdu le besoin d'acheter la plupart des articles de cette liste. Je l'utilise aussi pour me rappeler de déposer une paire de chaussures chez le cordonnier ou un don de matériel à un site de collecte, ou de me procurer un produit en vrac dans un magasin spécialisé (faire remplir mes bouteilles de bière à la brasserie par exemple).

Dans l'ensemble, ces listes se sont avérées très utiles pour réduire notre consommation, et ainsi gagner du temps et économiser de l'argent.

En gros ou en vrac ?

En tant que consommateurs, nous avons un pouvoir énorme. Nous dépendons de la nourriture pour survivre et nous rachetons une multitude de produits toutes les semaines (parfois même tous les jours) : les décisions que nous prenons peuvent encourager ou desservir les fabricants et les revendeurs, par rapport à l'emballage et à la qualité des produits qu'ils proposent. Nous travaillons dur pour gagner de l'argent, et ce que nous achetons ne devrait pas seulement répondre à nos besoins élémentaires (remplir notre garde-manger), mais refléter nos valeurs. Car, en fin de compte, être client revient implicitement à dire : « Votre magasin répond à *toutes* mes attentes, et je tiens à ce que vous prospériez. » Nous pouvons voter contre le gaspillage avec notre portefeuille, en évitant les emballages inutiles et en privilégiant les produits locaux et bio : acheter *en vrac* répond à ces considérations.

Aux États-Unis, la plupart des gens confondent l'achat en vrac avec l'achat en gros, lequel implique souvent l'abonnement chez un grossiste : acheter un lot de trois gros contenants de feuilles de laurier sous vide, ou un seau de 1,5 kilo de margarine par exemple. Ce modèle économique, basé sur le « dépenser plus pour économiser », permet au consommateur de payer le prix unitaire le plus bas possible et se révèle très économique pour nourrir une armée ou un pensionnat. Il peut aussi être avantageux pour une famille de taille moyenne, mais pas toujours. Scott et moi avons rendu notre carte d'abonnement il y a des années, après avoir acheté ce même seau de margarine. Avant que nous ayons pu le finir, des miettes de pain et des traces de confiture s'étaient mêlées à d'autres petits morceaux de nourriture non indentifiables. Je vous ai coupé l'appétit ? Cette vision a fini par couper le nôtre, et nous avons dû nous résigner à jeter ce tout répugnant à la poubelle. Honteux d'avoir gaspillé de l'argent pour quelque chose que nous n'avions même pas eu le courage de finir, nous ne nous sommes plus jamais abonnés chez un grossiste, ni laissé tenter par de la margarine d'ailleurs. Quand on achète plus de nourriture que ce dont on a besoin, on finit inévitablement par se lasser, surtout quand une course contre la montre s'engage pour la finir avant la date d'expiration ! En fin de compte, c'est de la nourriture gâchée, une perte d'espace, d'argent, de ressources et de temps !

Les produits en vrac mentionnés dans cet ouvrage font référence à ceux qui sont vendus sans emballage dans des bacs et que l'on trouve dans les enseignes bio, les magasins coopératifs et, depuis peu, certaines grandes surfaces. Cela permet aux consommateurs de recharger des contenants et d'acheter la quantité exacte de produits dont ils ont besoin.

En ce qui concerne les emballages, pas de gagnant : ces deux modèles économiques (vente en gros et vente en vrac) les réduisent. Toutefois, si l'on compare les deux quand il s'agit de se ravitailler en denrées de base, le premier implique de stocker de très grandes quantités chez soi. Il me faudrait un garde-manger de la taille d'un hall de gare si je devais acheter en gros tous les types d'aliments que je conserve chez moi aujourd'hui. À l'inverse, pas besoin d'un garde-manger gigantesque pour stocker ceux que j'achète en vrac au magasin bio. Je me dois de préciser que le vrac n'élimine pas totalement le recours aux emballages non plus (les fabricants s'en servent pour transporter leurs produits jusqu'aux magasins qui proposent du vrac, et ils sont parfois même emballés dans des sacs de 50 livres, similaires à ceux qu'on trouve chez les grossistes), mais il permet au consommateur d'acheter la nourriture en fonction de ses besoins réels et de l'espace dont il dispose. Une famille moyenne n'a pas besoin d'une livre de cannelle (j'en utilise une cuillerée à café par mois), ni de trente livres de noix de pécan à la fois (j'en utilise environ 150 grammes au moment des fêtes) : du coup, le magasin diététique est notre « hall de gare » à nous, il stocke pour ses clients.

Les gens s'imaginent qu'acheter en vrac dans un magasin bio revient plus cher qu'acheter des aliments sous emballage en grande surface. Or, en changeant nos habitudes d'achat, nous avons réduit nos dépenses alimentaires d'un tiers en y faisant nos courses. Si vous évitez d'acheter des aliments préparés, que vous réduisez votre consommation de viande et que vous prenez soin de choisir des produits abordables (comme vous le faites lorsque vous achetez des marchandises emballées au super-marché), vous verrez le coût de votre alimentation réduire considérablement.

En outre, les magasins bio proposent un plus grand choix de produits sains et locaux. En général, ils évaluent eux-mêmes les ingrédients et l'origine des aliments qu'ils proposent, ce qui vous fait gagner le temps passé à décoder les étiquettes des produits. La nourriture de qualité se paie, c'est certain, mais, à long terme, elle est meilleure pour nous et l'environnement : c'est un investissement que je suis prête à faire pour la santé de ma famille et celle de la planète. Plus nous achetons de produits bio, plus il y a de chances que leurs prix baissent. Chaque fois que je fais les courses, je vote résolument : « Oui aux aliments en vrac ! » et : « Oui aux produits biologiques ! » Pour mes enfants, je rêve d'un avenir plus sain et sans déchet : je suis heureuse d'y investir mon argent chaque semaine.

Dans les pages qui suivent, j'appellerai « vrac » tout produit vendu sans emballage.

Trouver les magasins de vente en vrac

Votre adoption du vrac dépend entièrement de sa disponibilité près de chez vous. De nombreuses personnes me disent qu'elles n'y ont pas accès. Or, avant que je ne m'attaque à nos déchets, je ne savais pas non plus qu'il y en avait dans ma ville ! C'est pourquoi j'ai créé une application, appelée Bulk, pour localiser ces magasins, de façon que vous puissiez vous aussi profiter des avantages qu'offre l'achat sans emballage. Cette application est gratuite et vous indique le magasin le plus proche ; elle vous permet aussi de partager les endroits que vous découvrez ou que vous utilisez déjà.

Les produits en vrac se trouvent principalement dans les magasins bio, tels que Biocoop, Satoriz et Naturalia, mais ils sont aussi disponibles dans la grande distribution, chez Carrefour, Auchan, Leclerc et Super U.

Kit de shopping zéro déchet

Afin de réduire autant que possible les déchets d'emballage en achetant en vrac, vous aurez besoin de :

– **cabas** : ces dernières années est apparu sur le marché tout un éventail de sacs à courses à quatre sous. Investissez plutôt dans de bon cabas bien solides. J'utilise trois paniers à linge en toile bien résistante et avec des poignées en métal.

– **sacs en tissu** (deux tailles différentes) : Fabriquez-les ou achetez-les de préférence en soie (ils sont aussi légers qu'un sac plastique et sèchent vite) et avec un lien intègre (cela facilite leur fermeture).

– **bocaux en verre** (deux tailles différentes) : choisissez des bocaux de conserve comme ceux évoqués à « Réutiliser » (page 79). Leurs capacités dépendront des besoins de votre famille : celles de 1 litre et de 1/2 litre nous vont très bien.

– **bouteilles :** préférez les bouteilles en verre de limonade (leur bouchon à rabat évite l'utilisation de bouchons en liège), d'une capacité de 1 litre (les liquides en vrac se vendant généralement au litre).

– **grand sac à pain :** à défaut, munissez-vous d'une taie d'oreiller ou fabriquez une poche à partir d'un vieux drap.

– **votre liste de provisions !**

Au magasin et à la maison

Maintenant que vous avez votre kit de shopping prêt à l'emploi, voilà ce que vous devez faire au magasin et une fois arrivé chez vous.

– Servez-vous des sacs en tissu pour les aliments secs, comme la farine, le sucre, les haricots, les céréales, les biscuits, etc. Prenez soin de les remplir de la quantité appropriée à votre contenant de rangement. Ces sacs sont également idéaux pour emballer les petits pains qui se trouvent parfois dans le rayon de boulangerie.

Chez vous : transférez les aliments secs dans des contenants hermétiques. J'utilise des bocaux de différentes tailles à cet usage.

– Utilisez ces sacs en tissu pour transporter fruits et légumes (des filets à linge conviennent aussi).

Chez vous : mettez les produits dans le compartiment à légumes de votre frigo. Si ce compartiment ne fonctionne pas bien (les légumes feuilles flétrissent vite par exemple), ajoutez-y une serviette mouillée ou mouillez votre sac en tissu. Je conserve les herbes aromatiques dans un verre d'eau. Je sors les plus gros articles des sacs, mais laisse les petits (les raisins par exemple) dans les sacs filets, ce qui permet de les laver plus rapidement (passez simplement le filet sous l'eau).

– Utilisez la taie d'oreiller pour transporter le pain acheté sans emballage à la boulangerie.

Chez vous : pour conserver une large quantité de pain, transférez-la dans une autre taie d'oreiller (je coupe les baguettes en deux) pour les ranger au congélateur (elles se conservent une semaine) ; faites-les décongeler quand vous en avez besoin.

– Utilisez les bouteilles pour les liquides, comme le vin ou le vinaigre (les liquides sont plus difficiles à trouver en vrac que les céréales ou les produits achetés au comptoir). Il arrive que la pompe pour recharger soit trop grosse pour les bouteilles, auquel cas des bocaux s'avèrent plus pratiques.

Chez vous : rangez directement dans un placard, sur un plateau tournant, pour qu'ils soient facilement accessibles, ou dans le réfrigérateur.

– Utilisez les bocaux pour les produits vendus « à la coupe » (viande, poisson, fromage et charcuterie) ou au détail (anchois, tapenade, cornichons, etc.). Demandez simplement au personnel de remplir votre bocal du produit de votre choix. Ils apposeront une étiquette de prix au bocal.

Apporter votre propre contenant n'est pas courant et peut surprendre, mais seulement si vous vous montrez hésitant. Je trouve plus facile de ne pas demander la permission de faire mes courses avec des contenants réutilisables. Par exemple, quand je me retrouve face à un nouvel employé au rayon poisson, je dis : « Quatre truites là-dedans, s'il vous plaît. » Et je tends mon bocal, en regardant l'étal, l'air détaché. Si vous regardez cette personne comme pour lui demander son approbation, elle doutera de vous. Je fais donc comme si ces bocaux étaient tout à fait courants (comme si j'avais toujours fait mes courses de cette façon) et, si on me demande leur but, je me contente de répondre : « Je n'ai pas de poubelle chez moi. » Personne ne pose plus de questions. Cela dit, je me suis récemment fait refouler dans un magasin où je remplissais mes bocaux depuis trois ans. Une nouvelle employée au comptoir a déclaré fermement : « Cela va à l'encontre des règles de santé et de sécurité. » Je l'ai poussée à vérifier auprès de son manager, et elle a fini par remplir mon bocal. Mais un tel commentaire aurait à coup sûr dissuadé un novice de retenter l'expérience ! Tous les magasins n'acceptent pas que les clients apportent leur propre contenant, et, quand c'est le cas, les conditions ne sont pas forcément les mêmes (au comptoir, dans des distributeurs, pour les aliments secs, pour les aliments humides, etc.).

Être non conformiste demande un certain courage, mais ne baissez pas les bras ; essayez un autre magasin ou revenez un autre jour !

Faire toutes vos courses le même jour, une fois par semaine, et muni d'une liste, ne vous empêchera pas seulement de faire des achats compulsifs, cela vous permettra aussi de construire une relation de confiance avec les employés de votre magasin et vous mettra à l'aise pour faire vos courses de cette manière. Tous les vendredis, je me réjouis de voir Carl et son équipe au rayon fromage, de papoter un instant avec Kito alors qu'il me tend ma commande de pain chaud et de profiter de l'éternel sourire de Jay, le caissier. Après tout, c'est grâce à eux, et à leur patience, que ce système est possible, et je leur suis toujours reconnaissante d'accéder à mes requêtes. Soyez aimables, faites preuve de patience et montrez-vous reconnaissant.

AU-DELÀ DU MAGASIN BIO

Comment faire pour les aliments que vous ne trouvez pas en vrac dans votre magasin d'alimentation ? Et comment faire si aucun magasin ne vend de vrac près de chez vous ?

Les aliments en vrac ne se limitent pas aux magasins d'alimentation mentionnés plus haut : les AMAP (associations pour le maintien d'une agriculture paysanne) et les marchés de producteurs sont aussi une excellente source de produits sans emballage. Les AMAP par exemple sont de formidables modèles économiques. Elles soutiennent la communauté locale et promeuvent le secteur de la production biologique et saisonnière. Mais, attention ! l'AMAP que nous avions rejointe utilisait des sacs plastique. Dix sacs multipliés par six cents membres : notre ferme « rejetait » six mille sacs plastique dans la nature chaque semaine ! J'ai proposé d'autres solutions et fait mon possible pour qu'elles soient adoptées, mais on m'a rétorqué que ces sacs étaient nécessaires pour distribuer les commandes. D'autres AMAP proposent certainement leurs fruits et légumes sans emballage, mais je préfère faire mes courses au marché de producteurs : il propose plus de produits de saison, me permet de discuter avec les vendeurs et de refuser les sacs en plastique sur place. D'autant plus qu'en France les produits en vrac y sont largement disponibles, les contenants réutilisables, unanimement acceptés et les emballages, facilement évités ! Rendez-vous sur reseau-amap.org pour trouver une AMAP près de chez vous, ou sur marches-producteurs.com pour un marché de producteurs.

Voici d'autres solutions à envisager pour acheter des aliments sans emballage en dehors de votre magasin d'alimentation.

– Achetez votre lait et votre yaourt dans des contenants consignés. En fonction d'où vous vivez, vous pouvez les acheter directement dans une laiterie, vous les faire livrer ou, parfois, les acheter au rayon frais de votre alimentation. Dans ce dernier cas, vous versez une consigne lors de l'achat, qui vous est remboursée quand vous rapportez la bouteille au magasin.

– Rendez-vous chez un spécialiste : un glacier peut remplir votre bocal de glace ; une confiserie, votre sac en tissu de bonbons ; un moulin à huile, votre huilier en Inox. On risque de vous dire non, mais les affaires, même dans un bocal ou un sac en tissu, sont toujours les affaires ! Et de nombreux détaillants y sont ouverts. Essayez les halles (beurre, crème fraîche), un apiculteur (miel), un magasin de produits exotiques (épices), un viticulteur (vin), une brasserie (bière) ou la boutique Maille à Paris (elle propose de recharger des pots de moutarde). Différents sites Internet permettent aussi de localiser les petits producteurs (voir « Carnet d'adresses »)

– Réalisez vous-même ce que vous ne trouvez pas en vrac. Pour le bien de ma santé mentale, j'évite de préparer ce qui est disponible en vrac. Au lieu de faire mon pain, je glisse les petits pains vendus en vrac au rayon pain et les baguettes de la boulangerie dans ma taie d'oreiller. Afin que le zéro déchet reste aussi simple et aussi facile que possible (désolée, grains de kéfir), je simplifie, je revois mes priorités pour gagner du temps et je ne fais maison que les denrées de base difficiles à trouver sans emballage. Privilégiez les recettes qui ne requièrent que quelques ingrédients en vrac et sont faciles à faire.

– Envisagez de mettre en conserve les produits que vous avez l'habitude d'acheter en boîte. La mise en conserve maison est une super alternative aux boîtes achetées dans le commerce, la plupart étant pleines de glutamate monosodique et libérant du bisphénol A. Pour me simplifier la vie, je ne fais que des conserves de tomates – ma famille adore en manger hors saison. À la fin de l'été, on peut marchander de grandes quantités de tomates à la fermeture du marché.

– Rejoignez ou créez un club d'achat. Un club d'achat, c'est en général un arrangement non officiel entre plusieurs personnes (le plus souvent, au moins sept familles) qui achètent de la nourriture ensemble auprès d'une coopérative et qui se partagent les tâches telles que récolter l'argent, passer commande puis dispatcher les commandes. Les fournisseurs de magasins et de restaurants spécialisés dans les produits naturels et biologiques acceptent souvent de fournir de tels clubs. Pour les familles qui n'ont pas accès au vrac en magasin, ces clubs représentent une bonne alternative pour acheter des aliments de qualité en gros et à bas prix. Les sites basebio. com ou achat-groupe-bio.com vous offrent des prix avantageux et vous permettent d'effectuer des commandes groupées.

– Cultivez vous-même. Ce que vous ferez pousser chez vous sera toujours sans emballage et sans étiquette ! Par exemple, les herbes aromatiques sont souvent vendues sous blister et/ou en trop grandes quantités, mais vous pouvez facilement les cultiver en pots. Rosalind Creasy, qui a écrit plusieurs livres sur le jardin potager, recommande aux novices de prendre confiance en eux en commençant par des légumes à haut rendement : le mesclun produit beaucoup en peu de temps ; l'aubergine, les blettes et le chou frisé produisent sur une longue période de temps (ratio récolte/espace élevé) ; les variétés de tomates indéterminées produisent plus de fruits que les déterminées. Les haricots à rames, les pois et les concombres grimpants poussent à la verticale, sur une longue période ; les variétés photoapériodiques de fraises poussent du début de l'été jusqu'à l'automne ; et les radis, la laitue, la roquette et la ciboule poussent et passent rapidement.

– Approvisionnez-vous dans la nature : les emballages blister n'y poussent pas ! Prenez un cours de cueillette et explorez votre côté sauvage ! C'est devenu une des activités préférées de ma famille ; parfois, Léo revient à la maison les lèvres bleuies par les mûres qu'il a trouvées, parfois avec un seau d'écrevisses à la main. Scott pêche poissons et coquillages. Je me suis spécialisée dans les plantes. La cueillette est un supermoyen de compléter ses courses et d'économiser de l'argent !

VIRÉE TYPIQUE AU SUPERMARCHÉ

Certains peuvent penser que le zéro déchet tourne à l'obsession chez nous. Certes, cela occupe une place importante dans notre vie, mais je ne le considère pas comme une obsession... ou plus.

C'en était sans doute une au début, mais, maintenant que notre organisation est bien huilée, nous profitons pleinement de ses avantages financiers et sanitaires et de son gain de temps. Notre succès est en partie dû à nos capacités d'organisation et à notre manière de faire les courses. Nous défaire de nos vieilles habitudes a été long, et il est possible que vous mettiez du temps à trouver le système qui fonctionne pour vous, mais le zéro déchet et ses « cinq règles » vous guideront pour prendre de bonnes décisions au magasin. Cela peut sembler compliqué aux yeux des novices, mais je vous assure qu'aujourd'hui c'est la manière dont les autres font leurs courses qui me paraît ahurissante.

Les méthodes de vente en vrac diffèrent un peu en France, mais, à titre d'exemple, voici à quoi ressemble ma routine du vendredi.

Mon mari et moi nous partageons la voiture familiale. J'ai la priorité le vendredi pour aller faire les courses et les provisions, car c'est le jour du marché.

J'ai trois grands cabas (pas besoin de plus) : deux pour les *provisions* et un pour le *marché*.

Je garde le cabas pour le marché (dans lequel je mets mes sacs filets pour les fruits et légumes) et un des cabas à provisions (qui contient des sacs propres pour les aliments en vrac, une taie d'oreiller et un code-barres de baguette que j'ai conservé) dans le coffre de ma voiture.

À la maison, près de mes listes de courses, je garde l'autre cabas à provisions, prêt à être rempli pendant la semaine des sacs en tissu et des filets propres, des bocaux vides, des contenants vides qui sont consignés (lait et yaourt), et des boîtes à œufs vides.

Le vendredi, j'apporte mes deux listes de courses et ce sac à ma voiture en m'assurant qu'il contienne au moins cinq bocaux de 1 litre : un pour de la viande, un pour du poisson, un pour de la charcuterie, un pour du fromage et un pour du fromage râpé. Je transfère les boîtes à œufs et les sacs filets dans le cabas pour le marché.

Pour une efficacité optimale en termes de temps et de carburant, je numérote ma liste de courses par arrêt, de façon à tourner le plus possible à droite (une astuce que m'a donnée mon mari, lequel a travaillé avec des entreprises de transport).

Puis je me mets en route, rayant les arrêts de ma liste au fur et à mesure. Les trois derniers sont en général le marché, le magasin bio et la bibliothèque.

Au marché, j'attrape le cabas prévu à cet effet et je fonce sur mon étal favori de légumes (les légumes au fond du cabas), puis celui de fruits (qui sont en général plus mous que les légumes). Je n'utilise des sacs filets que pour les produits de petite taille (je dispose les grands directement dans mon cabas). Si j'achète des baies vendues dans une barquette, je les verse dans un sac filet et redonne le contenant au vendeur pour qu'il le réutilise. Pour finir, je m'arrête à l'étal des œufs pour y remplir ma boîte vide. Au marché, mes achats ne sont dictés que par les produits qui m'inspirent. Je m'assure simplement d'en avoir suffisamment pour une semaine.

Ensuite, au magasin :

– Je mets mes deux sacs à provisions dans un chariot et fais un premier arrêt au service clientèle pour retourner mes contenants à lait et à yaourt et récupérer ma consigne (j'entoure mon avoir autour de ma carte de crédit pour ne pas l'oublier lors de mon passage en caisse).

– Je me dirige ensuite vers la boulangerie pour commander « dix baguettes, sans emballage ». Dix baguettes sont suffisantes pour nos besoins heb-domadaires.

– Je vais ensuite remplir mes bocaux à « l'étal de salades » (principalement pour le fromage râpé à bas prix), à « l'étal d'olives » (pour les condiments comme les câpres, les cornichons et les olives), puis au comptoir à charcuterie, à viande et à poisson.

– J'attrape du beurre vendu dans du papier sul-furisé, puis du lait et du yaourt vendus dans des bouteilles en verre consignées pendant que mon bocal se fait remplir au rayon fromage à la coupe.

– Je remplis mes sacs en tissu (aliments secs) et mes bocaux (liquides : huile, miel, etc.) au rayon aliments en vrac en fonction de ma liste.

– Je m'arrête parfois au rayon fruits et légumes pour acheter un produit que je n'aurais pas trouvé au marché (comme des épinards en vrac par exemple), ou au rayon viennoiseries pour des croissants vendus à l'unité.

– Je reviens à mon point de départ, la boulangerie, où m'attendent des baguettes fraîches, tout droit sorties du four. Le boulanger les met dans ma taie d'oreiller. Tandis que je me dirige vers la caisse, leur odeur me rappelle mon pays natal.

– Je décharge d'abord les bocaux (car les objets lourds devront être placés dans les cabas en premier), puis les sacs en tissu remplis d'aliments secs, ensuite le pain. Je sors le code-barres de la baguette et donne mon bordereau de remboursement pendant que mes cabas sont remplis et que le caissier déduit mon avoir de ma facture.

– Je paie, refuse le reçu et rentre chez moi en faisant un arrêt rapide à la bibliothèque.

Comme vous pouvez le voir, je suis passée dans les rayons frais et sains du magasin en contournant les allées centrales, où se trouvent les produits surtransformés et suremballés. Le seul emballage à jeter que je rapporte d'une virée à l'épicerie est celui du beurre, car il ne m'est pas disponible en vrac. En France, vous pouvez en trouver sur les marchés, aux halles, voire au rayon fromagerie de certaines grandes surfaces.

Une fois à la maison, je décharge la voiture, mets les produits frais au frigo, remplis mes bocaux de stockage d'aliments an vrac, coupe mes baguettes en deux et les congèle dans une autre taie d'oreiller, range les légumes dans le bac à légumes du frigo, remplis la corbeille de fruits sur la table, mets les sacs à aliments en vrac sales dans le lave-linge, recycle mes listes de courses et remets les cabas à leur place : deux dans la voiture et un à la maison, prêts à être réutilisés la semaine suivante.

L'ORGANISATION DES REPAS

La plupart des déchets d'une famille sont constitués d'emballages de nourriture toute prête (cuisine rapide), ce qui rend le zéro déchet impensable pour certains. Mais la *slow food* n'est pas si compliquée. Comme pour les accessoires de cuisine, cela demande de petits efforts de désencombrement, d'organisation et de planification.

Revoir ses recettes

Il n'y a pas si longtemps, je possédais un classeur de cuisine, farci de recettes que j'avais accumulées au fil des ans. Des recettes pas très saines et/ou génératrices de déchets se mêlaient à d'autres, saines et sans déchet : elles encombraient non seulement mes fichiers, mais rendaient également mon shopping zéro déchet difficile, compliqué et frustrant. Courir dans tous les sens pour trouver du sucre glace en vrac pour faire des boules au bourbon n'avait aucun sens.

Un jour, ça a fait tilt ! Si une cuisine zéro déchet nécessitait de faire des courses zéro déchet, celles-ci demandaient donc des recettes zéro déchet ! J'ai donc passé ma collection en revue et n'ai conservé que celles qui cadraient avec notre mode de vie :

1- Sélectionnez seulement les recettes qui contiennent des ingrédients disponibles en vrac, localement.

2- Débarrassez-vous de celles qui nécessitent trop d'ingrédients ou de temps de préparation. Des recettes toutes simples peuvent avoir aussi bon goût que des très élaborées.

3- Recyclez celles que vous n'avez jamais testées. Le fait de ne pas avoir réussi à les essayer me donnait un sentiment d'échec et me stressait. M'en séparer fut un vrai soulagement, et mon esprit s'en trouva libéré.

4- Laissez tomber les recettes que vous ne pouvez pas préparer à l'avance quand vous recevez du monde. Je me suis rendu compte que, quand je cuisine pour des amis, je me déconcentre, j'oublie des ingrédients ou toute notion du temps, et je finis par m'excuser pour des ratés. Je cuisine bien plus vite et bien mieux seule. Je gère mieux mon dîner en le réchauffant et je suis une hôtesse bien plus attentive si je ne m'éparpille pas à surveiller les températures et à faire la chasse aux ingrédients de ma recette. En outre, préparer les plats à l'avance permet aux différentes saveurs de bien se mêler.

5- Scannez les quelques recettes qui restent, dont celles qui figurent dans la douzaine de livres que vous ne conservez que pour une unique recette. Je me sers de CamScanner, une application de smartphone, pour le faire rapidement.

6- Recyclez les feuilles volantes et donnez vos livres pour que d'autres en profitent.

Une fois que mes recettes ont été scannées, je les ai organisées comme suit :
– amuse-gueules ;
– biscuits/friandises ;
– cueillettes ;
– desserts ;
– entrées ;
– épicerie ;
– graines ;

- légumes ;
- légumineuses ;
- maison/corps ;
- menus ;
- pâtes ;
- petit déjeuner ;
- poissons et crustacés ;
- pommes de terre ;
- poulet : cette viande abordable et « écolo » a droit à son propre dossier !
- soupes ;
- tartes salées ;
- viande.

Numériser les recettes permet d'être mobile. Je stocke les miennes dans le cloud[1], auquel je peux accéder de n'importe où grâce à mon smartphone. Mais cela permet aussi de les référencer sous plusieurs entrées : je peux aisément copier une recette dans plusieurs dossiers pour la consulter plus facilement et planifier mes repas. Par exemple, la soupe au chou-fleur peut entrer dans trois catégories : entrées, soupes et légumes. En outre, la plupart des recettes sont disponibles sur Internet aujourd'hui : on peut facilement les enregistrer dans les dossiers appropriés (au lieu de les imprimer) et les partager par e-mail ou dans le cloud lui-même.

Planning des repas de la semaine

Je consulte principalement mes recettes quand je reçois du monde ; le reste du temps, je m'efforce d'associer des saveurs (ou des aliments qui s'accordent bien). Des guides tels que *Le Répertoire des*

---

1. Le *cloud computing* est un concept qui consiste à accéder à des données et à des services sur un serveur distant (*N.d.T.*).

saveurs de Niki Segnit existent pour cette méthode de cuisine. J'aime aussi m'inspirer des menus proposés dans les restaurants et des plats cuisinés de mon magasin bio. Cette manière de faire nourrit ma créativité et convient à ma façon d'acheter : de saison et en fonction de ce qui a l'air bon. En outre, je peux l'adapter au planning de la semaine que j'ai créé pour ma famille en fonction de (1) notre accès aux aliments en vrac, (2) notre régime pratiquement végétarien et (3) notre emploi du temps. Cela me permet d'utiliser des œufs, du lait et/ou du fromage comme source de protéines pour les dîners végétariens et d'ajouter ce que j'ai trouvé au marché des producteurs au plat du jour. Le planning ci-dessous n'est pas à suivre à la lettre : il ne peut pas convenir à tout le monde. Chaque famille doit l'adapter à ses propres besoins, mais il permet de ne pas perdre de temps à conjecturer et de répondre d'office à l'inévitable : « Qu'est-ce qu'on mange ce soir ? »

– Lundi : pâtes.

– Mardi : légumineuses.

– Mercredi : tarte salée (quiche maison, pizza ou tortillas mexicaines).

– Jeudi : pain (pour accompagner notre soupe ou notre salade de légumes faite avec « les restes du frigo »).

– Vendredi (jour des courses) : poisson accompagné de pommes de terre.

– Samedi : carte libre, dîner avec des amis ou au restaurant.

– Dimanche : viande accompagnée de grains entiers.

Dans notre garde-manger

Notre cuisine est organisée pour stocker un nombre fixe, limité, de bocaux, qui contiennent des aliments permanents ou des aliments qui « tournent ». Les *aliments permanents* varieront d'une famille à l'autre. Chez nous, on trouve :

– farine, sucre, sel, bicarbonate de soude, fécule de maïs, levure chimique, levure de boulanger, flocons d'avoine, café, grains de maïs, sucre glace ;

– confiture, beurre, beurre de cacahuète, miel, moutarde, conserves de tomates, cornichons, olives, câpres ;

– huile d'olive, huile végétale, vinaigre de cidre, vinaigre de vin, sauce tamari, extrait de vanille ;

– sélection d'herbes et d'épices.

Les *aliments qui tournent* sont des aliments que nous avions l'habitude d'acheter sous différentes formes. Avant, en matière de légumineuses, nous avions dans nos placards des pois chiches, des lentilles, des pois cassés, des haricots rouges, des fèves, des haricots pinto, etc. Bien que stocker de nombreux aliments différents semble encourager la variété, le contraire est aussi souvent vrai. Comme pour les vêtements, on attrape souvent en premier ceux qu'on préfère, et les autres se retrouvent au fond du placard, oubliés, à prendre de la place pour rien. Ils finissent par se périmer (ils deviennent rassis ou infestés d'insectes par exemple). Aujourd'hui, au lieu de stocker plusieurs aliments du même groupe, nous avons attribué un bocal à chacun et adopté un système de rotation. Par exemple, notre bocal à légumineuses peut contenir des pois chiches une semaine, des lentilles la suivante. Nous alternons pour les produits suivants :

– graines ;

– pâtes ;

- légumineuses ;
- céréales de petit déjeuner ;
- biscuits sucrés ;
- fruits secs sucrés ;
- biscuits salés ;
- fruit secs salés ;
- thé.

Ce système ne nous permet pas seulement de varier nos repas et de libérer de l'espace dans nos placards, il s'est également avéré très efficace pour éviter le gaspillage alimentaire.

Réduire le gaspillage alimentaire

Outre ce système de rotation, il existe d'autres manières de moins gaspiller de nourriture. Nous avons déjà évoqué le fait de vous armer d'une liste avant de faire vos provisions. En servant de petites portions, en réchauffant les restes et en congelant, vous pouvez diminuer plus encore la quantité d'aliments non consommés ou périmés que vous compostez. Par exemple, vous pouvez congeler des herbes aromatiques hachées dans des bacs à glaçons, ou congeler les restes d'un déjeuner dans un bocal pour un dîner individuel. J'utilise aussi les os de viande et les arêtes de poissons que je conserve au congélateur avant de les composter pour faire du bouillon (je les ajoute directement à la soupe et les retire au moment de servir).

Même la cuisine la plus appliquée en matière de zéro déchet est vouée à produire quelques déchets compostables. Mais voici une liste de choses auxquelles vous n'avez peut-être pas pensé pour les éviter.

- Ajoutez-les : des restes de courge peuvent être excellents dans des pancakes salés. Ou essayez d'utiliser de l'eau qui a servi à faire cuire les pâtes dans la sauce.

– Enfournez-les : en général, ma famille n'aime pas le chou frisé, mais l'adore en chips. Faites cuire le chou sur une plaque de cuisson avec un peu d'huile d'olive et de sel pendant dix minutes à 180 degrés.

– Recueillez-les : je garde un bocal dans mon congélateur pour conserver les morceaux de pain rassis. Quand il est plein, je fais du pudding avec (voir la recette à la page 119).

– Déshydratez-les : vous pouvez utiliser un déshydrateur, mais faire sécher à l'air libre ou au soleil est plus économique. J'attache les herbes en petits bouquets et les laisse sécher à l'air libre, à l'intérieur (le grenier est idéal) afin qu'elles conservent un maximum de saveur et de couleur. Feuilles de céleri séchées et moulues plus sel égale sel de céleri !

– Trouvez-leur un autre usage : mes enfants n'aiment pas les raisins secs dans leurs céréales : je les enlève donc de leur petit déjeuner et les utilise dans une recette de biscuits à la place.

– Faites-les fermenter : un fond de vin ou des restes de fruits sont idéaux pour faire du vinaigre maison. Tout ce dont vous avez besoin pour commencer un vinaigre de vin est une mère de vinaigre, disponible dans des magasins de viticulture.

– Râpez-les : des râpures de pommes sont délicieuses dans une salade, celles de pain rassis (chapelure) sur des légumes ou un gratin.

– Égouttez-les : si du yaourt dépasse sa date d'expiration mais n'est pas moisi, je l'assaisonne et je le pends au-dessus de l'évier, dans un mouchoir, pour faire du fromage à pâte molle (mais ça, vous le saviez déjà).

– Rafraîchissez-les : vous pouvez raviver une laitue flétrie en la plongeant dans de l'eau glacée.

– Centrifugez-les : ne compostez pas vos fanes de carottes ; mixez-les avec votre *smoothie* de légumes verts.

– Coupez-les : quand nous avons trop de fruits à la maison, je les coupe et les dispose dans une assiette, et ils disparaissent comme par magie !

– Servez-les à la louche : la veille des courses, je mets tous les restes de légumes dans une marmite avec de l'eau et des os de poulet pour faire une soupe. Les feuilles d'artichaut et les cosses de pois font également d'excellentes bases de veloutés.

– Marinez-les : ma mère m'a appris à faire macérer notre surplus de raisins ou de fruits secs dans de l'eau-de-vie pendant plusieurs mois (parfois des années). Attention, ça dégage !

– Contrebalancez-les : si vous envisagez de jeter un mets parce qu'il est trop épicé, ajoutez-y du citron, un produit laitier, de l'alcool ou du sucre. Trop doux ? Essayez le sel, le vinaigre ou le citron. Trop salé ? Un peu de vinaigre blanc et une pincée de sucre devraient faire l'affaire. Trop aigre ? Ajoutez-y du bicarbonate de soude.

– Offrez-les à des amis, une école, une banque alimentaire : si vous avez surestimé la quantité de nourriture lors d'un repas ou la production de votre récolte, rendez quelqu'un heureux avec ce que vous avez en trop. Tout le monde apprécie une portion de lasagnes ou un panier de légumes.

– Conservez-les : des fruits mûrs peuvent être transformés en confiture, et un surplus de légumes, conservé au vinaigre.

– Posez la question : Google vous dira quoi faire de vos restes !

– Réinventez-les : utilisez des restes de jambon pour parfumer une soupe de pois, ou des pommes abîmées pour faire une compote (vous pouvez ensuite la déshydrater pour la transformer en pâte de fruits) !

– Rendez-les visibles : ranger vos restes dans des contenants transparents (bocaux de conserve) vous évite de les oublier.

– Épaississez-les (ou délayez-les) : parfois, une soupe ou une sauce traîne dans le frigo car sa texture est trop liquide ou trop épaisse. Utilisez de la fécule de maïs pour l'épaissir, de l'eau, du vin ou de la crème pour la délayer.

– N'en perdez rien : si vous pelez et émincez le pied d'un brocoli (qu'on jette habituellement), vous pouvez l'ajouter aux fleurets de votre recette.

– Valorisez-les : j'adore organiser un apéro avec les restes. C'est une manière sympa de vider le frigo avant d'aller faire les courses. Des restes de pizza peuvent être coupés en petites bouchées, et des préparations à base de viande ou de grains entiers peuvent être présentées dans une feuille d'endive, des champignons, des cuillères ou des verrines. Vous pouvez faire un *trifle* avec des restes de gâteaux, en les alternant avec de la crème fouettée et des fruits frais. L'art d'accommoder les restes, quoi !

– Humidifiez-les : aspergez d'eau une baguette sèche et passez-la au four pour lui redonner une seconde vie.

– Vérifiez l'étanchéité de vos contenants (joint) : des céréales dans un bocal pas bien hermétique vont se détériorer ou s'infester d'insectes. Une bonne étanchéité rallonge la durée de conservation : depuis que nous utilisons des bocaux (étanches) pour conserver nos aliments, nous n'avons vu ni fourmi ni scarabée près de notre nourriture.

Recevoir

À quoi devez-vous penser quand vous recevez du monde ?

Le plus important si vous voulez recevoir sans faire de déchet, c'est de vous montrer proactif. Anticipez l'éventualité que vos invités ramènent des emballages ou des cadeaux encombrants chez vous. Vous avez travaillé dur pour simplifier votre cuisine et embrasser le changement : ne laissez pas vos invités ruiner vos efforts. Informez vos amis de votre détermination à éliminer la poubelle. Parlez-leur des objets réutilisables dont vous vous servez, des vers que vous avez adoptés. Expliquez-leur la notion de désencombrement et parlez-leur des économies que vous faites. Les mettre au courant de votre démarche vous évitera la frustration d'avoir à gérer des cadeaux et des emballages à jeter. Donnez à vos amis les outils nécessaires pour qu'ils comprennent et respectent vos choix.

Recevoir peut être une formidable manière de célébrer le style de vie zéro déchet et de le tester à plus grande échelle. Cela peut même inspirer vos proches à adopter certaines de vos pratiques.

Voici quelques idées à envisager lorsque vous mettez en pratique le zéro déchet avec des invités.

Nourriture

– Apportez des bocaux supplémentaires quand vous allez faire vos courses car vous allez acheter en plus grande quantité.

– Évitez d'utiliser des plats/plateaux de service. Servir directement dans l'assiette simplifie, réduit la quantité de vaisselle et incite à soigner la présentation. Cela vous permet aussi de contrôler les rations et, de fait, les déchets. Servez de petites portions et proposez de resservir.

– Privilégiez les amuse-gueules quand vous organisez une soirée. Avec les amuse-gueules, ou canapés, pas de restes dans les assiettes et moins de vaisselle à laver. Et c'est une supermanière d'utiliser les restes. Contentez-vous de les présenter avec une pile de serviettes en tissu et des piques à cocktail en Inox pour remplacer les cure-dents.

– Si votre buffet nécessite des assiettes, proposez-en de petites. Cela encouragera les gens à se servir de petites parts et évitera les restes de nourriture.

– Préparez une petite sélection de hors-d'œuvre en grande quantité : il est bien plus efficace de faire vingt portions de six amuse-gueules que six portions de vingt amuse-gueules !

Boissons

– Ajoutez des rondelles de citron, des tranches de concombre ou du romarin à de l'eau du robinet plutôt que de servir de l'eau pétillante en bouteille.

– Proposez du vin en vrac.

– Achetez des fûts de bière consignés quand vous planifiez de servir de la bière.

– Achetez les boissons en fonction de leur bouteille réutilisable. J'achète de la limonade et de la vodka conditionnées dans des bouteilles avec bouchon à rabat car je peux les réutiliser pour acheter mon vin en vrac.

– Mettez un crayon lavable à la disposition de vos invités pour qu'ils marquent leur verre. Cela leur permettra de le retrouver facilement, ce qui réduit la vaisselle et vous évite d'avoir à stocker des marque-verres.

Décor et ambiance

– Utilisez de « vrais » couverts et assiettes, ainsi que des serviettes en tissu, pour limiter les dépenses tout en rendant votre table élégante.

– Faites preuve de créativité pour décorer votre table. Trouvez des manières originales de plier vos serviettes ; exposez des plantes d'intérieur, des feuilles/branchages de votre jardin, des bougies, et même des fruits de saison. Prenez une pépite de chocolat pour dessiner sur la table ou des lentilles corail pour créer des motifs. Les enfants peuvent faire des fleurs avec de la pâte à modeler (voir la recette page 314, dans le chapitre « Les enfants et l'école ») ou des dessins au doigt dans une cuillère à soupe de farine éparpillée. Pour les buffets, je mets des frondes de fougère dans des verres d'eau que je recouvre de bocaux de diverses tailles : je me sers de ces « cloches » pour présenter mes assiettes de service (petites et grandes assiettes) à différentes hauteurs.

– Réutilisez les récipients de bougies votives en les remplissant de cire ou d'huile d'olive. Vous pouvez acheter des blocs de cire d'abeille en vrac dans les magasins bio et des mèches sans plomb au mètre dans les magasins de loisirs créatifs. Plantez une petite mèche dans un socle et remplissez le récipient de cire d'abeille fondue. J'utilise aussi la méthode à l'huile (voir page 326, le chapitre « Les fêtes et les cadeaux » pour plus de détails). Parfois, j'achète de longues bougies (vendues en vrac au magasin du coin de la rue) et je fais fondre leurs restes pour remplir mes récipients. Mes bougeoirs sont réversibles, je peux y mettre les deux formes de bougies (votives ou longues).

– Téléchargez de la musique sur votre lecteur MP3. Faites dons de vos CD et de votre lecteur CD pour que d'autres en profitent, et connectez votre lecteur MP3 à vos enceintes.

RECETTES

Moutarde

INGRÉDIENTS

- 50 g de moutarde en poudre
- 200 ml de vin blanc
- 125 ml de vinaigre de cidre
- 1 œuf battu
- 1 cuillerée à soupe de sucre
- 1 cuillerée à soupe de farine

INSTRUCTIONS

1. Mélangez tous les ingrédients dans un bocal.
2. Placez le bocal ouvert dans une casserole de taille moyenne, dans 3 cm d'eau, sur feu moyen.
3. Fouettez jusqu'à épaississement.
4. Laissez refroidir et placez au réfrigérateur.

Tortillas mexicaines

INGRÉDIENTS

- 480 g de farine
- 1 ½ cuillerée à café de sel
- 1 cuillerée à café de levure chimique
- 110 g de beurre froid
- 250 ml d'eau chaude

1. Mélangez tous les ingrédients secs dans un grand saladier.
2. Incorporez le beurre à la préparation et malaxez du bout des doigts jusqu'à obtenir des miettes grossières.
3. Ajoutez l'eau et mélangez jusqu'à obtenir une pâte molle.
4. Formez 12 petites boules.
5. Étalez la pâte de chaque boule aussi finement que possible et faites cuire dans une poêle à feu moyen pendant 20 secondes de chaque côté.

Extrait de vanille

INGRÉDIENTS

- Deux gousses de vanille
- 125 ml d'eau-de-vie

INSTRUCTIONS

1. Coupez les gousses de vanille en deux, dans le sens de la longueur.
2. Placez-les dans une petite bouteille.
3. Recouvrez-les d'eau-de-vie.
4. Fermez bien et laissez reposer trois jours avant utilisation.

Sauce piquante

INGRÉDIENTS

- 500 g de piments (serrano
- ou jalapeño par exemple)
- 500 ml de vinaigre blanc

- 500 ml d'eau
- 1 cuillerée à soupe de sel

INSTRUCTIONS

1. Coupez les piments en gros morceaux.
2. Mélangez tous les ingrédients dans une casserole de taille moyenne.
3. Portez à ébullition.
4. Faites mijoter pendant 30 minutes.
5. Mixez à l'aide d'un mixeur plongeur.
6. Laissez refroidir et versez dans une petite bouteille.

Pâte à pizza

INGRÉDIENTS

- 240 g de farine
- 2 cuillerées à café de levure
- 1 cuillerée à café de sucre
- ½ cuillerée à café de sel
- 2 cuillerées à soupe d'huile d'olive
- 200 ml d'eau chaude

INSTRUCTIONS

1. Mélangez tous les ingrédients dans un grand saladier.
2. Pétrissez de façon à bien mélanger tous les ingrédients, puis formez une boule.
3. Couvrez le saladier avec une assiette.
4. Laissez lever la pâte pendant 45 minutes dans un endroit chaud. (J'allume mon four à la température la plus basse pendant que je prépare la pâte, je l'éteins et y place le saladier.) La pâte doit doubler de volume.

5. Enlevez la pâte du saladier en le raclant avec vos doigts bien couverts de farine et formez une boule.
6. Avec vos doigts, étalez la pâte sur une plaque de cuisson huilée.
7. Garnissez des aliments de votre choix et faites cuire à 200 °C pendant 25 minutes.

Raifort

INGRÉDIENTS

- 250 ml de racines de raifort râpées
- 200 ml de vinaigre blanc
- ¼ de cuillerée à café de sel

INSTRUCTIONS

1. Mélangez tous les ingrédients dans un bol.
2. Mixez à l'aide d'un mixeur plongeur.
3. Versez dans un petit bocal.
4. Utilisez avec modération : c'est très fort !

Anchois au sel

INGRÉDIENTS

- 500 g d'anchois
- Gros sel

INSTRUCTIONS

1. Coupez la tête et ôtez les boyaux des anchois (laissez l'arête) et rincez.
2. Remplissez un bocal en alternant couches de gros sel et couches d'anchois (commencez et finissez par une épaisse couche de sel).

3. Tassez, fermez bien et mettez au réfrigérateur pendant trois semaines avant de consommer (une partie du sel va se dissoudre et se transformer en saumure).

Lait de soja

Je faisais mon lait de soja quand j'étais accro au fait maison, mais je n'en fais plus aujourd'hui. J'ai malgré tout voulu partager cette recette avec vous, pour ceux qui sont intolérants au lactose.

INGRÉDIENTS

- 200 g de haricots de soja
- 1,5 l d'eau
- Sucre, extrait de vanille (facultatif)

INSTRUCTIONS

1. Faites tremper les haricots de soja pendant une nuit dans un saladier de taille moyenne.
2. Égouttez.
3. Ajoutez-y l'eau et mixez à l'aide d'un mixeur plongeur.
4. Filtrez et pressez dans un mouchoir au-dessus d'une grande casserole.
5. Ajoutez sucre et extrait de vanille à votre convenance.
6. Portez à ébullition et laissez mijoter pendant 10 minutes.
7. Laissez refroidir et mettez au frigo. (Cela se conservera une semaine.)

Pancakes

De nombreuses personnes achètent des préparations toutes faites pour pancakes, mais préparer sa pâte soi-même est très facile et bien meilleur !

INGRÉDIENTS

- 180 g de farine
- 3 ½ cuillerées à café de levure chimique
- 2 œufs
- 1 cuillerée à café de sel
- 1 cuillerée à soupe de sucre
- 375 ml de lait
- 3 cuillerées à soupe de beurre fondu ou d'huile

INSTRUCTIONS

1. Mélangez tous les ingrédients dans un grand saladier.
2. Versez ¼ de verre de pâte dans une poêle légèrement huilée et faites dorer des deux côtés.

Pudding

INGRÉDIENTS

- Pain rassis cassé en morceaux
- 4 œufs
- 500 ml de lait
- 200 g de sucre
- 3 cuillerées à soupe de beurre fondu
- 1 pincée de sel
- 1 pincée de cannelle

1. Étalez les morceaux de pain rassis dans un grand plat graissé allant au four.
2. Mélangez les ingrédients restants avec un fouet, dans un saladier de taille moyenne.
3. Versez sur le pain.

Faites cuire à 180 °C, jusqu'à ce que la pointe d'un couteau insérée au centre en ressorte propre (environ 45 minutes).

RÉCAPITULATIF DES « CINQ RÈGLES » : CINQ ASTUCES POUR LA CUISINE

Refuser : résistez aux emballages alimentaires et aux sacs en plastique jetables.

Réduire : faites le vide dans vos accessoires de cuisine et définissez les aliments de base de votre garde-manger.

Réutiliser : faites vos courses muni de contenants réutilisables et réinventez vos restes.

Recycler : attribuez des bacs séparés en fonction de vos besoins en recyclage.

Composter : compostez vos épluchures.

ALLER PLUS LOIN

Ce chapitre a surtout traité des aspects visibles, tangibles, de nos déchets, mais les conseils qui suivent sur l'énergie, l'eau et le gain de temps compléteront vos efforts en matière de développement durable.

Énergie

– Ne préchauffez pas votre four.
– N'ouvrez votre réfrigérateur que lorsque c'est nécessaire.
– Évitez les appareils électriques et privilégiez le fait main.
– Investissez dans un autocuiseur.
– Adaptez vos casseroles à la taille de vos feux.
– Remplissez bien votre réfrigérateur et votre congélateur.
– Éteignez le distributeur de glaçons de votre frigo : utilisez-le brièvement pour remplir le bac à glace, ou utilisez plutôt des bacs à glaçons.
– Testez l'étanchéité de votre réfrigérateur. Coincez un billet dans la porte : si le billet se retire facilement, votre joint n'est probablement plus étanche.

Eau

– Servez-vous d'une grille à évier et compostez ce qu'elle retient.
– Dites non aux fuites : relevez votre compteur et laissez passer deux heures sans utiliser d'eau pour vérifier si vous n'avez pas de fuite.
– Installez des aérateurs sur chaque robinet.
– Gardez un récipient dans votre évier pour récupérer de l'eau de cuisson ou du rinçage de vos légumes et arroser vos plantes.
– Remplissez un évier ou une bassine d'eau et rincez-y votre vaisselle au cours de la journée plutôt que de faire couler l'eau chaque fois.

Temps

– Apprenez les techniques des professionnels pour hacher afin d'optimiser votre temps dans la cuisine.

– Gardez votre planche à découper près de l'évier où vous rincez vos produits.

– Préparez vos repas au-dessus de l'évier : il récupère les débris de préparation et réduit le nettoyage du plan de travail.

– Rangez le couteau à pain avec le pain.

– Attribuez une gourde ou un verre à chaque membre de la famille afin d'éviter l'utilisation de verres en dehors des repas.

– Si vos placards sont profonds, placez une planche en bois derrière vos bocaux de façon qu'ils ne glissent pas au fond, hors d'atteinte.

– Conservez une plante d'aloès sur votre plan de travail pour soulager les brûlures : coupez-en un petit bout et appliquez-le directement sur la brûlure.

– Plongez un os dans votre soupe au lieu de faire un bouillon séparément.

– Remuez la salade avec vos mains nues.

– Équipez vos bouteilles d'huile et de vinaigre de becs verseurs.

La salle de bains,
les produits de toilette
et le bien-être

Avant de passer au zéro déchet, j'étais une fervente adepte des produits de beauté. Mais, lorsque j'ai appris que les substances synthétiques qu'ils contiennent s'avéraient nocives pour la santé, j'ai compris que l'industrie des cosmétiques nous prenait (et continue malgré tout à nous prendre) pour des cobayes. Puis, en rayant les déchets et les toxines de notre vie, je suis devenue le sujet de mes *propres* recherches.

Dans un premier temps, j'ai passé en revue tout un tas de produits. J'ai découvert que les perles des produits exfoliants vendus dans le commerce contiennent de minuscules particules de plastique qui finissent dans l'eau, que les emballages papier qui entourent de nombreux savons sont doublés de plastique et donc non recyclables et que de nombreuses marques bio se soucient des ingrédients contenus dans leurs produits mais non de l'impact de leurs emballages sur l'environnement. Puis j'ai dû démêler le vrai du faux entre de prétendus produits écolos : « Si c'est bon pour l'environnement, ça l'est aussi pour votre peau ! » Ne croyez pas tout ce que vous lisez. Un jour, l'un d'eux fit virer mon visage à l'écarlate, comme si j'avais pris un vilain coup de soleil. Pas joli à voir. Un après-shampoing solide supposé *naturel* me donna, lui, une méchante migraine. Lorsque je m'aperçus que les parfums qu'il contenait en étaient la cause, je le mis dehors, et mon mal de tête disparut aussitôt. Mais, le lendemain, je trouvai ce produit au prix exorbitant fondu dans le béton de mon patio (la tache de gras y est encore incrustée). Quel gâchis ! Tout cet argent jeté par les fenêtres ! J'aurais dû vérifier les ingrédients avant de croire au baratin de cette marque internationale.

Les emballages, la composition et l'efficacité de ces achats me déçurent tant que j'entrepris de préparer mes propres produits : acheter leurs ingrédients en vrac me permettrait d'éviter les emballages et de contrôler leur composition et leur coût.

Mes tentatives ne furent pas tout de suite couronnées de succès ! Un soir, en rentrant d'un dîner entre amis, pour lequel je portais une tentative de mascara fait maison, je me rendis compte que (1) lorsque j'ai un problème de maquillage mes amics ne me préviennent pas et (2) mon mascara avait fondu et m'avait fait des yeux de raton laveur !

Je me fis aussi couper les cheveux par souci de l'environnement, afin de réduire la consommation d'électricité que requiert le séchage, et d'utiliser moins de shampoing pour les laver et d'eau pour les rincer. Malheureusement, cette coupe de cheveux ne m'allait vraiment pas. Il était d'ailleurs prévu qu'un magazine vienne photographier notre famille peu de temps après, et, quand ma mère en reçut un exemplaire, sa réaction fut : « Qu'est-ce que c'est que cette coupe ? Ça ne ressemble à rien... »

Heureusement, les cheveux repoussent... et les poils aussi ! Même ceux que j'ai arrachés en essayant dix-huit recettes différentes de cire maison. J'ai fini par avoir des ampoules aux doigts à force d'essayer de trouver la bonne consistance. En quelques années de recherche, j'ai testé quatre marques différentes de mascara et vingt-deux recettes de mascara maison, quatre produits pour remplacer le déodorant, sept marques de shampoing solide, trois saupoudreuses pour mon dentifrice en poudre et six marques différentes de crème solaire teintée. J'ai tout essayé sur ma peau : la mangue, le citron, l'avocat, le sucre, le sel, les œufs, le marc de café, les flocons d'avoine, le miel, le yaourt, le lait, différentes sortes d'huiles, le bicarbonate de soude, le vinaigre de cidre, le charbon de bois, la farine de maïs, le cacao en poudre, l'aloé véra, l'oignon, l'huile de coco, la sauge, le concombre, le thé, le pamplemousse, la glycérine, la vitamine E, l'argile blanche, l'argile verte, la papaye, le raifort, la mousse et même l'ortie !

Ma pauvre famille n'a pas été épargnée, elle non plus ! Lorsque je suis tombée à court de poils à épiler, j'ai testé ma cire sur les jambes de Max (avec son consentement, bien sûr !). Pour remplacer sa crème à raser, Scott a, lui, essayé sept marques de savon, dont celui que j'avais fabriqué à partir de restes de déboucheur de canalisation (soude caustique) et de graisse de bacon. Étonnamment, mon pain maison ne sentait pas le lardon, il avait l'odeur de vrai savon. Mais il ne moussait pas bien et, quand je suis tombée à court de soude, je n'ai pas vu l'intérêt d'en racheter dans un contenant en plastique alors que je pouvais acheter du savon en vrac, tout fait !

Je me suis ridiculisée en public et j'ai mis ma famille à l'essai, mais j'ai adoré découvrir des solutions de substitution. Cela me donne toujours l'impression de « tromper le système ».

Cela étant dit, même si toutes les alternatives valent la peine d'être essayées, toutes ne valent pas la peine d'être adoptées ! Je ne vous recommande pas l'ortie comme repulpeur à lèvres par exemple : cela donne des résultats irréguliers et très douloureux. Le bicarbonate de soude pour remplacer le shampoing est une bonne solution si vous avez les cheveux courts : mes cheveux longs, eux, étaient devenus si crépus et si filasses que mes amies m'ont immédiatement complimentée quand je suis revenue au shampoing ordinaire. En revanche, une coupe menstruelle est à la salle de bains ce que les chiffons réutilisables sont à la cuisine. Quand je me suis rendu compte des économies que cette solution me permettait de faire et de sa facilité d'utilisation, je me suis tapé la tête contre les murs de ne pas l'avoir utilisée plus tôt. Vous ferez sans doute des découvertes du même ordre en adoptant une salle de bains zéro déchet !

Dans ce chapitre, je vous dis tout des produits, des préparations et des recettes qui ont bien marché pour moi. Il se peut que vous deviez expérimenter pour adopter les méthodes appropriées à votre style de vie, mais ne vous en faites pas : j'ai déjà tâté le terrain en vous servant de cobaye !

L'ORGANISATION DE LA SALLE DE BAINS

La salle de bains est sans doute la deuxième plus grande source de déchets domestiques, mais, là encore, ceux-ci peuvent être facilement évités en désencombrant, en utilisant des produits réutilisables et en facilitant le tri.

Simplifier

La salle de bains est une pièce dédiée à la santé, l'hygiène et la toilette, or le superflu (tel que des bouteilles de shampoing en double, des médicaments périmés et des produits jetables) y règne souvent. Les obsessions et complexes qu'on essaie de dissimuler ne sont pour autant un secret pour personne : crèmes miracles prétendant nous faire rajeunir, produits de beauté nous promettant de corriger nos imperfections et autres parfums envoûtant censés attirer le sexe opposé remplissent les tiroirs de la plupart des salles de bains. Ces produits nous coûtent des centaines d'euros chaque année, mais finissent par attirer la poussière et se retrouvent un jour ou l'autre à la poubelle. Qui peut nous blâmer d'accumuler de tels produits ? Les médias nous éblouissent avec des photos retouchées, des visages parfaits et des corps toniques. Saison après saison, les publicitaires imaginent de nouveaux *must-have*, des ombres à paupières ou des soins pour la peau *high-tech*. Avec toutes ces images en tête, il est difficile de se sentir beau, et cela se voit dans nos salles de bains : c'est notre manque de confiance en nous qui nous encombre.

La première étape pour atteindre la simplicité en matière de produits de beauté (et par conséquent dans la salle de bains), c'est donc d'essayer de limiter au maximum votre exposition aux médias et au merchandising. À moins de vivre dans un trou perdu, il est presque impossible d'y échapper, mais, avec un peu de pratique, vous pourrez acquérir une vision sélective ! La beauté ne s'achète pas : on ne peut pas trouver en bouteille ce qui vient de l'intérieur.

La National Association for Continence a estimé qu'en moyenne les Américains passent une heure par jour dans la salle de bains. Comme le montre l'essor récent de la déco ambiance spa, il semble que, dans notre quotidien stressant, nous aspirions nous aussi à nous relaxer et à profiter au maximum de la seule pièce de la maison qui nous offre des moments de solitude et de tranquillité. Le succès commercial que rencontrent les produits de nettoyage jetables montre bien que nous souhaitons tous avoir un espace facile à nettoyer, qui permette l'efficacité.

La simplification est donc la deuxième étape vers une salle de bains zen. Commencez par vider vos placards et tiroirs, et déterminer ce qui est vraiment nécessaire. Pour chaque objet ou produit, posez-vous les questions suivantes.

– **Cela fonctionne-t-il encore ?** Est-ce périmé ? Un peigne édenté peut vous abîmer les cheveux. Recyclez-le avec vos plastiques. Les médicaments périmés peuvent encore être utilisés après la date de péremption, mais, parfois, ils peuvent faire empirer votre état. Ramenez vos médicaments inutilisés (périmés ou non) à la pharmacie : celle-ci se chargera de faire le tri et de les transmettre au partenaire Cyclamed qui les détruit dans le respect de l'environnement.

– **Est-ce que je l'utilise régulièrement ?** Vous avez acheté un grand flacon de lait corporel il y a quinze ans, mais avez changé de marque depuis. Cette lotion attend que vous l'utilisiez, mais ce ne sera probablement jamais le cas. Ne niez pas les faits : si vous ne l'utilisez pas au moins une fois par mois ou si la bouteille est toute poussiéreuse, débarrassez-vous-en. Si sa composition n'a pas viré, faites-en profiter un refuge pour sans-abri.

– **En ai-je plusieurs ?** De combien de brosses et de peignes a-t-on réellement besoin ? Et d'élastiques à cheveux ? Si vous assortissez votre élastique à la couleur de vos cheveux, pas besoin d'une pléthore de couleurs pour aller avec vos vêtements. Si votre coiffure préférée est une queue-de-cheval, un élastique devrait suffire. Si vous aimez les nattes, alors deux. Mélangez vos restes de savons séchés : faites-les tremper pour les ramollir et pressez-les ensemble pour en faire un nouveau pain. Mélangez aussi échantillons, produits d'hôtel et autres fonds de shampoing, dans une seule bouteille. Quand vous triez les produits que vous avez en plusieurs exemplaires, privilégiez ceux qui encouragent l'efficacité ou sèchent plus vite (optez pour des serviettes en nid-d'abeilles plutôt que pour celles en tissu éponge par exemple).

– Cela met-il la santé de ma famille en danger ? Les substances chimiques utilisées dans les produits de beauté peuvent engendrer des problèmes de santé. Faites de votre santé et de celle de votre famille une priorité. Selon la Fondation David Suzuki, les douze ingrédients dont il faut le plus se méfier sont :

1. BHA et BHT,
2. Les colorants dérivés du goudron de houille,
3. Les ingrédients reliés à la diéthanolamine (DEA),
4. Phtalate de dibutyle,
5. Les libérateurs de formaldéhyde,
6. Les parabènes,
7. Parfum,
8. Les composés de polyéthylène glycol (PEG),
9. Pétrolatum,
10. Les siloxanes,
11. Sodium laureth sulfate,
12. Triclosan.

– Est-ce que je le garde par culpabilité ? Recevoir du parfum en cadeau est courant, or la plupart sont toxiques (et, à ce titre, devraient déjà avoir été éliminés suite à la question précédente). Ne laissez pas la culpabilité vous convaincre de le garder, parce que la bouteille est jolie ou que quelqu'un a dépensé une grosse somme d'argent pour vous l'offrir. Rassurez-vous en vous disant que, de toute façon, si ce n'est pas vous qui le recyclez, quelqu'un d'autre le fera un jour pour vous.

– **Est-ce que je le garde parce que « tout le monde en a un »** ? Remettez tout en question dans votre salle de bains, même les produits que vous avez toujours considérés comme étant indispensables. En avez-vous besoin ? J'avais l'habitude d'acheter entre autres des pansements et des Coton-Tige parce que tout le monde en avait chez soi. Je pensais en avoir besoin, mais ce n'est plus le cas. Est-ce qu'autre chose pourrait servir le même but ? Votre auriculaire (comme l'indique son nom) est tout à fait capable de remplacer les Coton-Tige par exemple !

– **Mérite-t-il que je consacre du temps à le dépoussiérer ou le nettoyer** ? Si vous avez eu l'occasion de nettoyer de la déco de salle de bains, vous savez combien il est difficile de venir à bout de la poussière collée. L'humidité associée à la poussière complique le ménage. L'ambiance « nautique » en vaut-elle la peine ? Probablement pas. Votre bateau décoratif aura plus sa place dans une salle de jeux, à la disposition de vos enfants.

– **Pourrais-je utiliser cet espace pour autre chose** ? Les bigoudis prennent beaucoup de place ; si vous vous en débarrassez, vous pourrez utiliser leur placard vide pour y ranger vos serviettes de bain, à l'abri de la poussière.

– **Est-ce réutilisable** ? Les objets jetables prennent eux aussi beaucoup de place, et nous allons les supprimer dans ce chapitre, mais, pour le moment, votre réserve pourrait aider une personne dans le besoin. Les refuges pour hommes ont besoin de rasoirs jetables ; les refuges pour femmes, de produits d'hygiène féminine. Vous pouvez aussi déposer ces derniers dans des toilettes publiques pour aider quelqu'un en situation d'urgence.

Ce tri a-t-il permis de vider une étagère ? Si oui, enlevez-la et, si elle était fixée au mur, comblez les trous. Efforcez-vous de vider les rangements ouverts de votre salle de bains et de profiter au maximum des espaces fermés (placards muraux et sous l'évier). Débarrasser les surfaces horizontales (évier, sols) et les éliminer quand c'est possible (étagères, meubles de W-C, etc.) ne rendra pas seulement votre salle de bains plus spacieuse et plus paisible, cela vous simplifiera aussi le ménage !

En général, désencombrer une cuisine donne lieu à des questions du type : « Et si j'en avais besoin ? » Dans la salle de bains, cela implique davantage de renoncer à des produits hors de prix dans lesquels nous avions fondé beaucoup d'espoirs. Mais cet argent est déjà dépensé ! Ne vous appesantissez pas sur votre perte, concentrez-vous plutôt sur le bon côté des choses – vous apprenez à identifier vos habitudes d'achat, ce qui vous aidera à prendre des décisions plus sages à l'avenir. Le prix que vous avez payé pour cet article en valait la peine si vous retirez de meilleures habitudes de consommation de ce processus de désencombrement. Réjouissez-vous à l'idée d'adopter de nouvelles manières de faire des économies : en achetant moins et en choisissant les solutions réutilisables ou sans emballage présentées dans cet ouvrage !

Une fois encore, le désencombrement est très personnel. Malgré tout, à titre d'exemple, voici certains des objets dont ma famille s'est débarrassée suite à cette évaluation :
– alcool à 90° ;
– bain de bouche ;
– bougies ;
– brosses de toilette ;
– Coton-Tige ;
– crème éclaircissante ;

- crème pour les mains ;
- crèmes miracles ;
- désinfectant pour les mains ;
- échantillons d'hôtel ;
- échantillons gratuits ;
- élastiques et accessoires à cheveux en trop (un me suffit) ;
- éléments de rangement autonomes ;
- éponges pour le corps ;
- faux cils et faux ongles ;
- gants de toilette ;
- gel blanchissant pour les dents ;
- lait corporel ;
- luffa et pierre ponce ;
- mascara waterproof ;
- médicaments expirés ;
- objets de décoration ;
- paires de lunettes de vue de rechange ;
- palettes de maquillage pour les soirées ;
- parfums ;
- peignes, brosses, pinces à épiler, et paires de ciseaux que nous avions en double ou triple ! ;
- peignoirs ;
- produits pour colorer les cheveux ;
- produits pour décolorer les poils ;
- range-revues ;
- serviettes pour les mains ;
- serviettes supplémentaires (deux serviettes par personne suffisent : une pour tous les jours, l'autre si on va nager ou si on reçoit un invité) ;
- shampoings pour différents types de cheveux ;
- spray désodorisant ;
- stickers pour décorer les ongles ;
- trousses à maquillage supplémentaires ;
- vernis à ongles ;
- poubelles !

Nous n'achetons plus ces produits aujourd'hui : cela vous donne une idée de l'argent que nous économisons !

Réutiliser

Excepté le papier toilettes, nous n'achetons plus de produits à usage unique ; nous avons adopté des solutions de remplacement réutilisables ou sans emballage. Comme vous allez le découvrir, nous nous reposons en grande partie sur les produits disponibles en vrac, que nous achetons à l'aide de notre kit de shopping : les sacs en tissu pour les produits secs et les bouteilles pour les articles liquides. Une fois chez nous, nous stockons ces produits dans des récipients et distributeurs (flacons à pompes et saupoudreuse) en verre, et notre salle de bains n'en est que plus belle.

Trier

Trier les déchets est inévitable dans la cuisine, mais, dans la salle de bains, attribuer différents réceptacles à ses déchets peut s'avérer inutile. Vous n'en aurez besoin (pour composter, recycler ou mettre à la poubelle) que si vous ne trouvez pas de produits en vrac ou si vous n'arrivez pas à passer aux produits réutilisables que nous allons découvrir. Auquel cas, pour vous simplifier la vie (et le ménage !), placez-les sous l'évier.

Le recyclage

De nombreuses familles limitent le recyclage à la cuisine. Pendant des années, nous aussi avons mis nos tubes de papier toilettes et nos bouteilles de shampoing à la poubelle, car nous n'avions tout simplement pas pensé à attribuer un bac à recyclage à la salle de bains. Aujourd'hui, nous avons réduit ces produits au strict minimum. Nous n'avons plus besoin de réceptacle pour les y jeter, mais, pendant la période de transition (dans laquelle vous vous trouvez peut-être), en avoir un à portée de main s'est révélé bien utile.

Le compostage

En fonction du type de composteur que vous avez, vous pouvez composter les produits suivants :
- boules de coton, 100 % coton* ;
- bouts d'ongles coupés ;
- brosses à dents en bambou ou en bois* ;
- cheveux de la brosse ou de la tondeuse ;
- cire au sucre usagée* ;
- Coton-Tige 100 % coton (avec tige en carton)* ;
- disques à démaquiller 100 % coton* ;
- éponges* ;
- fil dentaire en soie ;
- gaze 100 % coton* ;
- luffas* ;
- mouchoirs en papier* ;
- papier toilettes* ;
- peigne en bois édenté ;
- poils du rasoir électrique ;
- tampons (y compris l'applicateur en carton)* ;
- urine* (particulièrement utile pour accélérer une pile de compost).

* Des solutions de substitution vous évitant d'avoir à jeter ou à composter ces matériaux vous sont proposées dans cet ouvrage.

Vous n'aurez besoin d'un réceptacle à compost dans votre salle de bains que si vous n'arrivez pas à mettre en place des solutions de substitution zéro déchet. Après tout, si vous ne compostez que des cheveux ou des ongles, vous n'en avez pas vraiment l'utilité ! Je me contente de jeter les cheveux de ma brosse par la fenêtre : les oiseaux peuvent s'en servir pour fabriquer leurs nids.

La poubelle

Essayez ça : enlevez votre poubelle de la salle de bains (ou utilisez-la pour vos recyclables jusqu'à ce que vous les fassiez disparaître eux aussi)... Chaque voyage à celle de votre cuisine vous rappellera d'adopter des solutions alternatives à vos produits jetables !

BEAUTÉ ET HYGIÈNE

De nombreux produits qu'utilisaient nos parents, nos grands-parents et nos arrière-grands-parents étaient réutilisables ou avaient un minimum d'emballage : certains des produits de remplacement que vous trouverez ici vous rendront nostalgique du bon vieux temps. Je me suis beaucoup amusée à les redécouvrir, ça a été un vrai plaisir. J'aime tant leur esthétisme que je ne peux imaginer un seul instant revenir aux placards pleins de bouteilles en plastique et de produits à usage unique. J'ai par ailleurs pris soin de choisir ces produits en fonction de leur efficacité : vos choix devront eux aussi bien s'intégrer à votre routine quotidienne.

Pour chaque produit jetable, il existe de nombreuses solutions de substitution. Voici quelques conseils pour vous aider à faire votre choix :

– Gardez l'esprit ouvert.
– Laissez vos besoins personnels vous guider.

– Évitez les douze ingrédients mentionnés plus haut.

– Soyez patient. Certains produits alternatifs nécessitent une période de transition pour que votre corps s'y adapte.

– Amusez-vous. Gardez le sens de l'humour quand un produit de substitution ne marche pas pour vous !

La peau

Savon pour les mains/le corps/le visage

– **En pain :** le savon solide est la meilleure solution en matière de déchets si vous pouvez l'acheter en vrac (sans emballage) ou dans du papier recyclable (déchirez-en un petit morceau et vérifiez qu'il ne soit pas plastifié). Une savonnette bien moussante vous évite d'acheter de nombreux autres produits. Vous pouvez vous en servir pour tous vos besoins en savon : pour vous laver les mains, le visage et le corps, mais aussi pour vous raser et vous laver les cheveux. Quand elle est trop petite pour s'en servir, je la colle, mouillée, à un nouveau pain.

– **Liquide en vrac :** si vous avez absolument besoin de savon liquide pour les mains, le savon de Marseille convient bien et s'adapte à de multiples usages. Ils sont difficiles à trouver en vrac, mais certaines boutiques de cosmétiques en proposent (voir le carnet d'adresses).

Lait corporel

– **Lotion en vrac :** si vous trouvez de la lotion en vrac, veillez aux ingrédients synthétiques !

– **Huile en vrac :** pour remplacer la lotion par un produit naturel, j'utilise des huiles de cuisson végétale (pas besoin de faire attention à la composition). Et puis elles ont une double utilité, puisqu'elles servent aussi à la cuisine ! Optez pour l'huile de colza ou de soja si vous avez une peau normale ; pour l'huile d'olive, d'arachide, de sésame, de soja ou de tournesol si vous avez la peau sèche ; pour l'huile de pépins de raisin si vous avez la peau grasse.

Déodorant

– Fait maison : il existe de nombreuses recettes de déodorant solide, mais celles-ci requièrent de nombreux ingrédients (le bicarbonate de soude, la farine de maïs et l'huile de coco sont les plus populaires), et je n'étais pas satisfaite de leurs résultats. Ces déodorants laissaient des traces blanches sur les aisselles (pas idéal quand on porte un bustier ou un débardeur), ou des taches grasses sur les vêtements. Cela dit, leurs ingrédients valent la peine d'être mentionnés, car ils sont pratiques en cas d'urgence, lorsque vous êtes à court ou n'avez pas accès à la solution suivante.

– Pierre d'alun ou pierre de sel de l'Himalaya : le déodorant cristal est facile à utiliser. Il suffit de le mouiller, de l'appliquer et de le sécher après utilisation. Ces pierres sont fragiles et peuvent se fendre en mille morceaux si vous les faites tomber, mais elles durent des années (contrairement à un pot de déodorant maison) et servent aussi pour cicatriser les petites coupures de rasoir.

Notez bien que ces méthodes combattent les bactéries responsables des mauvaises odeurs, mais n'empêchent pas la transpiration. Une mauvaise préparation peut occasionner une gêne en public : je le sais d'expérience. Lorsque vous envisagez d'affronter une situation stressante, pensez à porter un haut qui évite ou dissimule les marques de transpiration.

Protection solaire

Personnellement, je n'aime pas abuser de l'écran solaire. La carence en vitamine D m'inquiète tout autant que le cancer de la peau. Ma famille se protège du soleil avec des chapeaux et des vêtements (les rayons les pénètrent peu), et se sert d'écran soleil pour les expositions prolongées. Cela dit, que je sorte ou non, je m'en mets tous les jours sur le visage par coquetterie (voir plus loin).

– **Huile de sésame en vrac :** utilisée seule, elle protège un peu du soleil. Son indice de protection exact n'est pas prouvé, elle est donc idéale pour des expositions courtes.

– **Fait maison :** faire votre écran solaire vous-même est simple comme bonjour. Il suffit de mélanger de la poudre d'oxyde de zinc ou de dioxyde de titane avec de l'huile de sésame ou de la lotion, mais encore faut-il trouver ces poudres vendues en vrac (je n'y suis pas parvenue). Pour un indice 20, mélangez environ 50 grammes de poudre à environ 220 grammes de lotion.

– **Achetée dans le commerce :** pour les expositions prolongées aux rayons du soleil et à ceux reflétés par l'eau, le sable ou la neige, nous avons choisi une marque bio. Si vous choisissez de faire de même, cherchez des contenants en verre ou en métal.

Les cheveux

Faire du shampoing soi-même nécessite trop d'ingrédients sous emballage, ce qui va à l'encontre du but que l'on s'est fixé ! Cela ne fait pas diminuer nos déchets, donc pourquoi s'embêter ?

– **Pas de shampoing** : si vous avez les cheveux courts, envisagez de ne pas utiliser de shampoing (méthode « no poo » ou « no shampoo »). Pour laver vos cheveux sans shampoing, rincez-les, saupoudrez votre cuir chevelu de bicarbonate de soude (une saupoudreuse à épices fonctionne bien), faites-le pénétrer en massant, puis rincez au vinaigre de cidre pour faire briller, puis plusieurs fois à l'eau. Ces ingrédients me sont disponibles en vrac.

– **En pain** : les pains de shampoing et d'après-shampoing sont très pratiques pour voyager et nécessitent peu d'emballage (parfois même aucun !). Malheureusement, la plupart sont emballés dans du papier plastifié ou contiennent des ingrédients toxiques (faites bien attention à leur composition). À la place, nous utilisons la savonnette bien moussante, vendue sans emballage, dont je parle plus haut.

– **En vrac** : peu de magasins s'y sont mis en France, mais vous pouvez acheter du shampoing et de l'après-shampoing liquide en vrac en rechargeant des flacons à pompe (j'utilise une vieille bouteille de vinaigre blanc en verre, que j'ai munie d'une pompe). Ces distributeurs de liquide évitent non seulement que des bouteilles de shampoing à moitié vides n'encombrent la cabine de douche, ils contrôlent aussi la quantité utilisée et limitent le gaspillage. Évidemment, cette méthode n'élimine pas totalement les plastiques puisque ceux-ci sont souvent utilisés pour transporter les liquides du fabricant au magasin, mais cela permet d'investir son argent dans le commerce des produits en vrac, en espérant voir des changements à l'avenir (dans l'idéal, les contenants feront l'aller-retour entre le fabricant et le revendeur). J'achète mon après-shampoing de cette manière.

– **Shampoing sec :** pour espacer les shampoings, je remplace le shampoing sec par de la fécule de maïs que j'achète en vrac. Une saupoudreuse à épices facilite l'application : saupoudrez-en les racines grasses de vos cheveux, faites pénétrer en massant, brossez et profitez du volume !

Pour simplifier, je vous recommande vivement de n'adopter qu'une seule méthode de shampoing et d'après-shampoing, qui convienne à toute la famille.

Les poils

Il existe de nombreuses solutions pour remplacer les rasoirs à usage unique et les lames jetables. Pendant la période de transition/d'adaptation, vous risquez d'avoir la peau « irritée » (une coupure par-ci, une éraflure par-là), mais tenez bon : votre main prendra vite le coup.

– **Rasoir droit :** cet outil doit être aiguisé régulièrement et requiert un certain courage et de l'agilité (en particulier pour les aisselles). Pas besoin de changer la lame : c'est donc la meilleure solution en matière de zéro déchet ! En revanche, notez que ce type de rasoir n'est pas autorisé dans votre bagage à main quand vous prenez l'avion.

– **Rasoir électrique :** il consomme de l'électricité mais lui est autorisé dans votre bagage à main.

– **Rasoir à double tranchant :** cette solution, proche des rasoirs jetables, est celle qu'a choisie mon mari. En faisant bien sécher son rasoir après utilisation, il arrive à garder sa lame jusqu'à six mois. Un paquet (une minuscule boîte en carton) de dix lames dure donc cinq ans. Ce type de rasoir est accepté dans votre bagage à main, mais sans la lame (vous devez mettre cette dernière en soute ou en acheter une fois arrivé à destination).

– **Savon :** la savonnette bien moussante mentionnée plus haut remplace parfaitement la crème à raser. Scott se sert tout simplement de celle que nous utilisons pour la peau et le shampoing. Avant de se raser, il se mouille le visage, puis frotte la savonnette directement sur sa barbe pour la faire mousser.

Autres solutions pour les femmes.

– **Pince à épiler :** s'épiler à la main prend du temps, mais ne nécessite aucun produit ni électricité, et, avec le temps, les poils ne repoussent plus. Tant que votre vue vous le permet, cette technique est particulièrement pratique sur de petites zones (sourcils et moustache) pour remplacer les produits décolorants toxiques.

– **Épilation au laser :** cette solution coûte cher, mais les prix baissent, et elle devient de plus en plus abordable. Certains poils fins et clairs, invisibles au laser, résisteront peut-être, mais, à long terme, cela vaut le coup : vous gagnerez du temps et de l'argent. Cela m'a réellement simplifié la vie.

– **Épilation au sucre :** cette technique remonte à l'Antiquité égyptienne et est toujours utilisée dans les pays du Maghreb. Également appelée *halva* (qui signifie « sucré »), elle remplace parfaitement la cire… L'application est délicate, mais vos efforts seront récompensés.

Cire au sucre

INSTRUCTIONS

1. Mélangez 110 grammes de sucre (j'utilise du brut de canne), 1 cuillerée à soupe d'eau et 1 cuillerée à soupe de jus de citron dans une petite poêle.

2. Faites bouillir jusqu'à ce que la température atteigne les 124 °C (j'ai emprunté le thermomètre à bonbons d'une amie pour chronométrer : cela a pris 3 minutes avec mon matériel de cuisson).
3. Versez immédiatement dans une assiette mouillée résistante à la chaleur et laissez refroidir.
4. Une fois la cire refroidie mais pas encore complètement durcie, faites une boule.
5. Malaxez-la et étirez-la : sa couleur va passer d'ambre à ivoire. Elle doit rester collante.

APPLICATION

1. Avec votre pouce, étalez la boule dans le sens inverse de la pousse du poil de manière à créer une bande, puis retirez-la vivement dans le sens de la pousse.
2. Répétez l'opération sur d'autres zones avec la même boule.
3. Réservez la cire restante dans un bocal hermétique. Quand vous en avez besoin, réchauffez simplement le bocal au bain-marie.

Les dents

Dentifrice

En théorie, le dentifrice n'est pas nécessaire pour bien se nettoyer les dents. C'est le fait de brosser en lui-même qui importe dans la lutte contre les caries (d'ailleurs, dans le monde, nombreux sont ceux qui ne se servent que de bâtons). Notre famille utilise malgré tout une poudre dentifrice maison, pour plus de fraîcheur. Utilisé avec modération, le dentifrice en poudre remplace parfaitement les pâtes dentifrices vendues dans le commerce. Là encore, il existe beaucoup de recettes, mais celles-ci font appel à de nombreux ingrédients, lesquels sont trop difficiles à trouver en vrac ou même dans le commerce pour être durables. Si vous êtes habitué à la pâte dentifrice, passer à la poudre peut s'avérer difficile : sa texture et son goût salé sont particuliers. Concentrez-vous sur votre impact écologique positif et, avant même de vous en rendre compte, vous y serez accro. J'y suis personnellement tellement habituée que je n'aime plus la sensation que procure la pâte dentifrice (j'en ai réessayé récemment lors d'une visite chez une amie) : j'ai l'impression que mes dents ne sont pas bien lavées et qu'un film de cire s'y est déposé après utilisation. De la même manière, Max a depuis essayé un dentifrice « pour enfants » chez sa grand-mère : il n'en a pas aimé le goût trop sucré et s'est précipité dans ma chambre pour me demander d'une bouche entrouverte et emplie de bulles bleues de lui passer du bicarbonate de soude à la place.

Dentifrice en poudre

INSTRUCTIONS

Dans une saupoudreuse à épices (choisissez-en une avec un capuchon permettant de contrôler le débit), mélangez 300 grammes de bicarbonate de soude et une cuillerée à café de stévia en poudre (facultatif : s'en servir pour atténuer le goût salé du bicarbonate de soude).

APPLICATION

Saupoudrez avec modération sur votre brosse à dents mouillée.

Bonus : des dents blanches ! Et finies les traces de dentifrice au bord de l'évier !

Note : je me suis rendu compte que tous les bicarbonates de soude ne sont pas pareils. Certaines marques ont une texture plus grossière que d'autres. La plus fine sera moins abrasive et plus agréable Par ailleurs, cette poudre ne contient pas de fluor, mais la plupart d'entre nous en ont déjà dans leur eau !

Brosses à dents

– Bâtons : en Californie, les indigènes utilisaient des bouts de bois (de cornouiller soyeux, *Cornus sericea*) pour se brosser les dents, tradition toujours courante dans le monde. Différents types de bois sont utilisés, notamment le bois de margousier (ou neem) en Inde, ou de peelu (*Salvadora persica*) au Moyen-Orient. Leur utilisation consiste à écorcer le bout d'un bâton, mastiquer doucement la partie dégagée de sorte à libérer les fibres, puis à se frotter délicatement les dents et les gencives. Des études ont récemment montré que cette méthode était plus efficace que les brosses à dents. Pas besoin de dentifrice, ni d'emballage et de transport si vous les faites pousser chez vous. Après utilisation, coupez leurs extrémités usagées et, quand ils sont trop courts, compostez-les. Honnêtement, c'est une option que ma famille n'a pas adoptée : Scott et moi avons déjà assez de mal à motiver nos deux garçons à se brosser les dents. Mais c'est la seule solution zéro déchet qui existe pour le moment, et à laquelle je recourrais volontiers si je me perdais dans une forêt de cornouillers soyeux !

– Achetées dans le commerce : malheureusement, en ce qui concerne les brosses à dents qu'on trouve dans le commerce, la solution idéale n'existe pas encore. Certaines sont faites de plastique recyclé et sont recyclables, mais elles sont transformées en produits non recyclables, et donc destinées à la décharge ; d'autres sont dotées d'une tête jetable, montée sur un manche en plastique recyclé. Il existe des modèles entièrement naturels, composés d'un manche en bois et d'une brosse en poils de sanglier, mais ceux-ci sont vendus sous emballage plastique. Ces différentes solutions ne nous convenant pas, nous avons porté notre choix sur une brosse compostable en bambou, vendue dans du carton, mais fabriquée en Chine... dans l'attente qu'un produit similaire fasse son apparition sur notre marché local.

Entre les dents

– **Se rincer la bouche :** si simple que cela puisse paraître, se rincer la bouche en se gargarisant avec de l'eau dans les vingt minutes qui suivent le repas peut faire une sacrée différence dans la lutte contre les caries. Méthode recommandée par mon dentiste !

– **Stimulateur de gencives :** cet outil est réutilisable et permet de garder des gencives saines, mais le fil dentaire est malgré tout à privilégier pour éliminer la plaque dentaire.

– **Soie :** le fil de soie est ce qui se rapproche le plus du fil dentaire acheté dans le commerce ; il est aussi solide et tout aussi efficace. Pour supprimer l'emballage qui accompagne le fil, vous pouvez simplement effilocher un morceau de soie organique, entortiller deux de ses fils et les composter après utilisation. Selon l'Association dentaire américaine : « Ce n'est pas le type de fil dentaire que vous utilisez qui compte, c'est la manière dont vous vous en servez, et à quelle fréquence. »

Les yeux

– **Laser :** les myopes peuvent facilement faire corriger leur vision au laser ; les opérations pour remédier à l'hypermétropie, elles, sont coûteuses et pas courantes : les hypermétropes n'ont donc d'autre choix que de prendre de meilleures décisions lorsqu'ils achètent lunettes ou autres lentilles de contact.

– **Lunettes :** elles sont réutilisables, pas les lentilles de contact. Privilégiez les premières.

– **Lentilles de contact :** les solutions pour lentilles de contact faites maison ne sont pas sûres. Et les lentilles de contact ne seront jamais vendues en vrac, mais leur emballage et celui de la solution sont recyclables, en fonction de la politique de recyclage de votre ville. En ne les utilisant qu'occasionnellement, vous pourrez prolonger leur durée de vie.

Le nez

– **Mouchoirs en tissu :** malheureusement démodés, les mouchoirs en tissu sont idéaux quand on a la goutte au nez ou un petit rhume.

– **Chutes de tissus :** si votre état est plus sérieux, vous pouvez couper des carrés de 15 cm sur 15 dans un vieux tee-shirt et en remplir un bocal, pour remplacer votre boîte de mouchoirs en papier.

Lavez ceux-ci à l'eau chaude, puis désinfectez-les en les repassant à la vapeur.

Le papier toilettes

Voilà bien un sujet sur lequel je n'aurais jamais pensé écrire ! Mais voici mon humble avis : adopter une solution de substitution au papier toilettes dépend de votre situation personnelle, de codes sociétaux et de vos invités.

– **Mains :** dans de nombreux pays, l'utilisation du papier toilettes n'est pas courante. Une main et un seau d'eau font l'affaire. C'est une solution complètement zéro déchet ! Or, dans notre société occidentale, il est probable que vos hôtes n'apprécient pas la plaisanterie !

– **Tissu :** un seau plein de lingettes propres réutilisables et un autre pour déposer les sales (qui sont ensuite lavées pour être réutilisées) est un système envisageable pour la petite commission (urine), pas la grosse !

– **Washlet** (ou W-C japonais) : on peut équiper ses toilettes de cette solution *high-tech*. Elle nécessite une alimentation en eau pour le rinçage et une en électricité pour le séchage. L'électricité solaire rend cette option possible si les frais d'installation ne vous font pas peur. Je plaçais beaucoup d'espoir en cette technologie, mais j'ai été déçue : j'ai appris qu'elle n'élimine pas complètement le recours au papier toilettes.

– **Papier toilettes :** le papier toilettes fabriqué à base de pulpe 100 % recyclée non blanchie, enveloppé individuellement dans du papier (pour éviter l'emballage plastique qu'on trouve autour des lots), n'est pas totalement sans déchet, mais c'est la meilleure solution que nous ayons trouvé jusqu'à présent... Les fournisseurs de restaurants ou d'hôtels vendent du papier toilettes à l'unité ou en grande quantité, emballé individuellement dans du papier, et le tout dans un carton, à un prix plus compétitif que le magasin bio.

Les produits d'hygiène intime

– **Coupe réutilisable :** oubliez les tampons, passez à une coupe menstruelle réutilisable. Si vous n'êtes pas allergique au latex, envisagez d'en acheter une en caoutchouc naturel. Sinon, il en existe en matière synthétique. Ces coupes demandent un investissement de départ et il vous faudra un ou deux mois pour vous y habituer mais, une fois que vous aurez pris le coup, vous n'en reviendrez pas des économies que vous ferez.

– Serviettes et protège-slips réutilisables : il suffit de les laver et de les repasser à la vapeur (pour les stériliser). Vous pouvez les acheter en magasin, mais j'ai confectionné les miens à partir d'une vieille chemise en flanelle : si vous savez coudre, vous le pouvez aussi. Vous trouverez des instructions pour construire des serviettes dans le « Carnet d'adresses » (page 401). Mais, pour fabriquer un protège-slip, élargissez un des patrons ci-dessous, coupez-le sur trois épaisseurs de flanelle en coton et bordez-le d'une couture de points zigzag. Ajoutez des boutons-pressions au centre de chaque ailette pour le fermer.

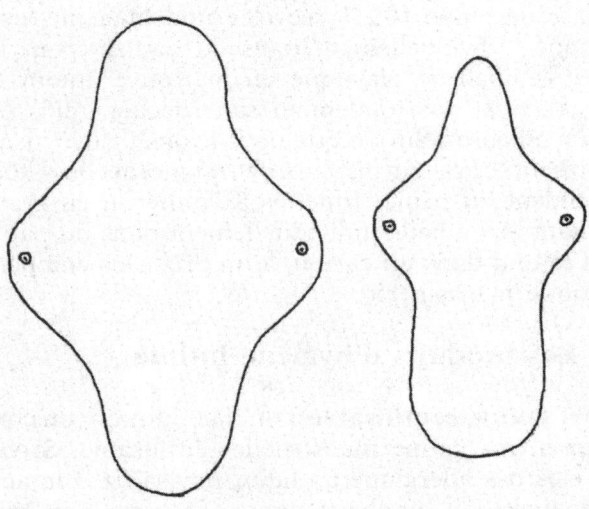

Qui eût cru que, sortant d'une école de stylisme, le patron que je publierais un jour serait celui d'un protège-slip ! La vie est pleine de surprises !

PRODUITS DE BEAUTÉ

Il y a quelques années, si on m'avait parlé de zéro déchet, j'aurais imaginé une communauté d'adeptes à la peau burinée, au visage nu et aux cheveux emmêlés. Or je me suis plus récemment rendu compte que, pour être écolo, on n'est pas obligé de renoncer aux produits de beauté.

Examiner de près les ingrédients contenus dans ceux que j'utilisais quotidiennement (lesquels contenaient tous les « douze ingrédients à éviter ») me conduisit un jour à apporter ma trousse à maquillage à la boutique de cosmétiques locale pour y trouver des remplacements. Essayer de rendre « verte » ma trousse à maquillage s'est révélé être une expérience très frustrante. Par exemple, un crayon à sourcils bio me donna de l'acné : je ne savais même pas qu'il était possible d'avoir des boutons aux sourcils ! Choisir des solutions de substitution saines pour ces produits toxiques aurait aussi été plus facile si je n'avais pas tenu compte de leurs emballages. Par exemple, l'emballage du mascara d'une grande marque bio que je pensais recyclable s'avéra ne pas l'être. Grosse déception ! J'aurais dû vérifier avant de l'acheter.

Trouver les produits de beauté qui (1) ne contenaient pas d'ingrédients toxiques, (2) avaient un minimum d'emballage, et (3) étaient adaptés à mon type de peau, tout à la fois, représenta un véritable défi. Avant d'acheter, il fallait prendre un tas de choses en compte et faire des tonnes de recherches, tant cela comportait d'incertitude.

J'avais l'impression que je n'y arriverais jamais. Je refaisais dans la salle de bains la même erreur que dans la cuisine. Parcourir la baie de San Francisco en voiture à la recherche de biscuits Oreo en vrac n'avait pas plus de sens qu'acheter différentes marques de crayons à sourcils en espérant dénicher le « bon ». Là encore, j'ai trouvé la solution en simplifiant ma routine. J'ai déterminé les produits essentiels : une fois finis, je les ai remplacés par des alternatives d'aliments vendus en vrac. Utiliser des ingrédients de base dans leur forme pure élimine d'emblée les substances toxiques indésirables et me donne accès à une sélection de produits de beauté biologiques sans emballage, et à bien meilleur marché que ceux qui sont manufacturés. Il m'a fallu un certain temps pour me défaire de mes vieilles habitudes, mais je suis très satisfaite des solutions que j'ai adoptées. Le seul produit de beauté manufacturé que j'achète aujourd'hui est une crème hydratante bio, teintée, avec protection solaire, et vendue dans un flacon en verre : elle me sert à la fois de crème de jour, de fond de teint et d'écran solaire. Tout le reste, je le fais moi-même.

La plupart des recettes de beauté proposées ailleurs font appel à des denrées périssables (des œufs, du yaourt) ; elles entraînent parfois même plus d'emballages que les produits achetés dans le commerce ! Visant toujours la simplification, je préfère m'en tenir aux produits de remplacement qui ne nécessitent qu'un ou deux ingrédients et qui sont disponibles en vrac.

Trouver des solutions de remplacement n'est pas facile, mais certaines de mes astuces et recettes peuvent peut-être vous aider.

Blush

INSTRUCTIONS

Dans un petit bocal, mélangez de la poudre de cacao ou de caroube (marron), de la poudre de cannelle (orange) et de la poudre de betterave (rose) jusqu'à atteindre la couleur de votre choix. Vous pouvez aussi utiliser ces poudres séparément.

APPLICATION

Juste après avoir mis votre crème hydratante, tapotez légèrement un pinceau rond dans la poudre, secouez-le pour faire tomber l'excédent et appliquez sur les parties de votre visage qui en ont besoin. La crème hydratante fixera la poudre.

Khôl
(si vous n'osez pas
le maquillage permanent)

Utilisée par les Égyptiens dans l'Antiquité, cette méthode donne une poudre noire, idéale pour le maquillage des yeux : elle vous permet de créer aussi bien un trait fin le long des cils qu'un regard « smoky ».

INSTRUCTIONS

1. Dans un tamis en métal placé au-dessus d'un mortier, faites brûler dix amandes, une à la fois (comptez quelques minutes pour chacune).
2. Tamisez les cendres dans le mortier et moulez-les aussi finement que possible à l'aide d'un pilon.

3. Ajoutez une petite goutte d'huile végétale et moulez à nouveau. Le mélange doit rester poudreux (si ce n'est pas le cas, vous avez mis trop d'huile).
4. Versez la poudre noire dans un petit bocal ou un pot à khôl (voir le « Carnet d'adresses »). Les modèles qui se vissent sont idéaux pour le voyage.

APPLICATION

Pour un regard « smoky » : plongez l'applicateur (intégré au pot à khôl) ou un cure-dent enduit d'huile d'olive dans la poudre, secouez-le pour faire tomber l'excédent, placez-le sur la ligne d'eau de l'œil, fermez l'œil, et retirez l'applicateur en le faisant glisser vers l'extérieur pour poser la couleur. Étalez avec votre doigt.

Pour un trait bien dessiné : trempez un petit pinceau ciselé dans votre fixateur de coiffure maison (recette page 158), mélangez à votre poudre et appliquez. Si vous voulez un eye-liner « cake », mélangez le khôl et le fixateur pour obtenir une pâte. Transférez-la dans un petit récipient et laissez-la se solidifier. Pour l'utiliser, passez simplement un pinceau ciselé mouillé sur le mélange sec avant de l'appliquer.

Poudre à sourcils

INSTRUCTIONS

Mélangez de la poudre de cacao et du khôl (recette ci-dessus) en fonction de la couleur de vos sourcils, ou utilisez une de ces deux couleurs séparément.

Trempez un petit pinceau ciselé dans de l'eau ou dans le fixateur de coiffure maison (recette page 158) pour une meilleure tenue, mélangez à votre poudre et dessinez vos sourcils.

Ombre à paupières

COULEURS

- Vert pastel : argile verte
- Vert kaki : poudre de sauge
- Doré : poudre de curcuma
- Marron : poudre de cacao ou de caroube
- Noir : recette du khôl à la page 153

APPLICATION

Utilisez vos doigts ou un petit pinceau pour appliquer la couleur sur vos paupières après y avoir mis votre crème hydratante. Celle-ci fixera la poudre.

Mascara

INSTRUCTIONS

1. Dans un petit bocal en verre, mélangez une cuillerée à café de cire d'abeille, 1 ½ cuillerée à café de beurre de noix de coco, et ¼ de cuillerée à café de khôl (recette à la page 153).
2. Mettez le bocal dans une petite casserole, dans 3 cm d'eau, et mélangez, à feu doux, jusqu'à ce que le mélange fonde.

3. Ôtez du feu et ajoutez ½ cuillerée à café de miel à la préparation.
4. Laissez refroidir pour que la préparation se solidifie.
5. Mélangez vigoureusement, de façon à obtenir une pâte, puis mettez-la dans une petite boîte en métal.

APPLICATION

Roulez une brosse à mascara propre dans la pâte, raclez l'excédent sur le bord de votre récipient et appliquez sur les cils. Ce n'est pas un mascara comme les autres : pour atteindre l'épaisseur souhaitée, appliquez plusieurs couches.

Note : ce produit s'appliquant sur les yeux, veuillez faire preuve de bon sens et respecter les règles d'hygiène de base en conservant votre brosse bien propre. Notez aussi que ce mascara a une formule non desséchante, résistante à l'eau et nourrissante.

Poudre

On utilise les poudres pour cacher les imperfections, maîtriser la peau grasse sur la zone et fixer le maquillage. La fécule de maïs remplace parfaitement les poudres achetées dans le commerce.

INSTRUCTIONS

Versez de la fécule de maïs dans un petit bocal. Utilisez-la seule, ou ajoutez-y du blush (recette à la page 153) pour correspondre à votre couleur de peau, ou de l'argile verte pour corriger des rougeurs.

Trempez un gros pinceau rond dans le mélange de poudre de votre choix, débarrassez-vous de l'excédent sur le dos de votre main et appliquez légèrement sur le visage où vous en avez besoin.

Fard à lèvres

INSTRUCTIONS

1. Coupez des betteraves en tranches et faites-les cuire à feu doux jusqu'à ce qu'elles soient cuites.
2. (Mangez les betteraves.)
3. Faites réduire le jus de cuisson.
4. Ôtez du feu et laissez refroidir.
5. Versez dans un tube à bille en verre, en laissant de la place pour recouvrir d'un peu de vodka.

APPLICATION

Roulez le tube sur les lèvres. Passez plusieurs fois si vous désirez une teinte plus foncée.

Baume maison

INSTRUCTIONS

1. Dans un petit bocal, mélangez une cuillerée à soupe de cire d'abeille et quatre cuillerées à soupe d'huile végétale (n'importe quelle huile fait l'affaire, mais j'ai une préférence pour l'huile de tournesol car elle contient beaucoup de vitamine E).
2. Mettez le bocal dans une petite casserole, dans 3 cm d'eau, et mélangez, à feu doux, jusqu'à ce que le mélange ait fondu.

3. Versez dans un bocal ou une petite boîte en métal, et laissez refroidir.

Utilisez ce baume sur vos lèvres et vos ongles pour les faire briller, sur vos pattes-d'oie et la pointe de vos cheveux pour les hydrater, et sur vos pommettes et votre arcade sourcilière pour les illuminer.

Note : si vous en conservez dans un récipient séparé, vous pouvez également utiliser ce baume pour protéger vos cuirs et cirer vos bois !

Fixateur de coiffure

INSTRUCTIONS

1. Dans une casserole, recouvrez deux citrons coupés en tranches (vous pouvez utiliser des restes de citrons pressés) d'½ litre d'eau.
2. Faites bouillir à feu vif pendant 20 minutes, pour faire réduire.
3. Éteignez le feu et laissez refroidir.
4. Filtrez et versez dans un vaporisateur.
5. Ajoutez deux cuillerées à soupe de vodka pour conserver.

APPLICATION

Vaporisez, coiffez et laissez sécher. Facile, non ?

Teinture de cheveux

Vous pouvez acheter de la poudre de henné en vrac : c'est la façon la plus rapide de donner à vos cheveux une teinte auburn, ou noire si vous le mélangez à de l'indigo (voir le « Carnet d'adresses » à la page 401). Toutefois, si vous n'y avez pas accès ou si vous souhaitez un changement moins radical, vous trouverez de nombreuses solutions pour vous teindre les cheveux dans votre garde-manger. Le processus est lent et demande une application quotidienne pour atteindre la couleur désirée, mais ses effets subtils en valent la peine.

Note : le résultat varie en fonction de la couleur et du type de cheveux.

– Pour foncer : faites bouillir une poignée de coques de noix dans ½ litre d'eau jusqu'à ce que le mélange réduise de moitié. Laissez refroidir et filtrez. Posez sur les cheveux pendant 30 minutes, puis rincez. Répétez l'application quotidiennement jusqu'à obtenir la couleur souhaitée, puis une fois par semaine pour l'entretenir.

– Pour éclaircir : massez vos cheveux avec du jus de citron avant de vous exposer au soleil. Portez une visière pour protéger votre peau. Répétez jusqu'à obtenir la couleur désirée. J'ajoute aussi une forte infusion de camomille à mon après-shampoing.

– Pour teindre les mèches grises en blond : appliquez une infusion de curcuma sur vos cheveux pendant 15 minutes, en vérifiant la couleur toutes les 5 minutes, puis rincez.

Pour l'entretien quotidien et des petites retouches rapides, gardez un pinceau dans la solution de votre choix.

MON RITUEL DE BEAUTÉ

Alors qu'il n'y pas si longtemps j'étais attachée à des marques de produits précises, j'étais loin de m'imaginer pouvoir un jour m'en défaire.

Aujourd'hui, je me contente de me laver de la tête au pied avec le savon dont je vous ai déjà parlé et d'utiliser l'après-shampoing qui m'est disponible en vrac. Je me lave les cheveux un jour sur deux : les jours où je ne les lave pas, je les attache, je porte un chapeau ou j'utilise de la fécule de maïs comme shampoing sec. J'ai réduit mes produits de beauté à l'essentiel : excepté ma crème hydratante teintée, je les fais maison à partir d'ingrédients achetés en vrac.

Le matin, après la douche, j'utilise ma serviette de toilette pour me faire un léger gommage du visage. Après m'être habillée, je mets ma crème hydratante teintée, puis j'utilise un gros pinceau rond pour me mettre de la poudre de cacao sur les joues et le haut du front. J'applique mon eye-liner maison avec un applicateur de khôl et l'étale avec mes doigts pour un regard *smoky*. Je mets ensuite mon mascara maison et je suis prête. Quand je sors, j'attrape le baume maison que je garde dans mon sac à main pour faire briller mes lèvres, mes ongles et mes cuticules, et passe ensuite mes doigts sur la pointe de mes cheveux pour y déposer l'excédent et les lisser.

Le soir, je me démaquille au savon et me mets de l'huile de pépins de raisin pour m'hydrater le visage.

Pour les grandes occasions, j'intensifie mon maquillage (j'applique deux couches de crème hydratante teintée et noircis davantage mes yeux) et je dessine mes sourcils à l'aide d'un pinceau mouillé recouvert de cacao. Avant de me coiffer, j'utilise parfois de la fécule de maïs pour ajouter du volume à mes cheveux. Et, la veille d'une telle occasion, je me fais plaisir avec une manucure ou un soin du visage (maison, bien sûr !).

Soin du visage

Le temps où mes tiroirs de salle de bains débordaient de produits pour le visage est bien loin. Quand j'ai envie de me faire un soin du visage, je me dirige tout droit vers la cuisine : tout ce dont j'ai besoin se trouve dans mon garde-manger (aucune raison de garder des produits en double en deux endroits), et l'évier de la cuisine est de taille idéale pour mes ablutions.

1. Nettoyer : je me lave le visage avec le savon de Marseille liquide de l'évier (voir page 229).

2. Passer à la vapeur : je mets du thym dans un bol que je remplis d'eau bouillante. Puis je me penche dessus, la tête recouverte d'un torchon de cuisine, pendant cinq minutes.

3. Exfolier : au-dessus de l'évier de la cuisine, je me frotte le visage avec une petite poignée de bicarbonate de soude, en faisant de petits cercles, me rince, puis me sèche en me tapotant la peau.

4. Se faire un masque : je mélange une petite quantité d'argile achetée en vrac (utilisez de l'argile verte ou de la bentonite pour les peaux grasses ; du kaolin pour les peaux normales à sèches) à du vinaigre de cidre de façon à obtenir une pâte. Je l'applique sur mon visage et, une fois sec, le rince à l'eau tiède.

Note : ce masque peut aussi s'appliquer sur un bouton pendant la nuit comme traitement local.

5. Tonifier (facultatif) : j'applique du vinaigre de cidre avec une compresse lavable (voir page 169).

Manucure/pédicure

Fini le temps où je passais des heures à me dessiner soigneusement des pois sur les ongles ou à les vernir de rose fluo. Au collège, leur couleur changeait quotidiennement, et mes profs en faisaient publiquement la remarque. Après avoir passé vingt ans à me mettre du vernis, j'ai adopté les ongles nus, au départ avec réserve, mais aujourd'hui sans regret.

Outils nécessaires :

– coupe-ongles ;

– lime à ongles en Inox dotée d'un repousse-cuticules à une extrémité ;

– baume (recette page 157).

Avant la douche :

– Je me coupe les ongles à la longueur désirée.

– Je les lime.

Après la douche (les cuticules seront plus molles) :

– Je me sers de ma serviette pour repousser les cuticules.

– J'utilise le bout de ma lime en acier pour gratter légèrement le lit de l'ongle et le nettoyer, puis je le passe sous mes ongles.

– J'applique le baume sur mes ongles et cuticules, puis étale l'excédent sur mes mains.

Deux fois par an, je me fais polir les ongles chez un professionnel. Je prends mon rendez-vous pour l'heure d'ouverture du salon afin de réduire mon exposition aux produits toxiques qui y sont utilisés pendant la journée : d'ici le matin, leurs odeurs entêtantes se sont en général dissipées. J'ai remarqué que ces produits, qui ne me dérangeaient pas auparavant, me rendent nauséeuse aujourd'hui : un des rares désavantages à être passée au zéro déchet !

BIEN-ÊTRE

Les personnes qui visitent notre maison croient avoir gagné le gros lot quand elles voient le contenu de notre boîte à pharmacie. Elles s'exclament, narquoises : « Ha ha ! Qu'est-ce que je vois là ? Ce ne seraient pas des emballages par hasard ? » Elles ont beau remarquer les trois produits emballés que nous gardons en prévention (analgésique, comprimés contre le rhume et pommade contre le sumac de l'Ouest), elles passent souvent à côté de tout le travail de minimalisation que nous avons effectué.

Pour trouver des alternatives en matière de bienêtre, nous avons procédé par tâtonnements. Un jour, tout excités d'avoir trouvé des teintures de plantes médicinales (vendues au poids dans le magasin bio), nous avons rempli des petits bocaux de décongestif et de remède contre la grippe. Notre enthousiasme a d'abord pris un coup à la caisse, puis est tombé complètement à plat quand nous les avons essayées pour la première fois. Outre le fait de coûter un bras, ces teintures ne semblaient même pas marcher ; du moins, pas aussi efficacement et aussi rapidement que les médicaments sous emballage qu'on avait l'habitude d'acheter. Nous aurions peut-être dû leur laisser le temps de faire leurs preuves, mais, avec les symptômes de mon fils qui s'intensifiaient, je n'ai pas eu le cœur de faire de lui un cobaye. Un comprimé de pharmacie l'a immédiatement soulagé ce soir-là. Après tout, si notre mode de vie zéro déchet pouvait tolérer l'utilisation de papier toilettes et de crème teintée, il pouvait aussi tolérer les médicaments inévitables. Je suis entièrement dévouée à ce style de vie, mais je ne m'imagine pas refuser les progrès médicaux ni mettre notre santé en danger au nom de nos objectifs zéro déchet ! Refuser les médicaments traditionnels à cause de leurs emballages n'est pas réaliste, mais il est possible de leur appliquer la deuxième règle du zéro déchet : réduire.

1. En éliminant le besoin de nombreux médicaments grâce à une vie saine (*prévention*).

2. En ayant recours aux remèdes maison lorsque c'est possible (*remèdes maison*).

3. En évaluant nos réels besoins pour les médicaments que nous gardons sous la main (*sans ordonnance*).

4. En nous en tenant à un inventaire précis de médicaments prescrits (*avec ordonnance*).

Prévention

Il est évident que je ne suis pas médecin. Ce n'est pas à moi de faire des allégations de santé ou des recommandations médicales, mais je peux affirmer que nous avons constaté une nette amélioration de notre santé depuis que notre famille s'est embarquée dans ce style de vie. L'impact positif ne s'est pas fait sentir d'un jour à l'autre, mais, d'année en année, nos petits problèmes médicaux se sont estompés : nous n'avons plus autant de rhumes, d'éruptions et d'allergies qu'auparavant. Par exemple, l'infection chronique des sinus dont souffrait Scott a complètement disparu. Et, cette année, pour la première fois, aucun d'entre nous n'a eu de rhume. Nous ne nous sommes rendus chez le médecin que pour les contrôles de routine. Je touche du bois !

Malheureusement, nombreux sont ceux qui ne s'intéressent aux bienfaits sanitaires du zéro déchet qu'une fois que la maladie frappe. Plusieurs personnes âgées par exemple m'ont dit ne pas vouloir changer leurs habitudes car elles étaient trop vieilles pour cela, sous-entendant qu'elles étaient parfaitement conscientes des effets néfastes des aliments suremballés mais qu'elles abandonnaient le combat. Toutefois lorsque l'un de leurs proches est tombé malade, elles ont cherché des moyens d'éliminer les toxines et fini par adopter de nombreuses solutions proposées dans cet ouvrage.

Le style de vie zéro déchet, et tout ce qu'il présuppose (nous approvisionner en produits frais, réduire notre exposition aux substances chimiques toxiques, éliminer les emballages qui peuvent contaminer notre nourriture, passer plus de temps à l'extérieur, etc.), améliore notre état de santé général. N'attendez pas d'être malade pour effectuer des changements et bénéficier des bienfaits sanitaires de ce mode de vie ! Faites ce que vous pouvez dès à présent pour adopter ces mesures préventives et rester en bonne santé.

Remèdes maison

Même quand on a une vie saine, on n'échappe pas aux bleus, aux coupures et aux chocs en tout genre. Quand notre organisme ne nous pose pas de problème, on n'y prête pas attention, mais, dès qu'on se cogne ce satané doigt de pied, on se sent bien vivant ! En un instant, plus rien d'autre ne compte. Mais, heureusement, le remède se trouve souvent dans notre garde-manger (ou dans la nature). Nous avons fait des recherches et testé quelques alternatives naturelles : voici nos préférées. (Toutes, excepté le vinaigre blanc qui peut être vendu en bouteille en verre, nous sont bien évidemment disponibles en vrac !)

– **Allergies :** consommez du miel local quotidiennement.

– **Bleus :** posez un oignon coupé en deux sur la zone meurtrie pendant quinze minutes.

– **Brûlures d'estomac :** mélangez une cuillerée à café de bicarbonate de soude dans un verre d'eau (à ne faire qu'occasionnellement), ou mangez ½ cuillerée à café de moutarde.

– **Calculs rénaux :** mélangez 4 cuillerées à soupe d'huile d'olive avec 4 cuillerées à soupe de jus de citron et buvez d'un trait, suivi d'un grand verre d'eau.

– **Coups de soleil :** appliquez une quantité généreuse de vinaigre de cidre et d'huile d'olive.

– **Digestion :** mâchez des graines de fenouil ou buvez une infusion à l'anis.

– **Eczéma :** prenez un bain infusé de flocons d'avoine, puis appliquez de l'huile d'olive sur les parties affectées.

– **Gorge irritée :** faites un gargarisme avec de l'eau salée et sucez une pastille (recette à la page 167).

– **Infections des voies urinaires :** mangez des canneberges.

– **Infections vaginale à levures :** mangez du yaourt.

– **Lésions :** appliquez du miel pour aider les petites coupures à cicatriser.

– **Maux de tête :** buvez un espresso ou frottez de la menthe sur vos tempes.

– **Muguet buccal :** faites un gargarisme avec une solution saline.

– **Nausées :** mangez du gingembre confit ou buvez-en une infusion.

– **Nez qui coule :** effectuez un lavement nasal à l'aide d'un pot Neti et d'une solution au sel de mer.

– **Odeur de pieds** : aspergez vos pieds de vinaigre de cidre et saupoudrez l'intérieur de vos chaussures de bicarbonate de soude.

– **Piqûres de méduse ou d'insectes** : appliquez du vinaigre blanc sur les piqûres.

– **Problèmes de prostate** : buvez une tisane aux soies de maïs et mangez des tomates.

– **Rage de dents** : faites un gargarisme avec une infusion de camomille ou mettez de la glace sur la zone concernée.

– **Règles douloureuses** : buvez une infusion de camomille et mettez une compresse chaude sur votre ventre (par exemple, une bouteille en verre avec bouchon à rabat, remplie d'eau chaude, bien fermée, et enveloppée dans une chaussette).

– **Verrues** : fixez un morceau de peau d'orange ou de citron préalablement trempé dans du vinaigre blanc sur la zone affectée. Répétez jusqu'à disparition.

Recette des pastilles

J'ai inventé cette recette par accident, alors que je perfectionnais ma cire au sucre !

INSTRUCTIONS

1. Dans une petite poêle, mélangez 125 ml de miel liquide, 1 cuillerée à soupe de jus de citron et 1 cuillerée à soupe d'une tisane bien infusée. Vous pouvez prendre du thym, de la sauge, de la menthe poivrée, de l'eucalyptus ou du gingembre (j'utilise l'yerba santa, l'« herbe sacrée », ou *Eriodictyon californicum*, une plante que je trouve dans la région et qui possède de remarquables propriétés expectorantes).

2. Faites bouillir à feu vif pendant 3 ou 4 minutes, jusqu'à ce que le mélange prenne une couleur ambrée.
3. Éteignez le feu et laissez refroidir jusqu'à ce que vous puissiez manipuler la pâte.
4. Roulez-la en petites boules avec vos doigts.
5. Lorsque les boules sont totalement refroidies, roulez-les dans du sucre glace.
6. Conservez dans un récipient hermétique rempli de sucre glace.

Note : attention ! Ne donnez pas ces pastilles aux enfants de moins de trois ans.

Sans ordonnance

Parfois, malgré tous nos efforts, nous finissons par nous rendre à la pharmacie. Mais ne désespérez pas ! Ici aussi, vous pouvez faire en sorte de sauvegarder l'environnement, en :
– choisissant un sirop vendu dans du verre plutôt que dans un contenant en plastique ;
– évitant d'acheter un gros conditionnement. Bien que le médicament vendu en grande quantité soit moins cher, il expirera avant que vous ayez pu le finir. Faites preuve de réalisme ;
– préférant les crèmes médicamenteuses dans un tube en métal à celles dans un tube en plastique.

Pansements

Il y a deux ans, quand nous avons été à court de pansements, je me suis sentie soulagée : nous n'aurions plus à être assujettis au marketing des marques et à leurs personnages de dessins animés. Avant d'en racheter, j'ai voulu vérifier si nous en avions réellement l'utilité. J'ai décidé d'attendre d'en avoir besoin avant d'aller à la pharmacie... J'attends toujours ! En fait, nous nous sommes rendu compte que, n'en ayant pas à la maison, nous en avons tout simplement perdu l'utilité. Nous lavons les petites coupures et autres égratignures au savon et les laissons sécher à l'air. Nous avons du ruban adhésif chirurgical en papier pour les plaies plus profondes – toujours le même rouleau depuis dix ans. Nous utilisions très fréquemment des pansements avant, mais, aujourd'hui, nous nous demandons : « Quand en a-t-on réellement besoin ? » Mon fils Léo avait l'habitude de s'en servir sans compter, pensant que c'était un remède miracle, qu'un « bobo » guérirait immédiatement si on le recouvrait de Bob l'éponge... Aujourd'hui, il est d'accord pour dire qu'un *smoothie* marche tout aussi bien !

Compresse

Parfois, le nettoyage d'une plaie requiert l'utilisation d'une compresse. La gaze 100 % en coton est compostable, mais, pour les rares occasions où nous en avons besoin, nous préférons utiliser des compresses réutilisables. Faites à partir de flanelle de coton pour ses propriétés absorbantes, on peut les laver et les repasser à la vapeur pour les stériliser. Vous pouvez en acheter sur Internet, mais, si les coudre vous-même vous tente : pour chaque compresse, coupez une pile de disques de 5,5 cm dans trois épaisseurs de flanelle en coton et bordez-la d'une couture de points zigzag.

Avec ordonnance

On n'est jamais à l'abri d'un pépin de santé. Parfois, on est obligé de se rendre chez le médecin, puis à la pharmacie. Dans ces cas-là, on en oublie un peu l'environnement, mais voici ce que vous pouvez faire :

– parlez de vos besoins en médicaments prescrits avec votre médecin. Abordez les solutions alternatives en matière de médication ;

– à la pharmacie, refusez le sac qu'on vous donne.

RÉCAPITULATIF DES « CINQ RÈGLES » : CINQ ASTUCES POUR LA SALLE DE BAINS

Refuser : ne laissez pas les bouteilles de shampoing d'hôtel envahir votre espace, ni les ingrédients synthétiques nuire à votre santé.

Réduire : choisissez des produits à usages multiples pour votre quotidien.

Réutiliser : adoptez les solutions alternatives d'hygiène mentionnées plus haut.

Recycler : faites vous-même vos produits de beauté pour supprimer le recyclage.

Composter : compostez les cheveux, les ongles et les écorces de citron utilisées pour faire votre fixateur de coiffure.

ALLER PLUS LOIN

Ce chapitre a surtout traité des aspects visibles, tangibles, de nos déchets, mais les conseils qui suivent sur l'énergie, l'eau et le gain de temps compléteront (et récompenseront) vos efforts en matière de développement durable.

Énergie

– Isolez vos tuyaux d'eau chaude.
– Réglez le thermostat de votre chauffe-eau à 50 °C.
– Servez-vous d'une minuterie pour prendre des douches de moins de deux minutes.

Eau

– Vérifiez que vous n'avez pas de fuite : versez un peu de jus de betterave dans le réservoir de votre chasse d'eau. Si la couleur apparaît dans votre cuvette sans tirer la chasse, il y a une fuite et vous devez la réparer.
– Placez une brique dans le réservoir de votre chasse d'eau, cela réduira la quantité d'eau utilisée quand vous tirez la chasse. Vous ne remarquerez même pas la différence (jusqu'à ce que vous receviez votre facture d'eau !) et vous oublierez jusqu'à son existence.
– Si vous changez d'installation, envisagez les toilettes sèches à compost (vérifiez le règlement de votre ville) ou à débit réduit (vérifiez si vous avez droit à un dégrèvement fiscal).
– Ne tirez la chasse que pour la grosse commission. Faites pipi de temps à autre dans votre compost ou sur vos plants d'agrumes (l'urine est un formidable amendement de sol).
– Ne mettez aucun produit autre que le papier toilettes dans votre cuvette, même ceux qui prétendent être jetables dans les toilettes.
– Installez des adaptateurs de robinets, dont le mécanisme ne libère de l'eau que lorsque vous en

avez besoin. Si vous changez d'installation, pensez aux robinets solaires automatiques.

– Pensez à installer un pommeau de douche à débit réduit si votre modèle actuel remplit un seau de 3,5 litres en moins de vingt secondes.

– Le temps que l'eau de votre douche chauffe, récupérez-la dans un seau et servez-vous-en pour arroser vos plantes. Encore mieux, vérifiez la législation de votre ville et installez un système de récupération des eaux grises pour utiliser l'eau de vos éviers, de vos bains et de vos douches pour irriguer.

– Prenez des douches rapides : faites couler l'eau pour vous mouiller rapidement les cheveux et le corps, coupez-la quand vous vous lavez, faites-la à nouveau couler pour vous rincer rapidement et coupez-la aussitôt fait.

Temps

– Installez un miroir sur la porte intérieure de votre armoire de toilette : comme ça, plus besoin de refermer la porte chaque fois que vous appliquez un produit !

– Utilisez des gobelets pour organiser vos objets en fonction de leur utilité (par exemple, mettez tous vos accessoires de manucure dans un même verre). Comme cela, vous pourrez apporter le verre avec vous où vous en aurez besoin (devant la cheminée en hiver ou sur la terrasse en été).

– Installez une paire de patères dans votre salle de bains pour ne pas avoir à poser vos vêtements sur l'abattant des toilettes pendant votre douche.

– Dans votre placard de salle de bains, attribuez une étagère à chaque membre de votre famille et une autre pour les produits communs, comme la poudre dentifrice.

– Rangez vos produits d'hygiène et de beauté dans l'ordre où vous les utilisez (par exemple, crème hydratante, puis blush, puis eye-liner).

– Laissez les surfaces planes libres !

La chambre à coucher
et la garde-robe

Il y a quelques années de cela, en rentrant du travail, Scott trouva avec horreur notre appartement complètement ravagé : des cambrioleurs étaient venus s'y servir, et ma collection de bijoux ne comptait plus que l'alliance et la bague de fiançailles à mon doigt. Nous étions incapables de prouver l'effraction : notre assureur en conclut donc que les voleurs étaient entrés avec une clé et refusa de nous dédommager. Toutes ces cotisations d'assurance payées pour rien ! J'aurais dû prendre ce vol comme une manifestation de la « sélection naturelle » : au lieu de ça, je fis mon possible pour me reconstituer une nouvelle collection. Après un voyage en Inde, je me mis à porter des bracelets de cheville et, après un cours de danse du ventre, une chaîne autour de la taille. Très vite, j'avais amassé bien plus que ce que je n'avais perdu. Et, lorsque je découvris que, dans mon pays d'adoption, on recommande au futur marié de dépenser deux mois de salaire dans une bague de fiançailles, je me mis à jauger la fortune de mes nouvelles amies à la taille de leur diamant. C'est avec honte que je l'avoue aujourd'hui, mais je convainquis même Scott d'échanger le mien pour un deux fois plus gros. Où étaient passées mes origines modestes ? En cherchant à vivre le rêve américain, j'en étais venue à associer le « bling bling » au succès et au pouvoir. Aveuglée par la cupidité, j'accordais beaucoup trop d'importance à un objet qui pouvait disparaître dans la nature en un instant. En voyage dans des pays défavorisés, j'avais peur de l'exhiber. À l'hôtel, j'hésitais à le laisser dans la chambre. À la plage, je craignais que l'océan ne l'emporte ; à la maison, que la femme de ménage ne le vole. L'année dernière, alors que j'attrapai un cageot de tomates (dont j'avais négocié le prix pourtant raisonnable) des mains cagneuses d'un vendeur, ma bague attira son regard : « Jolie pierre », me lança-t-il. C'est à ce moment-là que j'ai compris qu'elle ne me correspondait plus. Tout comme le reste de ma collection, elle était devenue un fardeau à entretenir, un vestige de mon passé consumériste, contre lequel je luttais désormais. Depuis, je l'ai vendue aux enchères et m'en suis sentie drôlement soulagée.

Après tout, le plus joli des accessoires, c'est le sourire, non ?

Petite fille, j'admirais la collection de ma marraine. « Un jour, elle sera à toi », me répétait-elle. Aujourd'hui, mon regard d'adulte ne voit que les soucis que ses bijoux lui ont causés. Victime de plusieurs cambriolages et de nombreux vols à l'arraché, elle doit veiller sur eux, les assurer et les mettre en sécurité. Tout ça m'a fait changer d'avis : je ne souhaite plus en hériter.

Bien sûr, adopter un mode de vie simple ne se résume pas à refuser un héritage. Laisser tomber la fixation que je faisais sur les bijoux ne fut qu'une partie du processus de simplification, lequel vise aussi garde-robe et mobilier.

LA CHAMBRE À COUCHER

On passe près d'un tiers de notre vie à dormir : créer un environnement sain et reposant dans la chambre est par conséquent de la plus haute importance.

Alors que le marché des produits écologiques pousse à la consommation de matelas et de draps bio, je trouve le désencombrement bien plus efficace pour assainir une chambre à coucher. En plus, c'est facile et gratuit ! Meubles, tapis, rideaux et autres stores sont de véritables nids à allergènes et libèrent dans l'air des substances chimiques dangereuses : avoir une chambre à coucher minimaliste vous apportera donc des bienfaits considérables sur la santé.

À quoi sert une chambre à coucher ? À se reposer, dormir, lire, s'habiller et, parfois, faire l'amour. On peut alors se débarrasser de tous les meubles et accessoires qui n'ont pas d'utilité pour ces activités. Voici quelques idées auxquelles réfléchir pour simplifier ce lieu primordial, sans transiger sur le confort.

– Les ordinateurs, télés et autres appareils de sport n'ont pas leur place dans cet espace qui se doit de privilégier le repos : déménagez-les dans les pièces à vivre.

– Les tables de chevet volumineuses ont tendance à accumuler des bijoux, des médicaments, des bouquins délaissés, des vieux magazines, des Kleenex usagés (au mieux, des mouchoirs en tissu), etc. De plus petites surfaces évitent en théorie l'accumulation. Pensez à utiliser un tabouret, un rebord de fenêtre ou une poche de lit à la place.

– Les commodes sont encombrantes et demandent à être dépoussiérées, ce qui prend du temps : utilisez au mieux votre placard ou votre armoire pour les éviter.

– Les chaises et les valets attirent une accumulation de vêtements sales qui seraient plus à leur place dans le panier à linge. Ne pas en avoir oblige à prendre des décisions sur le tas : les vêtements sales, qui sentent mauvais, vont directement dans le panier à linge ; les autres, dans l'armoire, ou suspendus à une patère.

– Les cantonnières ne servent à rien, si ce n'est à accumuler la poussière qui cause des allergies. Envisagez de les enlever : vous pourrez récupérer le tissu pour quelque chose de plus utile.

– Les coussins décoratifs sont un obstacle à l'efficacité : vous devez les enlever pour dormir, les remettre après avoir fait le lit, les nettoyer de temps à autre, et parfois les porter au nettoyage à sec ou les réparer. Deux oreillers pour vous maintenir le dos quand vous lisez sont bien suffisants.

– Les parures de lit supplémentaires peuvent monopoliser un plein placard (« l'armoire à linge »). Elles ne sont pas nécessaires si vous remettez votre parure sur le lit directement après l'avoir lavée. Une parure par lit (deux tout au plus si vous faites sécher votre linge sur un fil) suffit.

Tout ce dont une chambre à coucher a vraiment besoin, c'est d'un lit équipé d'un drap-housse, d'une couette et/ou d'un drap, et d'un oreiller pour dormir ; d'un second oreiller et d'une lampe pour lire ; d'un placard (ou d'une armoire pour ranger ses vêtements) ; de rideaux pour l'intimité et l'isolation ; d'une plante pour débarrasser l'air des polluants intérieurs ; éventuellement de quelques mouchoirs en tissu cachés sous le matelas pour votre vie intime.

Simplifier la chambre à coucher fournit non seulement un air de meilleur qualité, cela facilite le nettoyage et le rangement tous les matins.

Malgré tout, l'élément le plus encombré et le plus générateur de gaspillage dans une chambre, c'est la garde-robe.

LA GARDE-ROBE

> « L'industrie de la mode est le parfait exemple d'une activité vouée à gaspiller les ressources, et ce non pas pour créer de la satisfaction, mais de l'insatisfaction chez les gens – en réalité, pour rendre obsolètes des articles tout à fait satisfaisants. »
>
> Ezra Mishan,
> économiste anglais
> cité dans *Less Is More*
> de Goldian VandenBroeck.

Eh bien, il semblerait que la mode soit l'antithèse du zéro déchet et que des « vêtements durables » soient un oxymore dans notre société rongée par des tendances toujours changeantes. Je suis d'accord pour dire que la mode (même biologique), quand elle est associée aux tendances passagères (des garde-robes éphémères et remplaçables, dictées par les magazines glamour, les stars de Hollywood et les campagnes marketing), est génératrice de gaspillage. Mais cela n'a pas à être ainsi. D'ailleurs, j'estime que la mode complète à merveille mon style de vie zéro déchet.

J'adore la mode. Quand j'avais une vingtaine d'années, j'ai étudié au London College of Fashion.

J'y ai appris à transformer une idée en réalité : dessiner la silhouette, concevoir des tenues, faire des patrons, coudre, puis ajuster mes créations sur des mannequins pour le défilé de fin d'études. Mais j'y ai aussi appris que la mode, que ce soit dans les écoles de stylisme ou les défilés, ne consiste pas à faire passer des tendances pour donner naissance à de nouvelles : c'est l'expression d'une créativité, l'art d'assembler des tenues, de créer de nouvelles associations et de transmettre une humeur. Et, dans les limites de mon placard, je la considère comme l'art de s'habiller, de tirer le meilleur parti de ce qui s'y trouve.

Les *tendances* et le *style* peuvent s'influencer mais ne sont pas la même chose. Je partage l'avis d'Yves Saint Laurent : « Les modes passent, le style est éternel. » Les modes définies comme *tendances* sont éphémères, chères et destructrices du point de vue de l'environnement ; en revanche, la mode définie comme *style* est accessible à tous et n'est limitée que par la créativité de chacun, la confiance en soi.

Ce ne sont pas des vêtements « à la mode » qui nous donnent du style... pas plus qu'une garde-robe bien fournie.

Simplifier

Les femmes comme les hommes émettent souvent des réserves quand il s'agit de faire le vide dans leur garde-robe, de peur de ne plus pouvoir varier ou assortir leurs vêtements. Ironie de la chose, ces mêmes personnes se plaignent souvent d'avoir un *placard plein, mais rien à se mettre* ! À ma grande surprise, j'ai constaté que désencombrer sa garde-robe permettait d'y voir plus clair et d'avoir plus de choix.

Une garde-robe bien fournie nous embrouille (il est difficile de prendre une décision quand trop de choix s'offrent à nous). Si on ajoute à ça notre manque de temps, on finit par porter les mêmes vêtements semaine après semaine. Dans l'armoire, nos préférés (qui sont souvent confortables, nous vont bien et reflètent notre style) se retrouvent devant, ceux qu'on aime moins, au fond, hors de portée : ils prennent de la place pour rien, accumulent la poussière et gaspillent des ressources précieuses. Dans une garde-robe réduite, chaque vêtement est choisi avec soin, autant porté que les autres et tout aussi visible. En d'autres termes, avoir une garde-robe restreinte, c'est avoir un *placard plein de choses à se mettre*.

En théorie, faire le vide dans une garde-robe bien remplie devrait consister à déterminer ses vêtements préférés (ceux qui sont rangés devant ou en tête de piles) et à se débarrasser du reste. Mais toutes sortes de prétextes nous empêchent d'avoir un tel courage. Pour réduire, sortez tout et, pour chaque vêtement, demandez-vous :

– Est-il en bon état ? Est-il démodé ? Quelques vêtements troués, déchirés ou tachés peuvent servir de chiffons, mais n'oubliez pas de recycler le reste (voir la section « Recycler » plus bas). Si vous ne supportez pas vos vêtements passés de mode, pensez à les donner ou à les vendre : les amateurs de vintage en seront ravis.

– Est-ce que je le mets régulièrement ? Vous gardez peut-être cette robe de demoiselle d'honneur « au cas où ». La donner fera de la place dans votre placard et rendra plus visibles et plus accessibles les vêtements que vous portez au quotidien. Par ailleurs, dites au revoir à vos vêtements trop serrés : si vous reperdez du poids, vous aurez envie de vous récompenser avec une nouvelle garde-robe (d'occasion, bien sûr !).

– En ai-je plusieurs ? Les accessoires de saison que vous avez en double (comme les écharpes et les maillots de bain) prennent de la place toute l'année : choisissez votre préféré et débarrassez-vous des autres. Il en va de même pour les chaussettes et les sous-vêtements : déterminer la quantité qu'il vous faut entre les lavages et débarrassez-vous de ceux que vous avez en trop (certaines organisations caritatives les acceptent volontiers).

– Cela met-il la santé de ma famille en danger ? Le formaldéhyde, les polybromodiphényléthers (PBDE), les produits perfluorochimiques et les phtalates qu'on trouve respectivement dans les vêtements infroissables (sans repassage), ignifugés, en Gore-Tex (aussi appelé Scotchgard ou Téflon) et en vinyle sont dangereux pour notre santé. Le nylon, le polyester et l'acrylique peuvent aussi causer des allergies cutanées. Envisagez de vous séparer de ces matières pour réduire votre exposition.

– Est-ce que je le garde par culpabilité ? On reçoit souvent des bijoux en cadeau ou en héritage. Même si cela part d'une bonne intention, ils ne sont souvent pas à notre goût. Il est tout à fait convenable de les céder à quelqu'un qui les portera : un membre de votre famille, un magasin de dépôt-vente ou une vente aux enchères.

– Est-ce que je le garde parce que la société me dit que j'en ai besoin (« tout le monde en a un ») ? Est-ce qu'un autre objet pourrait servir le même but ? Passez tout en revue dans votre placard. Des campagnes de pub veulent nous convaincre qu'on doit absolument avoir une paire de baskets, mais, si votre activité physique se résume au yoga et aux balades à vélo ou à pied, vous pouvez tout à fait vous contenter d'une bonne paire de chaussures bien confortables à la place.

– Mérite-t-il que je consacre du temps à le dépoussiérer ou à le nettoyer ? Les objets de décoration et les boîtes de rangement n'ont rien à faire dans une garde-robe minimaliste. Non seulement les boîtes à chapeaux et à chaussures dissimulent leur contenu, mais elles amassent la poussière, prennent de la place et empêchent d'être efficaces. Rangez vos affaires sur des étagères à la place. Vous serez plus enclins à vous en servir et vous éviterez le nettoyage inutile de vos boîtes.

– Pourrais-je utiliser cet espace pour autre chose ? Si les questions précédentes ne vous ont toujours pas convaincue de donner ou de vendre votre robe de mariage, reléguez-la au grenier dans votre malle à souvenirs, et utilisez l'espace libéré pour ranger votre sac de voyage à portée de main.

– Est-il réutilisable ? Les accessoires tels que les sous-vêtements jetables (oui, ça existe, ils sont vendus aux voyageurs !) ou les boucles d'oreilles autocollantes (j'en ai porté dans ma jeunesse) n'ont pas leur place dans un placard zéro déchet, c'est une évidence. Mais, quand vous faites le vide, évaluez le potentiel de réutilisation de vos vêtements en fonction de leur polyvalence et de leur qualité. Privilégiez ceux que vous pouvez assortir avec plus de trois pièces ; débarrassez-vous de ceux qui offrent peu de possibilités. Nous reviendrons sur ce point dans un instant.

Gardez à l'esprit que le désencombrement (dans n'importe quelle pièce) est un processus permanent, qui implique que vous gardiez un œil sur l'usage que vous faites de vos vêtements. Si vous remarquez que l'un d'eux se retrouve au bas de la pile ou dans le fond du placard, portez-le ou renoncez-y.

Pour éviter que ma garde-robe ne se remplisse à nouveau, je trouve utile de :

1. fixer des jours de shopping pour l'année, et m'y tenir : j'achète mes vêtements pour le printemps/été mi-avril, et ceux pour l'automne/hiver, mi-octobre. Cela m'évite de faire du shopping récréationnel (et réduit donc les achats compulsifs) et m'encourage à rallonger la durée de vie des vêtements que je possède déjà ;

2. faire l'inventaire de ma garde-robe. Avant de partir faire mon shopping de saison, je surligne sur ma liste les pièces qui sont usées (trous, accrocs ou taches tenaces) ou dont je me suis lassée, et que je dois donc remplacer. M'en tenir à un nombre prédéfini de vêtements me permet de suivre la règle : « Un qui entre, un qui sort. »

Réutiliser

Une garde-robe zéro déchet ne doit pas seulement être minimaliste, elle doit encourager la réutilisation en (1) achetant d'occasion, (2) achetant des pièces polyvalentes et (3) déclinant les possibilités de vos effets.

Acheter d'occasion

Le produit le plus « vert » est incontestablement celui qui existe déjà. Avant d'acheter un nouveau vêtement, qu'il soit biologique, vegan, recyclé, recyclable, compostable ou biodégradable, j'estime primordial d'utiliser ceux qui se trouvent déjà dans nos placards (et ceux de notre famille), les magasins d'occasion, les friperies, les boutiques de dépôt-vente ou les marchés aux puces. Vous pouvez également trouver des vêtements de seconde main sur Craigslist, Freecycle et dans les vide-greniers.

Malgré l'impact environnemental du transport, eBay peut aussi être une bonne solution pour trouver certains vêtements (faites seulement attention à cocher la case « occasion » sous l'onglet « état » lors de votre recherche). À mon avis, les vêtements neufs respectueux de l'environnement ne seront une bonne alternative que lorsque nous aurons épuisé ceux déjà manufacturés.

Selon le Bureau international du recyclage (BIR), plus de 70 % de la population mondiale utilise des vêtements de seconde main – ne serait-il pas temps que l'on s'y mette aussi ?

De nombreuses personnes rechignent à acheter d'occasion, et ce pour différentes raisons, mais rétablissons la vérité.

1. L'hygiène : « C'est sale, quelqu'un l'a déjà porté. » Nous avons tendance à penser que des vêtements neufs sont plus propres que des vêtements d'occasion, or un vêtement neuf, qui a été essayé ou même retourné au magasin, peut être plus sale (porté et jamais lavé) qu'un de seconde main lavé. En outre, acheter du neuf ne prévient pas forcément les infestations d'insectes : les grandes chaînes de détaillants qui en sont affligées n'ont pas été épargnées par la presse. Qu'ils soient d'occasion ou neufs, lavez les vêtements que vous achetez avant de les porter !

2. L'organisation : « Je ne trouve jamais rien dans ce bazar. » Comme les magasins de détail, les lieux de vente des articles d'occasion peuvent se distinguer grâce au marchandising. Si fouiner dans les vide-greniers, ce n'est pas votre truc, optez pour des magasins organisés comme le sont la plupart des boutiques de dépôt-vente spécialisées. eBay est aussi très pratique pour effectuer une recherche approfondie. Par exemple, vous pouvez saisir des mots-clés comme « chemisier d'occasion pour femme, ajusté, en jean, avec des boutons nacrés, taille XS ».

3. L'odeur : « Ça sent mauvais dans les magasins d'occasion. » La plupart des gens associent l'odeur du plastique neuf (dégagement gazeux des matières synthétiques) et des parfums des grands magasins (phtalates toxiques) à l'excitation du shopping. Les articles achetés d'occasion, eux, ont déjà libéré la majorité de leurs composés volatils toxiques : faire ses courses dans des magasins de seconde main est donc plus sain !

4. Critères : « Je trouve humiliant d'acheter d'occasion alors que je peux me permettre d'acheter neuf. » Une fois encore, ce n'est pas ce que vous portez qui définit la personne que vous êtes. C'est vous qui définissez ce que vous portez. Par ailleurs, le marché de l'occasion peut répondre à tous les critères de prix : certains magasins haut de gamme revendent de la haute couture, d'autres de la mode vintage, rare et de qualité.

Laissons tomber ces préjugés ; embrassons plutôt l'originalité et la bonne conscience que nous offre le marché de l'occasion ! Voici la marche à suivre pour y faire son shopping.

– **Habillez-vous léger.** Par exemple, si vous portez un *legging* avec un débardeur, il sera plus facile d'essayer un vêtement sur le tas.

– **Apportez votre cabas.** Très souvent, on pense à apporter son sac pour ramener les provisions à la maison, mais non les vêtements ou les chaussures. Évidemment, si vous faites moins de virées shopping, il y a moins de risques que cela se produise, mais, « quand on le veut, on le peut ». Si vous avez oublié votre cabas, vous pouvez tout simplement vous servir de vos gros achats pour emballer les plus petits (des accessoires dans un tee-shirt par exemple).

– **Apportez votre inventaire** (ou consultez-le sur votre téléphone). Ne laissez pas le petit prix des articles de seconde main saper vos efforts de désencombrement. Tenez-vous-en aux seuls articles surlignés sur votre liste.

– **Privilégiez la durabilité.** Lorsque vous achetez des vêtements *neufs*, vous ne pouvez pas prévoir comment ils vont résister à un usage régulier, alors que des vêtements d'*occasion* ont déjà été testés : la majorité d'entre eux ont déjà été porté, lavé et séché. Servez-vous donc des indices qu'ils vous donnent pour acheter malin ! Le temps qu'ils se retrouvent sur les rayons, les vêtements de piètre qualité – voués à rétrécir, se déformer ou boulocher – exhibent en général déjà leur défaut. Leur état vous donnera une idée de la manière dont ils résisteront à l'épreuve du temps (un pull qui bouloche boulochera toujours). Cherchez des matières de qualité, dont des chaussures et des ceintures en cuir ou des accessoires en métal, qui non seulement durent plus longtemps mais sont plus facilement réparables que leurs équivalents en matières synthétiques.

– **Privilégiez les fibres naturelles.** Il a été facile de supprimer les matières plastiques dans ma cuisine, mais bien plus difficile de discerner les matières synthétiques dans la chambre à coucher ou la garde-robe. Le Lycra se cache aujourd'hui dans les jeans, l'acrylique dans les chaussettes ou les pulls, et le polyester dans les draps. Pourtant, le coton, le lin, la soie, le chanvre, le bambou, la laine et le jute purs ont des propriétés « respirantes », éliminent le risque d'allergies causées par les fibres synthétiques, ne requièrent pas de lingette antistatique dans le sèche-linge et sont biodégradables (et, en théorie, même compostables). Si vous devez acheter du synthétique, cherchez la marque Patagonia (voir « Le recyclage », page 197).

– Élargissez votre champ de recherches. Ne négligez pas les rayons de déguisements, de lingerie et de vêtements de soirée : vous pouvez y trouver des pièces originales pour tous les jours.

– Soyez vigilant. Les magasins haut de gamme (comme les dépôts-ventes de luxe) prêtent une attention particulière à l'état de leurs marchandises ; ceux à titre caritatif ne sont pas aussi vigilants. Vérifiez les boutons et les élastiques, et examinez bien les coutures. Veillez aux trous et aux taches. Si vous savez remédier au défaut que vous trouvez, demandez une ristourne.

– Soyez intransigeant sur la taille. Non seulement les tailles ont changé avec le temps et varient d'une marque à l'autre, mais un article peut avoir rétréci au lavage. Ne vous fiez pas à l'étiquette de taille. Ne perdez ni votre temps ni votre argent : essayez-le.

– Lavez vos nouveaux vêtements et appropriez-les-vous !
Vivre de manière durable requiert de nos jours une certaine discipline : cela demande de résister à la « fast fashion » et de se protéger des campagnes de marketing qui visent non pas « à créer de la satisfaction, mais de l'insatisfaction ». Il faut du temps pour s'habituer à une garde-robe d'occasion, c'est indéniable : cela demande persévérance et volonté. Je doute qu'un adepte des centres commerciaux puisse se convertir au marché de l'occasion en une nuit, mais adopter des changements progressifs portera ses fruits. Pour vous habituer en douceur, essayez d'abord une garde-robe mixte : investissez dans des basiques neufs de qualité (des classiques intemporels) et incorporez quelques pièces

d'occasion originales et audacieuses, aux textures ou couleurs inhabituelles. Lors de vos virées shopping, deux fois par an, vous pouvez échanger ces dernières au magasin d'occasion (donnez les couleurs dont vous vous êtes lassé et achetez-en de nouvelles par exemple). Si vous vous habillez dans une boutique au profit d'une association caritative comme Emmaüs, vos achats peuvent même soutenir une bonne cause !

Polyvalence

Le style de vie zéro déchet nous incite à consommer plus intelligemment, mais il permet aussi de donner libre cours à notre créativité. En matière de mode, j'ai découvert qu'une garde-robe minimaliste soigneusement sélectionnée autorise tout un tas de combinaisons : le secret ? La polyvalence. Essayez d'acheter des articles qui puissent se porter en toute occasion et en toute saison. Une robe polyvalente peut donner vingt tenues différentes en jouant sur les accessoires, les chaussures ou les superpositions.

Voici quelques conseils pour accueillir la polyvalence dans votre armoire.

Couleur

– Choisissez des basiques de couleur neutre (noir, marron, gris ou bleu marine, en fonction de votre teint). La couleur que vous choisissez représentera les articles de base de votre garde-robe, les pièces que vous risquez le moins de remplacer lors de votre prochaine virée shopping.

– Ajoutez quelques couleurs et quelques imprimés. On a tendance à se lasser plus rapidement des articles colorés et des imprimés que des couleurs neutres. Ces premiers doivent donc être les « articles qui tournent » de votre garde-robe, les pièces que vous utilisez pour ajouter de l'originalité et du peps à vos tenues et que vous pourrez facilement remplacer lors de votre prochaine virée shopping.

– Évitez les couleurs et les motifs trop décontractés. Les vêtements délavés par exemple (comme le jeans neige) sont trop restrictifs : vous ne pouvez pas les réutiliser lors d'un événement habillé.

– Définissez votre couleur de métal. Choisissez la couleur qui s'accorde le mieux à votre teint : préférez des bijoux et des accessoires en or si vous avez le teint chaud (les veines sous vos avant-bras sont vertes), en argent si vous avez le teint froid (vos veines sont bleues).

Matières

– Choisissez des matières qui se portent en toute saison. Le tweed est trop chaud pour l'été, l'organza, trop léger pour l'hiver. Si vous choisissez de ne posséder qu'un pyjama, celui-ci devrait être suffisamment léger pour l'été, suffisamment chaud pour l'hiver, et suffisamment opaque pour passer la nuit chez quelqu'un.

– Privilégiez les tissus d'épaisseur moyenne. Vous pourrez les mettre indifféremment sous ou sur d'autres vêtements.

– Choisissez des tissus ni trop habillés ni trop décontractés. Les vêtements en tissu éponge par exemple sont trop décontractés et difficiles à marier avec des pièces plus habillées.

– Tenez-vous-en aux vêtements nécessitant peu d'entretien. Évitez les matières qui doivent être lavées à la main ou à sec. Privilégiez celles qui passent à la machine et, si vous en utilisez un, au sèche-linge.

– Préférez les chaussures en cuir à celles en toile. Elles sont plus solides et s'adaptent à davantage de conditions climatiques. Elles sont aussi plus chics et peuvent se porter toute l'année. D'ailleurs, on peut les imperméabiliser avec la recette figurant à la page 204 !

Silhouette

– Privilégiez les coupes ajustées pour vos basiques. Vous pourrez les porter seuls ou les superposer.

– Évitez les modèles que vous aurez du mal à superposer, comme les manches chauve-souris ou un col bénitier.

– Préférez les ceintures réglables, comme les ceintures tressées : vous pouvez les serrer à la taille ou les porter sur les hanches, et elles peuvent s'adapter à plusieurs épaisseurs de vêtements.

– Recherchez aussi des sacs multifonctions. Une bandoulière amovible peut transformer un sac à main de tous les jours en pochette pour les soirées.

Décliner les possibilités

En diminuant ses virées shopping, on finit parfois par user ses vêtements avant de pouvoir les remplacer et, en se restreignant à une garde-robe minimaliste, on finit parfois par se lasser de ce qu'on a. Pour y remédier, il existe de nombreuses solutions. Voici ma liste d'astuces pour repenser, réparer et rallonger la durée de vie de vos vêtements.

– **Accessoirisez :** cachez un trou avec une broche ou une fleur.

– **Empruntez :** prenez l'écharpe de votre enfant, le chapeau de votre mari ou les bijoux de votre mère pour égayer une tenue.

– **Teignez :** utilisez des teintures naturelles (voir page 311 pour des idées de couleurs) pour donner une seconde vie à un haut blanc, un marqueur pour cacher une tache de Javel, ou un reste de peinture pour dissimuler une tache sous un dessin indélébile.

– **Reprisez** : apprenez les trucs de nos grand-mères pour réparer vos chaussettes usées ou vos pulls troués.

– **Décousez** : si vous n'aimez pas un motif cousu sur une chemise, des passants sur un pantalon ou des poches sur un pull, enlevez-les !

– **Feutrez** : un pull en laine feutré peut servir à la fabrication de quelque chose d'utile. Mon amie Rachelle m'a appris que la manche pouvait se transformer en chandail pour notre chihuahua : le poignet fait office de col ; il n'y avait plus qu'à faire deux trous en dessous pour ses pattes.

– **Collez** : un simple point de colle peut sauver une paire de chaussures.

– **Faites un ourlet** : la hauteur d'un ourlet peut totalement changer un vêtement. Une robe peut être transformée en chemisier, un jean en short (je prends du fil orange pour imiter la couture des jeans).

– **Improvisez** : une ceinture-chaîne peut servir de collier ; une jupe avec une ceinture élastiquée, de bustier ; un long tee-shirt, de minirobe.

– **Juxtaposez** : les contrastes donnent du peps à une tenue et peuvent moderniser un vieux vêtement. Mariez du vieux à du neuf, de l'ordinaire à de l'habillé, des vêtements de sport à du chic.

– **Faites un nœud** : nouez une chemise à la taille ou un pantalon évasé à l'ourlet pour l'ajuster et modifier son allure.

– **Superposez** : la superposition peut altérer l'apparence d'une pièce. Portée sous une chemise, une robe sans bretelle passera pour une jupe par exemple. Mais cela permet aussi de cacher les défauts : portée sous un pull, une chemise rouge tachée peut ajouter une touche de couleur à un ensemble.

– **Raccommodez** : refaire une couture ou recoudre un bouton peut sauver un vêtement, mais pensez aussi à sortir des sentiers battus. L'élastique de cheville d'une chaussette usée peut remplacer le poignet déchiré d'un sweat-shirt par exemple (je parle d'expérience, personne ne le remarquera !).

– **Faites des pinces** : ajouter des pinces à une chemise peut à la fois améliorer sa coupe et cacher des trous (ou éviter qu'ils ne s'agrandissent).

– **Organisez** : réorganiser votre garde-robe, ou en changer la disposition, vous donne une nouvelle perspective sur son contenu : changer simplement un vêtement de place peut révéler tout son potentiel.

– **Rapiécez** : évitez qu'un trou ne s'agrandisse au genou avant qu'il ne soit trop tard. Collez une pièce avec un fer à repasser (mes fils la préfèrent à l'intérieur du pantalon) au premier signe d'usure.

– **Posez la question** : Google vous indiquera la marche à suivre. Vous trouverez aussi sur YouTube des vidéos vous montrant comment transformer un vieux tee-shirt en robe, ou une chemise d'homme en jupe, sans coudre (une de ces vidéos m'a donné l'idée de porter une chemise d'homme de cinquante manières différentes).

– **Retournez** : si un vêtement a toujours son étiquette de prix, n'hésitez pas, retournez-le au magasin.

– **Faites rétrécir** : un sèche-linge peut faire rétrécir un vêtement à la taille idéale (cela marche particulièrement bien pour une pièce dont l'étiquette contre-indique l'utilisation du sèche-linge).

– **Échangez** : organisez une soirée « échange de vêtements » ou rendez-vous sur un site d'échange en ligne.

– **Récupérez** : détricotez de vieux pulls pour en faire de nouveaux, ou décousez les boutons d'un vêtement usé pour remplacer ceux que vous avez perdus.

– **Modernisez** : vous en avez marre de ces vieilles sandales ? Remplacez leur bride de cheville par des rubans.

– **Enroulez** : une ceinture fine enroulée autour du poignet devient un gros bracelet, une étole fine autour de la taille, un paréo.

– **Remplacez** : si la tirette de votre fermeture est cassée, un trombone, un maillon de chaîne ou un ruban feront l'affaire.

J'ai appris à coudre jeune : je suis capable de confectionner mes propres vêtements à partir de chutes de tissu, mais je trouve bien plus simple, plus économique et plus respectueux de l'environnement de mettre mon savoir-faire à profit pour retoucher, transformer et réinventer ceux qui existent déjà sur le marché de l'occasion. Avec quelques points de couture (en raccourcissant un ourlet, en ajoutant un élastique ou en changeant des boutons), j'ai pu sauver un nombre incalculable de vêtements. Cela ne prend pas beaucoup de temps et ne coûte presque rien !

Trier

L'excellente qualité de la plupart des pièces vintage nous rappelle que, dans l'ensemble, les vêtements ne sont plus faits pour durer. Le marché de l'occasion permet de donner une seconde vie aux vêtements toujours portables qui ont été mis au rebut, mais, quand ceux-ci sont usés, il en va de la responsabilité de leur nouvel acquéreur. L'amateur de magasins d'occasion sera inévitablement plus

exposé aux trous et autres déchirures irréparables
que l'acheteur moyen.

Le recyclage

Dans le milieu domestique, la récup des vêtements
usés est limitée : on peut transformer quelques
tee-shirts usés en chiffons et utiliser de vieux collants pour faire briller les chaussures. Mais de combien de guenilles avons-nous réellement besoin ?
Inutile de s'encombrer de vieux vêtements au-delà
du nécessaire : mieux vaut laisser leur recyclage
aux professionnels.

L'Agence américaine de la protection de l'environnement estime qu'environ 97 % des déchets textiles postconsommation sont recyclables. Pourtant,
seuls 20 % sont recyclés car les consommateurs
sont mal informés. Je me rappelle qu'enfant j'ai vu
un ancien moulin à papier transformer de vieux
draps de lit en belles feuilles de papier à Fontaine-
de-Vaucluse, mais j'avais oublié ce voyage scolaire
jusqu'à aujourd'hui.

La fabrication de papier à base de peilles[1] n'est
plus courante de nos jours. Cela dit, dans le monde
entier, une partie des vieux textiles est tout de même
transformée en chiffons pour les industries du bâti-
ment, de la peinture et de l'automobile ; une autre
partie est mise en lambeaux pour faire des fibres
de flocage visant à isoler, matelasser, recouvrir ou
insonoriser. Les entreprises de recyclage souhaite-
raient pouvoir récupérer tous les déchets textiles :
ceux que nous jetons à la poubelle aussi bien que
ceux que nous gardons « au cas où ».

Le Relais, champion de la collecte, du tri et de
la valorisation des textiles, met à votre disposition

---

1. Chiffons servant à fabriquer du papier (*N.d.T.*).

des conteneurs partout en France pour récupérer puis recycler vos vêtements usés, alors profitez-en ! Vous pouvez y déposer tout article non réparable, taché ou troué, tant qu'il est propre et sec (pas de peinture, de graisse ni de moisissure !).

Du point de vue de la confection, la marque Patagonia s'est révélée être le chef de file : elle prend la responsabilité des vêtements qu'elle fabrique, ouvre la voie à des programmes de réparation et de recyclage pour ses vêtements, en fabrique même parfois de nouveaux avec des vieux. Si vous avez besoin d'acheter des vêtements de sport, cherchez cette marque sur le marché de l'occasion.

Dans le secteur des chaussures, Nike a mis en place dans certains pays, dont les États-Unis, le programme Reuse-a-Shoe qui collecte et transforme toutes chaussures de sport usées en terrains de sport. Avec deux garçons actifs à la maison, nous profitons au maximum de cette opportunité de recyclage et avons dédié un réceptacle à cet effet (quand il est plein, nous l'emmenons au site de collecte le plus proche).

Le compostage

Une chambre ou une garde-robe produira peu de déchets organiques, mais, en fonction du type de composteur que vous avez à votre disposition, vous pouvez composter les articles suivants :
– bouloches de pull (à condition qu'elles soient en fibre naturelle) ;
– bouts/morceaux de coton, de lin, de soie, de chanvre, de bambou, de laine et de jute qui sont trop petits pour être recyclés ;
– cuir non tanné, déchiqueté ;
– plumes d'oreiller.

La poubelle

Les poubelles encombrent toutes les pièces, même les chambres à coucher. Souvent, elles recueillent des reçus, des étiquettes et des emballages papier (sacs, boîtes, papier de soie) : acheter d'occasion éliminera ces matériaux. Sinon, vous pouvez les refuser ou, au pire, les recycler à la cuisine (qui est déjà équipée pour trier ces déchets). Pas besoin de poubelle dans une chambre à coucher !

UNE GARDE-ROBE MOBILE

De temps à autre, nous louons notre maison : cela finance des week-ends et nos vacances. Quand vient le moment de vider les lieux, chacun d'entre nous sort le bagage à main qu'il garde dans son placard, y vide sa garde-robe, le ferme, et nous nous mettons en route. J'ai été tentée d'ajouter de nouvelles pièces à ma garde-robe, mais je garde le cap en me rappelant la créativité et les avantages imprévus que me permet ce minimalisme.

Je me suis aperçue qu'une garde-robe « à emporter » permet :

– **d'être efficace.** Elle fait gagner du temps en réduisant les virées shopping et le rangement, mais accélère aussi la prise de décision le matin. Chaque vêtement est facile à voir, à assortir et à attraper.

– **de faire des économies d'énergie.** Elle réduit le nombre de lavages en vous poussant à bien gérer votre garde-robe, c'est-à-dire à trouver l'équilibre entre le nombre de vêtements que vous avez et le nombre de fois où vous les portez (au lieu de systématiquement les jeter dans le panier à linge sale).

– de faire des économies d'argent. Une garde-robe restreinte réduit bien évidemment le budget shopping et les coûts de rangement. En outre, elle rentre dans votre bagage à main, ce qui élimine les frais d'enregistrement quand vous prenez l'avion.

– de voyager léger. Elle est plus légère à porter et plus rapide à mettre en valise (pas besoin de vous creuser la tête pour décider de quoi emporter en voyage, vous pouvez tout prendre !).

– d'entretenir facilement. Il est plus facile de rester à jour dans ses raccommodages quand on a peu de vêtements.

– d'être prêt en cas d'urgence : elle s'emballe en quelques minutes, et vous êtes prêt à partir.

– d'être écolo. Une garde-robe très fournie usurpe de précieuses ressources ; une restreinte, non.

Se constituer la garde-robe idéale, polyvalente, demande du temps et de la pratique. Il m'a fallu environ deux ans pour déterminer la bonne quantité (ni trop ni pas assez) et le type de pièces adaptées au climat de ma région, aux lieux que je fréquente et à mes activités préférées. Aujourd'hui, ma garde-robe s'adapte aussi bien aux différentes saisons (mon étole me sert de paréo l'été, d'écharpe l'hiver, et de châle en automne et au printemps) qu'à diverses situations : pour rendre visite à mes clients, parler en public, me présenter sur un plateau de télé, faire des travaux manuels, être active (randonnée, cueillette, camping, voyage), faire mes corvées ménagères (nettoyage et lessive hebdomadaires), sortir entre copains ou me déplacer avec mes modes de transport favoris (marche et vélo). Je peux coordonner à volonté les pièces que j'ai choisies, m'habiller chic ou décontracté, en toute occasion. Rien ne reste au fond du placard pour une occasion spéciale. On dit souvent que l'« on en apprend beaucoup sur une femme en regardant ce qu'il y a dans son sac à main ». En effet, mon sac symbolise l'essence de mon style de vie. Il est suffisamment grand pour transporter mon ordinateur, mais assez discret pour les grandes occasions. Grâce à sa bandoulière amovible, il me sert de besace le jour et de pochette le soir. Il est en cuir noir, durable, facile d'entretien et convient aussi bien pour faire la cueillette que pour voyager. Il a une poche interieure à fermeture Éclair, si bien que je n'ai pas besoin de portefeuille. Il m'accompagne toute la journée, que ce soit chez un client, lors d'une balade en montagne ou en soirée, sans que j'aie à transvaser mes affaires (téléphone portable, lunettes de soleil, argent liquide, permis de conduire, carte de crédit, baume maison et mouchoir) dans un style de sac différent.

Les besoins de chacun sont différents, évidemment : si vous pêchez le crabe en Alaska ou enseignez le surf à Hawaï, votre sac, ainsi que la quantité et le type de vêtements que contient votre garde-robe seront très différents des miens. Mais, pour vous donner une idée, voici de quoi est actuellement constituée la mienne :

Hauts

- – un chemisier,
- – un tee-shirt à manches longues rayé,
- – un tee-shirt à manches longues basique,
- – un bustier,
- – un débardeur ivoire,
- – un débardeur noir,
- – un pull épais,
- – un pull léger,
- – un cardigan.

Robes

– l'incontournable petite robe noire,
– une robe de couleur.

Bas

– un jean,
– un pantalon,
– une jupe noire,
– une jupe de couleur,
– un short.

Sous-vêtements

– un soutien-gorge à bretelles amovibles et sept culottes assorties (ne pas mettre de sous-vêtements nécessite plus de lavage et est donc source de gaspillage),
– chaussettes légères, moyennes et épaisses : une paire de chaque,
– une paire de collants,
– un pyjama,
– un maillot de bain,
– deux mouchoirs.

Accessoires

– un sac à main polyvalent,
– un chapeau Fedora,
– un chapeau de paille,
– une ceinture tressée,
– bijoux fantaisie : une bague, un bracelet, un collier et une paire de boucles d'oreilles,
– une étole légère,
– une paire de lunettes de soleil,

– une paire de gants en cuir,
– un bagage à main.

Vêtements d'extérieur

– un blazer,
– une veste en cuir,
– un pardessus.

Chaussures*

– une paire de sandales à talons hauts,
– une paire de sandales plates,
– une paire de bottes plates,
– une paire d'escarpins,
– une paire de bottines à talons,
– une paire de chaussons.

* Lorsque je porte des sandales, je fais briller mes ongles nus avec du baume maison.

L'ENTRETIEN DES CHAUSSURES

Pour dépoussiérer, utilisez une vieille chaussette.
Pour enlever des traces de sel, utilisez le produit d'entretien « mélange de base » (recette page 213).
Pour faire briller, utilisez un collant filé.
Pour protéger, utilisez le baume maison (recette au chapitre « Salle de bains, produits de toilette et bien-être », page 123).
Pour imperméabiliser suisez les instructions suivantes :

Imperméabilisation

1. Faites fondre au bain-marie deux cuillerées à soupe de cire d'abeille et 1 ½ cuillerée à café d'huile (j'utilise un petit bocal en verre dans 3 centimètres d'eau).
2. À l'aide d'un pinceau, appliquez sur le cuir. (Au moment de l'application, en refroidissant, la cire va laisser des traînées sur la chaussure. Pas de panique ! Elles disparaîtront à l'étape suivante.)
3. À l'aide d'un sèche-cheveux et d'une vieille chaussette, faites pénétrer la cire dans le cuir.

TEINTURE CORPORELLE

Si, comme moi, vous aimez que vos jambes blanches aient un bel éclat doré l'hiver, laissez-vous tenter par une de ces deux solutions naturelles.

Le cacao

INSTRUCTIONS

1. Hydratez les parties du corps sur lesquelles vous souhaitez de la couleur.
2. À l'aide d'un gros pinceau à maquillage (plus pratique pour le décolleté), appliquez de la poudre de cacao. Sinon, mélangez de la poudre de cacao à l'huile de votre choix dans la paume de votre main avant d'appliquer (c'est mieux pour les mollets).

Le thé

INSTRUCTIONS

1. Faites infuser 5 cuillerées à soupe de thé noir dans 1/8 de litre d'eau bouillante pendant 15 minutes.
2. Filtrez.
3. Pour appliquer, utilisez un vaporisateur ou un bout de tissu trempé dans la solution.
4. Laissez sécher et appliquez à nouveau jusqu'à obtenir la teinte désirée.

Note : cette méthode demande plus de travail et prend plus de temps que celle au cacao, mais elle peut s'appliquer sur tout le corps.

RÉCAPITULATIF DES « CINQ RÈGLES » : CINQ ASTUCES POUR LA CHAMBRE À COUCHER

Refuser : résistez aux *tendances*, trouvez votre *style*.

Réduire : tenez-vous-en au minimum de meubles et à une garde-robe restreinte mais polyvalente.

Réutiliser : achetez des vêtements d'occasion et déclinez les possibilités pour rallonger leur durée de vie.

Recycler : faites don de vos vêtements usés aux entreprises de recyclage textile.

Composter : compostez les bouloches de vos pulls en laine.

ALLER PLUS LOIN

Ce chapitre a surtout traité des aspects visibles, tangibles, de nos déchets, mais les conseils qui suivent sur l'énergie, l'eau et le gain de temps compléteront (et récompenseront) vos efforts en matière de développement durable.

Énergie

– Remplacez l'ampoule à incandescence de votre lampe de lecture par une LED.
– Empruntez vos livres à la bibliothèque ou téléchargez des livres électroniques.
– Servez-vous d'une pierre ponce, d'un rasoir ou de paille de fer pour enlever manuellement les boulochages de vos pulls.

Eau

– Arrosez la plante de votre chambre avec le reste d'eau que vous prenez pour la nuit.

Temps

– Faites votre lit simplement. Par exemple, je plie et lisse notre édredon sur la moitié du lit. De cette façon, le lit s'aère et on n'a plus qu'à se glisser dedans le soir.
– Installez votre panier à linge sale dans votre placard et déshabillez-vous à côté.
– Envisagez d'installer plusieurs paniers à linge sale : un pour le noir, un pour le blanc, un pour le pressing.

– Gardez vos médicaments pour la nuit dans la salle de bains, près du robinet.

– Rangez vos bijoux et accessoires dans le placard ou l'armoire, à côté de vos habits.

Le ménage et l'entretien

Une main agrippée à ma longue jupe, l'autre glissant le long de la rampe d'escaliers cirée, je fais une descente royale au cliquetis des talons que j'ai empruntés à ma mère. Nous passons la nuit dans la propriété d'un ami de la famille, en Belgique, et, dans toute cette magnificence, je m'imagine en actrice sur le plateau de la série *Dallas*. À dix ans, je visualisais déjà la maison de mes rêves : très grande, avec un escalier monumental et une immense pelouse.

Vingt ans plus tard, le travail acharné de Scott m'avait permis de réaliser ce rêve, mais la réalité était loin de ce que je m'étais imaginé : au lieu de porter des bottes de cow-boy à la Bobby Ewing, mon mari était enfoncé jusqu'aux genoux dans notre bassin, à arracher des mauvaises herbes poisseuses, en short et bottes de plongée. Le jardinage occupait presque tous nos week-ends, et le ménage, une journée entière. Une femme de ménage venait deux fois par mois, mais ça n'empêchait pas les jouets des garçons d'envahir la maison, les traces de doigts de se propager sur les grandes baies vitrées ni les moutons de poussière de s'accumuler dans tous les coins. Malgré tout, pour nous, le temps consacré à la maison et les frais d'entretien étaient inéluctables, le prix de notre rêve.

Déménager fut l'occasion idéale pour repenser nos habitudes, pour nous demander : qu'attendons-nous de la vie ? La vivons-nous pleinement ? Nous n'avons qu'une vie, et les journées sont si courtes. La simplicité volontaire répondit à nos questions. Elle nous permit de donner une nouvelle direction à notre vie. Au lieu d'occuper notre temps libre à entretenir nos investissements, nous faisons désormais ce que nous aimons le plus : passer du temps en famille, nous investir dans quelques hobbies, créer et apprendre. Après tout, ce sont les activités dont je veux profiter au maximum avant la fin de mes jours... et non passer ma vie à nettoyer des pièces inutiles, tondre une pelouse qui n'en finit pas de repousser, ou dépenser le fruit de mon labeur pour employer des personnes pour le faire à ma place.

Dans ce chapitre, nous allons voir comment simplifier le nettoyage, la lessive, l'entretien et le jardinage.

Au fil des ans, de puissantes campagnes marketing ont réussi à nous compliquer la vie en nous faisant croire qu'il nous fallait des produits différents pour chaque tâche. Génération après génération, nous avons rempli nos abris de jardin, nos placards de cuisine et nos buanderies de produits hors de prix et toxiques, oubliant l'arme puissante dont disposaient nos grand-mères. Celle-ci a beau être bon marché et non toxique, elle peut nettoyer la plupart des surfaces, désinfecter, dégraisser et éliminer les mauvaises odeurs dans toute la maison ; elle peut dissoudre le calcaire, les dépôts de savon et la moisissure dans la salle de bains, mais aussi agir contre les taches et autres résidus collants, et même assouplir le linge ; dans le jardin, elle peut débarrasser des nuisibles et des mauvaises herbes. Bien sûr, je fais référence à un produit miracle...

LE VINAIGRE BLANC

Bien que je n'aie pas encore réussi à trouver du vinaigre blanc vendu en vrac (je l'achète dans une bouteille en verre), je reste persuadée que c'est un produit indispensable pour la maison comme pour le jardin. Je me sers du mélange suivant pour tout nettoyer ou presque.

Mélange de base

INSTRUCTIONS

Remplissez un vaporisateur de 250 ml d'eau et de 4 cuillerées à soupe de vinaigre blanc.

Note : si vous désirez le parfumer, faites infuser des peaux d'agrumes dans un bocal de vinaigre pendant deux semaines, avant de le diluer.

Voici quelques exemples de produits de nettoyage, de lessive et de jardinage dont vous n'aurez plus besoin si vous utilisez du vinaigre blanc à la place.
– **Activateur de lavage :** ajouter 125 ml de vinaigre non dilué lors du cycle de rinçage permet d'éviter les traces de savon et le jaunissement, sert d'assouplissant et de raviveur de couleurs, et réduit l'électricité statique.
– **Antirouille :** pour enlever de la rouille sur de petits objets, faites-les tremper quelques heures dans du vinaigre non dilué, frottez-les avec une brosse à dents et rincez bien. Passez la paille de fer sur les résidus tenaces.
– **Conservateur de fleurs coupées :** pour garder vos fleurs coupées plus longtemps, ajoutez une

cuillerée à soupe de vinaigre et une de sucre à leur eau. Vous pouvez aussi enlever les traces blanches sur vos vases en les faisant tremper dans du vinaigre non dilué.

– **Déboucheur de canalisation :** servez-vous d'une sonde spirale et d'une ventouse pour déboucher les conduits, puis versez 4 cuillerées à soupe de bicarbonate de soude et 125 ml de vinaigre. Couvrez jusqu'à ce que ça arrête de mousser, puis rincez avec de l'eau bouillante.

– **Désodorisant pour tissu d'ameublement :** aspergez légèrement un chiffon du « mélange de base » et passez-le sur vos tissus pour neutraliser les odeurs, enlever la poussière et raviver les couleurs (testez d'abord sur une partie cachée). L'odeur du vinaigre va se dissiper, laissant une odeur fraîche. Se servir d'un chiffon en microfibre aide en plus à ramasser les poils d'animaux.

– **Détachant :** versez du vinaigre sur les taches de moutarde, de stylo, de crayon à papier ou de crayon de couleur, puis frottez avec une brosse à dents pour les enlever, et lavez comme d'habitude.

– **Détachant spécial nicotine :** nettoyer des murs tachés par la nicotine avec du vinaigre pur.

– **Dissolvant d'adhésif :** enlevez les autocollants en les imbibant de vinaigre chaud. Pour du chewing-gum, utilisez un glaçon pour enlever le plus gros, puis du vinaigre chaud pour enlever les restes.

– **Fixateur de couleur :** si un vêtement déteint au lavage, faites-le tremper une nuit dans une solution forte de vinaigre avant de le laver.

– **Gomme éponge** (ou effaceur magique) : enlevez les marques de crayon, de stylo ou de crayon de couleur sur un mur avec un chiffon ou une brosse à dents préalablement trempé(e) dans du vinaigre non dilué.

– **Herbicide** (ou désherbant) : tuez les mauvaises herbes en les aspergeant de vinaigre non dilué.

– **Insectifuge :** aspergez de vinaigre les entrées de votre maison (rebords de fenêtre et pas-de-porte) pour que les fourmis n'y pénètrent pas. Ajoutez une cuillerée à café de vinaigre par litre d'eau dans la gamelle de votre chien afin de repousser les puces et les tiques. Le ratio d'une cuillerée à café pour un litre d'eau convient à un animal d'environ vingt kilos.

– **Lingettes serpillières :** pas besoin de lingettes jetables pour laver le sol. Aspergez une serpillière en microfibre du « mélange de base » et nettoyez.

– **Nettoyant à vitre :** servez-vous d'un chiffon microfibre si vous en avez un – vous n'aurez besoin que d'eau et rien d'autre. À défaut, aspergez vos vitres, miroirs et surfaces vitrées du « mélange de base », puis astiquez avec un chiffon en tissu.

– **Nettoyant pour bijoux/métaux :** pour nettoyer du bronze, du laiton ou du cuivre terni, mélangez 4 cuillerées à soupe de vinaigre et une cuillerée à soupe de sel, appliquez ce mélange sur votre métal, rincez à l'eau chaude et polissez avec un chiffon doux. Pour l'argent, faites tremper la pièce dans 4 cuillerées à soupe de vinaigre et une cuillerée à soupe de bicarbonate de soude, puis rincez et polissez avec un chiffon doux. Pour l'or, couvrez de vinaigre pendant une heure puis rincez, tout simplement. Ne pas utiliser sur les perles.

– **Nettoyant pour cuisine :** utilisez du vinaigre non dilué pour désinfecter les planches à découper, pour désodoriser votre poubelle, vos mains ou vos bocaux, et pour remplacer votre produit de rinçage de lave-vaisselle. Nettoyez l'évier, le plan de travail et le réfrigérateur (servez-vous d'une brosse à dents pour frotter les joints moisis) avec le « mélange de base ». Pour le micro-ondes, mettez-en à bouillir : cela élimine les mauvaises odeurs et détache les morceaux de nourriture collés. Pour le four, aspergez généreusement de vinaigre, puis saupoudrez de bicarbonate de soude et laissez agir une nuit ; grattez ensuite avec une spatule et essuyez. Pour décalcifier une cafetière, remplissez son réservoir d'eau et de 4 cuillerées à soupe de vinaigre, faites passer, videz et rincez. Pour enlever des taches de thé ou de café sur vos tasses en céramique, faites-les tremper dans du vinaigre pendant plusieurs heures, puis frottez les plus résistantes avec du bicarbonate de soude.

– **Nettoyant pour salle de bains :** dissolvez les dépôts de savon et les traces d'eau dure et faites briller le plan de travail, les sols, les lavabos, la cabine de douche, les miroirs et la robinetterie avec le « mélange de base ». Décalcifiez votre pommeau de douche en le faisant tremper toute une nuit dans un bol de vinaigre non dilué. À l'aide d'une brosse à dents, frottez-en sur les taches de moisissures de vos joints, et elles disparaîtront. Pour éviter qu'un rideau de douche ne se pique d'humidité, aspergez-en les zones à problèmes ou ajoutez-en à votre cycle de rinçage quand vous le passez en machine.

– **Nettoyant pour toilettes :** aspergez de vinaigre, puis essuyez. Pour les taches tenaces, aspergez de vinaigre, puis de bicarbonate de soude, laissez agir et frottez.

– **Nettoyant pour vinyle :** pour nettoyer et astiquer vos sols en vinyle (linoléum), ajoutez 125 ml de vinaigre dans un seau d'eau (3,5 litres).

– **Neutraliseur d'odeurs :** au lieu de couvrir une odeur désagréable avec un parfum toxique, attaquez-vous à sa source et aérez. Placez ensuite un bol de vinaigre dans la pièce pour absorber les odeurs persistantes (par exemple, les odeurs de peinture dans une pièce fraîchement repeinte, de vomis dans une voiture ou de brûlé dans une cuisine).

– **Répulsif pour animaux de compagnie :** aspergez de vinaigre les endroits où vous ne voulez pas que votre chien ou chat mordille, gratte ou urine.

– **Soin du bois :** mélangez du vinaigre et de l'huile (en même quantité), puis frottez dans le sens du bois pour enlever les taches d'eau et les rayures. Vous pouvez aussi vous servir du baume maison (voir page 157) pour cirer.

Voyons maintenant comment réduire les déchets et faciliter l'entretien de la maison, le ménage et le jardinage.

LE MÉNAGE

Chaque fois que notre grand-père disait : « L'homme sera victime du progrès ! », mes frères et moi roulions des yeux. Aujourd'hui, je comprends qu'il disait vrai. Depuis que les objets jetables ont envahi le marché et nos maisons, nos critères de propreté ont été poussés à l'extrême.

On nous martèle de publicités pour des produits jetables qui nous promettent une vie plus propre, et donc plus saine. De ce fait, notre société devient de plus en plus mysophobe : elle se rassure en utilisant et en jetant délibérément des produits comme de l'essuie-tout, des gants en latex, des mouchoirs en papier et des lingettes antibactériennes. Des affirmations absurdes visant à nous faire consommer nous poussent à penser que nous vivons dans la crasse, attaqués par des germes dangereux que nous devons absolument tuer ou, du moins, éviter au maximum (un véritable tour de force), et que réutiliser est dégoûtant. « Laver régulièrement votre essuie-mains ne vous assure pas que vos mains sont propres », déclare une entreprise qui essaie de nous vendre ses serviettes jetables. Les professionnels de l'industrie imaginent tous les endroits possibles et imaginables où des germes pourraient se loger, y compris notre linge propre, afin de créer un marché pour de nouveaux produits : résultat, nous sommes persuadés d'être dépendants aux produits jetables et toxiques, et l'industrie se remplit les poches. Malheureusement, vivre selon ces critères montés de toutes pièces ne met pas seulement la santé de notre planète en danger (de par l'épuisement des ressources et la mise au rebut de ces produits à usage unique), mais la nôtre aussi.

Selon *Mother Nature Network* : « Les consommateurs américains dépensent près d'un milliard de dollars par an en produits antibactériens qui ne servent à rien. » Certains accrochent du gel hydroalcoolique à leur porte-clés, d'autres cherchent des distributeurs dans les endroits publics. Pourtant, la Mayo Clinic[1] met en garde : « Les gels hydroalcooliques ne sont pas plus efficaces que le savon pour tuer les germes. Ils peuvent même conduire au développement de bactéries résistantes aux agents antimicrobiens qu'ils contiennent – ce qui rend ces germes plus difficiles à tuer par la suite. » Nous menons une guerre invisible que nous ne comprenons pas vraiment : en les combattant, nous favorisons l'apparition des bactéries résistantes.

Trouver l'équilibre entre ultrapropreté et hygiène est devenu une nécessité. Il est important de comprendre que certains germes sont bénéfiques à notre système immunitaire et que les lingettes et les gels antibactériens sont inutiles. Simplifiez vos tâches ménagères en (1) adoptant des méthodes de

---

1. Établissement de soins et de recherche médicale américain de réputation mondiale, à but non lucratif (*N.d.T.*).

nettoyage demandant peu d'entretien, (2) faisant le vide dans vos produits de nettoyage et de lessive et (3) compostant vos détritus de ménage.

Adopter des méthodes demandant peu d'entretien

Quand j'ai réalisé le gain de temps que la simplicité permettait, j'ai passé toutes mes activités quotidiennes en revue pour trouver des manières de simplifier plus encore, d'automatiser ma vie et de limiter les corvées au maximum.

Pour le nettoyage

Aujourd'hui, mettre la maison en ordre prend cinq minutes ; le grand ménage, deux heures. Avec de la techno en fond sonore, j'ai transformé cette corvée en séance d'entraînement physique hebdomadaire : pas besoin de femme de ménage ni de m'inscrire dans une salle de sports. Cette efficacité m'a même permis de consacrer plus de temps à mes enfants et à mon activité professionnelle.

Voici quelques astuces pour faciliter le nettoyage de la maison.

– Adoptez un mode de vie minimaliste. Moins vous avez d'affaires, moins vous en avez à ramasser et à ranger.

– Attribuez un contenant à vos dons matériels. Désencombrer est un processus permanent. Faites en sorte que donner soit facile.

– Choisissez des matières et des surfaces faciles à entretenir. Un canapé en cuir par exemple dure plus longtemps et est plus facile à nettoyer qu'un modèle en tissu. Il suffit de passer un coup de chiffon mouillé dessus.

– Éliminez ou réduisez au maximum les surfaces planes pour avoir moins à dépoussiérer.

– Évitez autant que possible d'encombrer le sol. Préférez les éléments muraux à ceux sur pied. Une télé murale, des appliques et des patères par exemple faciliteront énormément le nettoyage du sol.

– Après votre douche, ouvrez la fenêtre ou faites fonctionner la ventilation de la salle de bains pendant au moins vingt minutes pour réduire l'humidité et, par conséquent, la quantité de moisissure à nettoyer.

– Quand vous préparez à manger, faites fonctionner la hotte de la cuisine pour réduire les projections de graisse : celles-ci sont difficiles à nettoyer, et la poussière s'y colle.

– Pour réduire la poussière, installez un meuble à chaussures dans votre entrée et interdisez les chaussures à l'intérieur.

– Interdisez l'accès de certaines pièces à votre animal de compagnie.

– Installez un distributeur de savon liquide intégré à votre évier, remplissez-le de savon de Marseille et utilisez-le pour tous vos besoins de savon à la cuisine (pour laver les mains, la vaisselle, le chien, etc.).

– Installez un insert à gaz à la place de votre cheminée : c'est plus propre et plus efficace (étant équipé de thermostats réglables) qu'un feu de bois, et vous n'aurez pas besoin de ramoner.

– Laissez les plantes purifier l'air pour vous. Selon une étude de la NASA, les dix plantes les plus efficaces sont : le palmier nain (*Chamaedorea seifrizii*), l'aglaonéma (*Aglaonema modestum*), le lierre grimpant (*Hedera helix*), le gerbéra (*Gerbera jamesonii*), le dragonnier d'Afrique tropicale (*Dracaena deremensis*), le dragonnier de Madagascar (*Dracaena marginata*), le dragonnier massangeana

(*Dracaena massangeana*), la langue de belle-mère (*Sansevieria trifasciata « Laurentii »*), le chrysanthème (*Chrysanthemum morifolium*), le spathiphyllum (*Spathiphyllum*) et le dragonnier « warneckii » (*Dracaena deremensis « Warneckii »*).

– Conservez votre nourriture dans des récipients hermétiques de type bocaux de conserve pour éviter les problèmes d'infestation.

– Nettoyez votre maison de haut en bas : commencez par la poussière, nettoyez les sols en dernier.

– N'achetez que de la vaisselle passant au lave-vaisselle pour vous faciliter la tâche.

– Faites tourner votre lave-vaisselle plein plutôt que de faire la vaisselle à la main. Cela économise du temps et de l'eau. Si vous devez remplacer votre lave-vaisselle, cherchez un modèle à double tiroir sur le marché de l'occasion. Quand un tiroir est en marche, vous pouvez remplir le second : cela élimine les piles de vaisselle dans l'évier.

Pour la lessive

Les gens ont tendance à penser qu'avec une garde-robe restreinte on finit par faire davantage de lessives : c'est faux ! Avec un peu d'organisation, il est possible de ne faire qu'une machine par semaine. L'astuce, c'est de prendre des mesures pour réduire le nombre de lavages et de trouver la lessive qui réponde à vos besoins. Faire moins de lessives vous fera non seulement gagner du temps, cela rallongera la durée de vie de vos vêtements et sauvegardera leurs couleurs. Afin de simplifier vos lessives :

– Tenez-vous-en à une garde-robe restreinte : gérez-la au mieux pour éviter de vous changer dans la journée et d'accumuler le linge sale.

– Choisissez des tissus qui ne demandent pas d'entretien spécial.

– Ne jetez pas systématiquement vos vêtements au linge sale : laissez votre nez décider si c'est nécessaire.

– Équipez chaque chambre à coucher d'un panier à linge sale (même la chambre d'amis : vos invités apprécieront).

– Encouragez votre famille à nettoyer une tache sur-le-champ. Par exemple, une tache de vin partira facilement au lavage si vous la recouvrez immédiatement de sel. Affichez un tableau de procédures à suivre pour chaque type de tache dans votre buanderie.

– Limitez-vous à une seule marque et une seule couleur de chaussettes pour ne pas avoir à reconstituer les paires.

– Choisissez des matières en fibres naturelles pour éviter l'électricité statique et éliminer les lingettes antistatiques de sèche-linge.

– Espacez les lavages de vos serviettes de table : pour que chaque membre de la famille retrouve la sienne à l'heure des repas, attribuez un rond de serviette monogrammé à chacun, ou une couleur différente, ou un pliage particulier.

– *Idem* pour les serviettes de bain : attribuez une barre de porte-serviette à chacun, ou une serviette de couleur différente, ou une serviette monogrammée.

– Espacez vos lessives de draps : aérez-les autant que possible.

– Ne faites tourner le lave-linge que s'il est plein et faites toutes vos machines le même jour pour plus d'efficacité.

– Faites sécher votre linge sur un fil ou pliez-le dès que le sèche-linge sonne : vos vêtements seront moins froissés, et vos piles de repassage, réduites.

Faire le vide
dans vos produits de nettoyage

Faire le vide dans vos produits offre de nombreux avantages. Cela vous permet de vous rendre compte de la toxicité des produits que vous utilisez au quotidien, d'évaluer si vous en avez réellement besoin et d'adopter des alternatives simples et saines, tout en récupérant de l'espace de rangement ! Toutefois, en désencombrant, vous allez sans doute vous retrouver devant un dilemme : que faire des produits toxiques et dangereux dont vous ne voulez plus ? Vous pouvez soit les déposer dans une déchetterie qui accepte les déchets ménagers dangereux (DDM), soit les donner à des gens qui les acheteraient neufs de toute façon (mettez-les sur freecycle ou leboncoin par exemple), soit faire un effort pour les finir. Votre décision dépend d'un choix personnel, mais je suggère vivement à mes clients de préférer les deux premières méthodes en fonction des produits dont ils veulent se débarrasser, car la dernière (les finir) présente des risques de récidive : j'estime préférable et plus efficace de se séparer de ces produits sur-le-champ et de changer ses habitudes dans la foulée.

Voici les questions à vous poser quand vous faites le vide dans votre matériel et vos produits de nettoyage.

– Cela fonctionne-t-il encore ? Est-ce réparable ? Si votre pelle à poussière en plastique est fêlée et n'est plus efficace, recyclez-la et achetez-en une en métal : elle durera plus longtemps. Une éponge qui tombe en miettes vous fait perdre du temps : jetez-la et adoptez une des solutions durables présentées plus loin.

– Est-ce que je l'utilise régulièrement ? On se sert rarement des produits comme les nettoyants pour métaux, mais ils prennent de la place toute l'année sous l'évier. N'ayez pas peur de vous en débarrasser. Servez-vous de mes astuces au vinaigre ou cherchez des alternatives maison sur Google quand vous avez besoin de produits que vous n'utilisez qu'occasionnellement.

– En ai-je plusieurs ? Dans une cuisine, on trouve habituellement plusieurs types de savons : produit vaisselle, savon pour les mains, produit pour le sol, shampoing pour animaux, etc. Mais du savon, c'est avant tout du savon ! Pas besoin d'en avoir plusieurs pour des utilisations particulières, un seul suffit : un savon naturel, comme le savon de Marseille, peut servir pour tout.

– Cela met-il la santé de ma famille en danger ? L'Environmental Working Group[1] recommande d'éviter les produits contenant des nonylphénols polyéthoxylés, du 2-butoxyéthanol, du butoxydiglycol, de l'éther monobutylique d'éthylène ou de diéthylène glycol, de l'éther monoéthylique de diéthylène glycol, ou du méthoxydiglycol ; de se passer des produits en spray contenant des éthanolamines (**MEA**, **DEA** et **TEA**) et des ammoniums quaternaires ; de se méfier de l'ADBAC, ou chlorure de benzalkonium, ou des ingrédients avec du « chlorure de monium »… Mais qui peut retenir des mots aussi imprononçables ? Simplifiez en vous défaisant des produits sur lesquels figurent les mots *poison*, *danger* ou *fatal*. Mieux encore, débarrassez-vous de tous vos produits (et, par extension, de vos inquiétudes) et ne vous fiez plus qu'aux alternatives au vinaigre et à celles mentionnées plus bas, non toxiques.

– Est-ce que je le garde par culpabilité ? S'accrocher à un produit parce qu'il coûte cher (« Il m'a coûté un bras ! ») ou à cause de sa toxicité

---

1. Organisation environnementale à but non lucratif (*N.d.T.*).

(« J'ai mauvaise conscience de le donner ») ne justifie pas de le garder. Pendant tout le processus de désencombrement, c'est sa réelle utilité, son efficacité et son impact sur votre santé que vous devez prendre en compte.

– **Est-ce que je le garde parce que la société me dit que j'en ai besoin (« tout le monde en a un »)?** Vous avez peut-être une panière en plastique dont la seule utilité est de transporter le linge... Est-ce qu'un autre objet pourrait servir le même but? Vous pouvez utiliser vos paniers à linge sale à la place. Si vous équipez chaque placard à vêtements d'un panier à linge mobile, ce dernier peut servir à recueillir vos vêtements sales, à les transporter jusqu'à la buanderie le jour de lessive et à les rapporter au bon placard une fois lavés et pliés.

– **Mérite-t-il que je consacre du temps à l'entretenir?** Fait-il réellement gagner du temps? Par exemple, j'ai constaté que mon aspirateur était contre-productif. Le temps que je l'extirpe du placard, démêle le cordon, le branche, aspire, le débranche, le monte au premier étage, démêle à nouveau le cordon – sans parler du fait de vider le sac ou de réparer la courroie de temps à autre –, j'aurais pu balayer ma maison deux fois. Je m'en suis débarrassée, ainsi que du robot aspirateur, qui nécessitait plus d'entretien qu'il ne faisait gagner de temps. Depuis, je profite du gain de temps et des économies d'énergie et d'argent, sans oublier de l'espace libéré dans le placard!

– **Pourrais-je utiliser cet espace pour autre chose?** Si vous ne repassez que rarement, vous pouvez protéger une surface plane avec une serviette ou un coussin de repassage au lieu d'utiliser une planche, très encombrante. Donnez cette dernière : cela libérera de l'espace pour accrocher votre balai et votre serpillière au mur.

– Est-ce réutilisable ? Oubliez l'essuie-tout, les lingettes jetables et les éponges. Adoptez des alternatives durables.

Matériel de nettoyage

Mettre en place des alternatives durables n'est pas seulement meilleur pour l'environnement, cela permet aussi de faire de sacrées économies ! Personnellement, je regrette de ne pas les avoir adoptées plus tôt !

– Lavettes : j'ai acheté des chiffons en microfibre quand j'ai commencé à faire attention à notre empreinte écologique. L'efficacité de la microfibre a immédiatement fait disparaître le besoin de nettoyants toxiques, de lingettes, d'éponges et d'essuie-tout. Grâce à eux, la transition a été facile. Cela dit, ils sont synthétiques : des tee-shirts découpés seraient une solution alternative plus respectueuse de l'environnement, le coton étant biodégradable et recyclable.

– Serpillières en microfibre : je trouve le balai adapté aux serpillières jetables plus facile à utiliser que le traditionnel « seau et balai à franges », et il économise beaucoup d'eau. Je l'équipe d'une serpillière en microfibre, mais vous pouvez utiliser des alternatives non synthétiques, comme des carrés de feutre ou de coton crocheté.

– Balai : depuis que nous nous sommes débarrassés de notre aspirateur, le balai nous sert à tout, aussi bien pour les sols que pour les toiles d'araignées au plafond. On trouve des têtes de balai en matières naturelles, en soie, en fibres de maïs ou de noix de coco, ou en poils de sanglier ou de cheval. Le nôtre est en soie sur un manche en bois, mais ce que j'apprécie le plus dans sa conception, ce sont les bouts arrondis de sa tête, qui permettent de balayer dans les coins.

– **Éponges métalliques :** celles en Inox durent des années et ont fait des merveilles chez nous. Nous utilisons la nôtre pour enlever les traces d'autocollant sur du verre et les résidus de cuisson sur des surfaces en inox brossé (frottez dans le sens du grain).

– **Brosse à récurer :** pour laver la vaisselle ou enlever des résidus qui ont séché sur le plan de travail, une brosse en bois et en fibre naturelle est une bonne alternative aux éponges ou aux tampons à récurer, et elle garde son efficacité plus longtemps. Certaines peuvent même se fixer sur une poignée réutilisable. Sinon, vous pouvez envisager de faire pousser un luffa (voir instructions page 240) ou de tricoter un tampon à récurer à partir de restes de ficelle de sisal. Contrairement aux tampons à récurer synthétiques, ces trois options sont 100 % naturelles et compostables.

– **Brosse à dents :** une vieille brosse à dents est idéale pour nettoyer les endroits difficiles d'accès, comme les joints de salle de bains et les joints de frigo. Étant donné que celles que nous achetons pour nos soins dentaires sont compostables, nous pouvons les mettre dans le composteur une fois que le ménage les a complètement usées.

Produits de nettoyage

Nous nous sommes libérés de sacrés soucis en nous débarrassant des produits de nettoyage toxiques : nous n'avons plus à nous creuser la tête pour déchiffrer leur composition et à nous poser de questions quant à leur potentiel impact sur notre santé. Toutefois, trouver le bon détergent pour faire notre lessive n'a pas été facile, et a même été plutôt frustrant. Semaine après semaine, machine après machine, j'ai testé une demi-douzaine d'alternatives respectueuses de l'environnement, y compris les perles d'argile et les noix de lavage (j'ai même pensé en cultiver dans mon jardin) : toutes ont déçu mes attentes, les vêtements blancs ressortaient gris de la machine, et les noirs, tachés de graisse. L'ironie, c'est qu'une expérience sans détergent m'a apporté les mêmes résultats, c'est dire combien elles m'étaient inutiles ! Ensuite, j'ai trouvé une lessive qui détachait bien, mais elle était emballée dans un carton non recyclable. Totalement décourageant ! J'en étais même arrivée à me demander si vivre de manière écologique n'impliquait pas de se résoudre à vivre dans des vêtements tachés… jusqu'au jour où j'ai trouvé une solution qui fonctionnait pour nous.

Mes expérimentations m'ont amenée à conclure qu'il n'existe pas vraiment de solution universelle : trouver la lessive qui viendra à bout de vos taches tout en satisfaisant vos critères en matière d'emballage est une affaire personnelle. Une lessive respectueuse de l'environnement peut marcher pour l'un, mais pas pour l'autre. Son efficacité repose sur tout un tas de paramètres, qui varient de famille en famille : la qualité et le type de lave-linge (chargement par l'avant ou par le dessus), la composition de l'eau (dure ou douce), la température de votre cycle (chaud ou froid), le type de taches (graisse ou tomate, par exemple), la matière du vêtement (fibres synthétiques ou naturelles) et la couleur (foncée ou claire). On peut dire la même chose des détergents pour lave-vaisselle : les résultats varieront en fonction de la qualité de l'eau (dure ou non) et du modèle de votre lave-vaisselle.

Après avoir expérimenté plusieurs marques, dont celles disponibles en vrac, voici les alternatives que nous avons adoptées en matière de lessive et de produits de nettoyage.

Savon liquide

Le savon de Marseille est formidable ! De par sa polyvalence, il peut satisfaire tous vos besoins en savon, excepté pour le lave-vaisselle et la machine à laver. Je l'achète en vrac et je m'en sers pour laver mes chaises, mes sols, mes mains, la vaisselle et même le chien ! En pain, il marche très bien et il est économique, mais, dans la cuisine, je trouve plus pratique de l'avoir dans un distributeur de savon liquide intégré à l'évier pour faire la vaisselle ou se laver les mains.

Détergents pour le lave-linge et le lave-vaisselle

La plupart des détergents écologiques sont proposés soit sous forme liquide dans un contenant en plastique, soit en poudre dans un carton plastifié, non recyclable (ne vous fiez pas aux apparences, vérifiez bien le carton avant d'acheter). Je préfère soutenir ceux vendus en vrac autant que possible (c'est assez difficile à trouver). Sinon, je les fais moi-même.

Détergent pour le lave-linge

INSTRUCTIONS

Dans un baquet, mélangez 100 grammes de cristaux de soude, 100 grammes de savon râpé (si possible de couleur bleue pour remplacer les agents optiques qui se trouvent dans les détergents du commerce) et 3 litres d'eau chaude. Mixez le tout au plongeur pour l'homogénéiser. Laissez-le reposer une nuit avant de vous en servir. Pour de meilleurs résultats, ajoutez du vinaigre dans le distributeur d'assouplissant.

Détergent pour le lave-vaisselle

INSTRUCTIONS

Dans un récipient hermétique, mélangez 800 grammes de cristaux de soude (vous pouvez aussi utiliser du bicarbonate de soude, mais ce n'est pas aussi efficace), 200 grammes d'acide citrique et 300 grammes de sel. Pour de meilleurs résultats, ajoutez du vinaigre dans le distributeur de produit de rinçage.

Poudre à récurer

Nous achetons du bicarbonate de soude en vrac et nous en servons pour récurer quand notre éponge métallique est trop abrasive, ou quand les poils de notre brosse en bois ne le sont pas assez (traînées de talons de chaussures sur un sol en bois ciré par exemple).

Poudre à récurer

INSTRUCTIONS

Aspergez d'eau la zone à nettoyer, puis saupoudrez de bicarbonate de soude (une saupoudreuse à épices est pratique). Frottez la tache avec un chiffon.

Note : sinon, vous pouvez diluer la poudre dans un peu d'eau pour obtenir une pâte, que vous frottez sur la zone avec un chiffon.

Amidon pour le repassage

Je repasse peu. Le temps et l'électricité en valent rarement la peine selon moi. Nous nous servons des astuces mentionnées plus haut pour limiter le repassage et éviter au maximum que les vêtements ne se froissent. Cela dit, nous faisons appel à un teinturier (ce qui est courant et peu cher aux États-Unis) pour que les chemises de Scott soient impeccables lors de ses réunions professionnelles. Notre pressing utilise un système de nettoyage non toxique et fournit une housse réutilisable. Toutefois, si je dois repasser ses chemises pour une raison ou pour une autre, j'utilise un amidon fait maison.

Amidon pour le repassage

INSTRUCTIONS

Mélangez 500 ml d'eau et une cuillerée à soupe de fécule de maïs dans un vaporisateur. Secouez bien avant utilisation.

Le ménage simplifié

C'est tout ce que nous avons chez nous pour nettoyer et faire la lessive ! Quand je tombe sur une tache tenace, j'utilise du citron, du sel et le soleil sur les taches non identifiables ; de la craie, de la fécule de maïs ou du détergent de lave-vaisselle sur les taches de graisse ; du vinaigre sur les taches de moutarde, de stylo, de crayon à papier ou de crayon de couleur ; de l'huile de cuisson sur les taches de goudron ; et de l'eau bouillante versée de haut sur les taches de baies (elles disparaissent comme par magie).

Tous les produits que j'ai éliminés sous l'évier de la cuisine m'ont fait de la place pour y ranger ma passoire, là où j'en ai le plus besoin.

Composter les détritus

Quand nous faisons le ménage ou la lessive, nous nous retrouvons toujours avec des déchets (balayures ou peluches de sèche-linge par exemple). Si insignifiantes soient-elles, ces petites ressources peuvent être compostées. En fonction de votre composteur, pensez à y mettre les déchets suivants :

- balayures ;
- brosses naturelles de nettoyage* (en bois, en soie ou en poils de sanglier) ;
- cendres de la cheminée* (cendres de bois uniquement) ;
- contenu du drain de votre douche ;
- déjections animales et papiers utilisés pour les ramasser (achetez un composteur adapté ou suivez les instructions de la page 245 pour en fabriquer un) ;
- éponges de mer usées* ;
- feuilles mortes de plantes d'intérieur ;
- fleurs passées (voir le paragraphe « Le vinaigre », page 213, pour qu'elles durent plus longtemps) ;
- luffas usés* ;
- mouches mortes ;
- moutons de poussière ;
- peaux d'agrumes utilisées pour parfumer votre nettoyant au vinaigre (page 213) ;
- peluches de sèche-linge* (sinon, voir pages 312 et 357 pour d'autres manières amusantes de les réutiliser) ;
- plumes d'oreiller ;
- poils de la brosse à chien ou à chat ;
- pot-pourri naturel* ;
- restes du chien : les restes d'os ou les cordes effilochées de son os en coton ;

   – sac à aspirateur* ou contenu d'un aspirateur
    sans sac.

* Des solutions de substitution vous évitant d'avoir
à jeter ou à composter ces matériaux vous sont
proposées dans cet ouvrage.

L'ENTRETIEN

Selon moi, un bon entretien de la maison est
crucial : il rallonge la durée de vie de nos investissements et évite les réparations, génératrices de
déchets. Toutefois, même si l'on fait le maximum
pour sauvegarder l'environnement et réduire ses
déchets, il est inévitable d'en produire quelques-
uns. Notre famille génère chaque année un litre
de déchets de poubelle (détritus non recyclables,
non compostables) : vieux câbles électriques, vieux
morceaux de mastic, bouts de chiffons enduits de
mastic frais et écailles de peinture, notamment. Ces
éléments font partie de l'entretien courant d'une
maison : ils sont nécessaires pour la protéger du feu
ou d'un dégât des eaux, et l'empêcher de se dégra-
der, ce qui entraînerait de plus gros problèmes et
plus de déchets. Une maison zéro déchet doit donc
s'efforcer de réduire le nombre de réparations en
se montrant proactive : en adoptant des méthodes
demandant peu d'entretien et en remplaçant (autant
que possible) les produits de réparation par des
alternatives sans déchet.

Adopter des méthodes
demandant peu d'entretien

Louer occasionnellement notre maison nous encourage à la maintenir en excellent état. Il vous sera tout aussi facile de prévenir les réparations si vous adoptez les méthodes proactives que nous utilisons.

– Adoptez un mode de vie minimaliste. Moins vous avez de biens, moins vous en avez à réparer, et plus il est facile de maîtriser les réparations.

– Achetez de la qualité. La grande majorité des produits que nous achetons aujourd'hui ne sont plus faits pour durer. N'acceptez pas les cochonneries éphémères. Si vous achetez de la qualité, avec le temps, vous serez récompensé en termes de coûts de réparations et de remplacement. Par exemple, si vous achetez des outils en bois et en métal, ils coûtent plus cher au départ, mais ils durent plus longtemps, sont plus beaux et plus facilement réparables.

– Réparez le plus vite possible, dès les premiers signes de faiblesse, avant qu'il ne soit trop tard.

– Évitez de conjecturer. Chaque fois que quelque chose casse, appelez le fabricant. Cela doit devenir un réflexe. Il peut vous conseiller sur la manière de procéder pour la réparation et, souvent, il vous envoie gratuitement la pièce adéquate.

– Soyez maître de l'extérieur de votre maison : pour éviter les problèmes de termites et de rongeurs, gardez respectivement chutes de bois et plantes à distance de votre habitation.

Adopter des alternatives sans déchet

Bien que les produits de réparation pour la maison et leurs emballages soient difficiles à éliminer, il existe des alternatives sans déchet.

Chantiermoinscher.com, levidechantier.fr, mes-materiaux-a-vendre.com, leboncoin.fr, et freecycle.org sont de formidables ressources : vous y trouverez des matériaux d'occasion ou inutilisés pour effectuer de petits travaux de réparation et d'aménagement paysager, comme du bois de charpente, des tuiles, de la peinture, des tuyaux ou des clôtures. Des maîtres d'œuvre locaux peuvent aussi accepter de vous donner des pièces de rebut comme une vieille fenêtre ou un surplus de revêtement extérieur.

Dans la grande distribution, les articles en vrac sont difficiles à gérer et sont en voie de disparition. Vous aurez de meilleures chances d'en trouver dans de petites enseignes, telles qu'un magasin de peinture, une quincaillerie de quartier ou un droguiste. N'oubliez pas vos sacs en tissu pour les contenir !

Exemples types de consommation collaborative (voir page 46), les bricothèques, lieux de location d'outils, sont idéales pour stocker et maximiser l'utilisation de *votre* matériel. Elles permettent aux membres de votre collectivité (dont vous) d'avoir accès à toute une variété d'outils. Elles sont structurées sur le modèle des bibliothèques classiques et proposent souvent des services similaires, tels qu'un nombre limite d'objets empruntables, des renouvellements de prêts, des listes d'attente et des pénalités de retard. Elles sont rares, mais vérifiez s'il y en a une dans votre ville en consultant bricolib.net/trouver-une-bricothèque. Sinon, allez frapper chez votre voisin pour lui emprunter un outil !

LE JARDINAGE

Un jour, alors que je me promenais dans la forêt, je pris conscience que les plantes qui bordaient mon chemin m'étaient totalement inconnues : je n'avais pas le don de mes parents, qui s'adonnent à la cueillette et peuvent se vanter de leurs trouvailles. Du jour au lendemain, mes randonnées ne me satisfirent plus : il m'était indispensable d'en savoir plus sur la végétation locale ou, au moins, de pouvoir la nommer. Je m'inscrivis donc à un cours du soir de botanique en espérant en apprendre davantage sur notre flore locale, en particulier celle qui est comestible. J'en retins que la conservation et la propagation des plantes indigènes étaient bénéfiques pour l'environnement et le jardinage : elles ont moins besoin d'être arrosées que les espèces exotiques et, une fois installées, elles n'en ont plus besoin du tout. Elles semblaient répondre parfaitement à nos attentes d'aménagement paysager. Une fois ce cours terminé, je dressai donc une liste élaborée de plantes indigènes comestibles et fis le projet d'en aménager notre jardin (dans le but de pouvoir les cultiver dans le futur). Nous nous rendîmes dans une pépinière, achetâmes toutes les plantes indigènes disponibles (sept types, trente pots) et les plantâmes selon leurs instructions. Malheureusement, en à peine deux mois, elles étaient toutes mortes ou avaient été mangées par des cerfs. Quel gâchis ! Tout cet argent foutu en l'air, tous ces efforts et tous ces pots en plastique... pour rien !

Suite à cette mésaventure, nous avons décidé de faire appel à une professionnelle : nous voulions qu'elle aménage notre jardin de façon qu'il résiste aux cerfs, à nos ratés et à la sécheresse, et nécessite peu d'entretien, pour le bien de notre dos comme pour celui de notre emploi du temps. Son expertise, bien que coûteuse dans un premier temps, nous a fait gagner du temps et de l'argent à long terme : les plantes que Scott et moi avons mises en terre en suivant ses instructions ont survécu et répondu à tous nos espoirs. Désormais, nous gardons nos plantes comestibles uniquement sur notre balcon, et je réserve mes connaissances en botanique à mes randonnées.

Organiser son jardin de façon qu'il demande peu d'entretien est une question de choix personnel (certains d'entre vous aiment peut-être jardiner). Dans tous les cas, il faut penser à adopter des alternatives sans déchet.

Adopter des méthodes demandant peu d'entretien

Scott ne porte plus de bottes de plongée pour s'occuper du jardin aujourd'hui. Et vous n'avez pas à le faire vous non plus, si vous n'aimez pas vraiment le jardinage. Voici quelques astuces pour faciliter l'entretien de votre jardin.

– Sélectionnez des plantes qui n'ont pas besoin d'être taillées fréquemment.

– Choisissez des plantes adaptées à votre région, qui demandent peu d'eau. Par exemple, vous pouvez remplacer votre pelouse par des graminées indigènes rases. C'est très beau… et finie la tondeuse !

– Si vous conservez votre pelouse, ne ramassez pas l'herbe coupée. Le « recyclage de l'herbe » retourne les nutriments au sol.

– Une fois par an, étalez du paillis ou vos feuilles mortes, pour maîtriser les mauvaises herbes.

– Aspergez celles qui persistent de vinaigre non dilué. N'attendez pas qu'elles envahissent tout : gardez-en un vaporisateur à portée de main.

– Aspergez une solution d'une cuillerée à soupe de savon liquide pour un litre d'eau dès les premiers signes de champignons ou d'insectes nuisibles. Pour vous débarrasser des pucerons, vous pouvez aussi acheter des coccinelles, puis les lâcher dans votre jardin.

Adopter des alternatives sans déchet

En tentant de bien entretenir son jardin, on finit souvent par prendre des mesures aux répercussions néfastes. Comment en est-on arrivé à emballer du compost, ou tout type de terre, sous emballage plastique ? Cela semble aller à l'encontre des règles les plus élémentaires de la nature. Jardiner en générant des déchets est absurde et non nécessaire. Pensez à ces alternatives.

– Achetez vos graines en vrac. Certaines jardineries en proposent, mais le rayon vrac de votre magasin bio sera souvent votre meilleure carte (n'oubliez pas d'apporter votre sac réutilisable pour les transporter) !

– Plantez vos graines dans une boîte à œufs vide, de façon à éviter les pots en plastique utilisés pour la vente de plants.

– Ramenez vos pots en plastique à la pépinière, pour qu'ils soient réutilisés.

– Faites don des plantes dont vous ne voulez plus ou des éléments paysagers dont vous n'avez pas besoin, comme les rochers, les clôtures, les tuyaux d'irrigation, etc. Faites-en don sur leboncoin. fr ou freecycle.org (voir le « Carnet d'adresses ») : ils partiront vite, et c'est un excellent moyen de réutiliser les pots dont vous ne vous servez pas.

– Faites-vous livrer votre terre, vos roches, votre compost, etc. directement chez vous, ou remplissez-en des sacs à sable réutilisables. Nous nous rendons chez un marchand de matériaux qui a des tas de paillis, de terre et de roches : nous y remplissons nos sacs et payons au volume. Notez aussi que certaines municipalités mettent du terreau à la disponibilité de leurs habitants. La vôtre le fait peut-être !

– Procurez-vous vos bordures dans les rebuts de bois des scieries (auprès des commerces coopérants !) et le matériel d'irrigation dans les magasins de matériel agricole ou d'articles de plomberie (où il est vendu sans emballage).

– Si vous avez un composteur, vous pouvez bien évidemment utiliser votre compost comme amendement du sol. Toutefois, certains déchets peuvent être mis directement au pied des plantes. L'urine est le meilleur amendement pour les agrumes ; le marc de café est bon pour les plantes acidophiles, comme les tomates ; et l'eau de cuisson et les coquilles brisées de vos œufs durs sont une excellente source de calcaire. Notre lombricomposteur nous fournit aussi un « thé de vers » (ou compost liquide). Je le dilue dans quatre mesures d'eau et m'en sers pour nourrir notre mur végétal.

– Votre récolte est trop abondante ? Donnez-la à une banque alimentaire ou à vos voisins, rejoignez les Incroyables Comestibles, faites-en de la confiture ou congelez-la.

– Conservez les graines de votre récolte pour les planter l'année suivante.

– Gardez le minimum d'outils possible. Sélectionnez les meilleurs et donnez le reste à un club de jardinage ou, mieux encore, à une bricothèque.

Cultivez votre tampon à récurer !

Vous pouvez faire pousser du luffa dans votre jardin ! C'est une matière rêche et fibreuse fréquemment utilisée dans les salles de bains et les spas. Également orthographié loofah ou loofa, le luffa est une plante annuelle, originaire d'Amérique du Sud, de la famille des cucurbitacées, dont la forme rappelle celle d'une « courgette sous stéroïdes ». L'espèce tropicale préfère un climat chaud, mais supporte un climat froid, si elle est germée à l'intérieur, puis transplantée dans un endroit ensoleillé (de préférence exposé au sud) en saison hors gel. Bon grimpant, un luffa peut atteindre jusqu'à une dizaine de mètres sur un treillis, une barrière ou même en terre : prévoyez donc son emplacement en fonction.

Ses fruits jeunes peuvent être consommés, mais, une fois à maturité, ils donnent une éponge naturelle : ça vaut le coup d'attendre !

Instructions

1. Cueillez les fruits quand ils sont très mûrs et qu'ils ont une couleur brun-jaune. Ils seront légers, et leur peau sera dure et sèche.
2. Cassez l'écorce et ôtez-la.
3. Secouez pour faire sortir les graines.
4. Mettez les graines de côté pour les planter l'année suivante.
5. Faites tremper le luffa ou passez-le au jet pour le nettoyer.
6. Laissez sécher sur un égouttoir, au soleil.
7. Coupez pour obtenir les formes désirées (un tampon rectangle par exemple).

RÉCAPITULATIF DES « CINQ RÈGLES » : CINQ ASTUCES POUR LE MÉNAGE ET L'ENTRETIEN DE LA MAISON

Refuser : dites non aux produits d'entretien à usage unique et aux produits antibactériens.

Réduire : utilisez du vinaigre et du bicarbonate de soude pour nettoyer.

Réutiliser : adoptez des chiffons pour le nettoyage et empruntez vos outils pour effectuer vos réparations.

Recycler : achetez votre vinaigre blanc dans des bouteilles en verre.

Composter : mettez les moutons de poussière dans votre composteur !

ALLER PLUS LOIN

Ce chapitre a surtout traité des aspects visibles, tangibles, de nos déchets, mais les conseils qui suivent sur l'énergie, l'eau et le gain de temps compléteront (et récompenseront) vos efforts en matière de développement durable.

Énergie

– Faites sécher votre linge sur un fil quand c'est possible.

– Si vous utilisez un sèche-linge, faites toutes vos lessives le même jour : la chaleur du sèche-linge se transfère d'une charge sur l'autre.

– Nettoyez les filtres de votre frigo deux fois par an pour maximiser son efficacité.

– Faites le plus possible vos lessives à l'eau froide.

– Utilisez un râteau plutôt qu'un souffleur de feuilles.

– Quand il vous faut changer une ampoule électrique grillée, remplacez-la par une LED.

– Quand vous avez besoin de nouvelles piles, choisissez des piles rechargeables.

Eau

– L'irrigation goutte à goutte utilise moitié moins d'eau que les arroseurs automatiques, et le paillis retient l'humidité.

– Installez un système d'irrigation qui utilise judicieusement l'eau, tel un capteur de précipitation qui règle l'arrosage automatiquement.

– Installez un système de récupération des eaux de pluie.

– Vérifiez auprès des autorités locales et, si c'est possible, installez un système de récupération des eaux grises pour recycler l'eau de votre lave-linge pour l'irrigation (seulement pour l'horticulture).

– Mettez un seau dans votre douche pour récupérer l'eau froide le temps que votre douche chauffe : utilisez-la pour arroser une partie différente de votre jardin chaque jour.

CHIEN ZÉRO DÉCHET

Le zéro déchet est une affaire de famille. Chez nous, tout le monde participe, même le chien ! Nous n'avons pas de chat : je ne suis pas experte en félins, mais je suis sûre que certains des conseils ci-dessous s'appliqueront aux chats ou aux autres animaux domestiques que vous avez chez vous.

Zizou fait partie de notre famille depuis cinq ans. Nous voulions un chien suffisamment petit pour qu'il puisse se sentir à l'aise dans notre petite maison et nous accompagner partout, que ce soit en avion, en voiture, à vélo ou à pied – nous avons aussi choisi sa couleur de façon qu'elle soit assortie à notre sol et que ses poils ne se voient pas.

Nous nous sommes dit qu'un chihuahua serait tout aussi affectueux qu'un gros chien. Zizou satisfait tous nos besoins et, bien qu'il ait un penchant pour les poubelles publiques (on le surnomme « Rat Boy »), il a plus que largement dépassé nos attentes.

Quand j'ai expliqué à mon cadet que j'écrivais un livre sur le zéro déchet et que je lui ai demandé en quoi Zizou participait, il m'a répondu : « Facile ! Il ne ramène rien à la maison. »

C'est vrai : Zizou ne ramène pas de bazar à la maison, mais de l'affection, des tonnes ! Et nous le lui rendons bien. Après tout, c'est d'amour qu'un chien a le plus besoin… et rien n'est plus zéro déchet que l'amour, non ?

Zizou n'a pas besoin de grand-chose. Voici comment son mode de vie s'intègre aux particularités du nôtre, à savoir simplicité, minimalisme et zéro déchet.

– Panier. Zizou est gâté : sa taille et ses maîtres lui permettent de monter sur le mobilier. Il s'est accaparé un de nos fauteuils, mais il est frileux et passe la plupart de son temps à suivre les sources de chaleur dans la maison au fil de la journée. Il n'a donc pas besoin de panier à chien. L'hiver, il se blottit près de la cheminée à gaz ; l'été, sur le bois de la terrasse réchauffé par le soleil ; la nuit au fond du lit d'un de mes fils.

– Jouets. Il court après une balle de tennis trouvée (bon pour se dépenser) et il mordille une corde en coton (bon pour nettoyer les dents). Les chiens ont des jouets préférés. Celui du chien de ma belle-mère, ce sont tout simplement de vieilles chaussettes nouées. Choisissez-en deux et donnez les autres à un refuge (certains acceptent également des vieilles serviettes, des couvertures et des vieux draps).

– Toilettage. Une fois par mois, nous le lavons au savon de Marseille et lui coupons les griffes (que nous compostons).

– Gamelles. Nous utilisons des bocaux de conserve comme gamelles, pour l'eau comme pour la nourriture. Quand nous partons en voyage, j'ai juste à les fermer et à les embarquer. Il mouillait le sol avec une gamelle d'eau classique : avec un simple bocal de conserve, il ne renverse plus une goutte !

– Nourriture. Il lèche nos assiettes tous les soirs avant qu'on ne les mette au lave-vaisselle, et on lui donne de temps à autre des restes de nourriture. En complément, nous lui achetons des croquettes en vrac.

– Friandises. Nous achetons des friandises en vrac dans notre animalerie. Vous en trouverez chez Maxi Zoo par exemple.

– Bien-être. Quand il a des puces, nous ajoutons de l'ail en poudre à sa nourriture – l'haleine aillée passe en quelques minutes – et, quand il a des taches de larmes, un bouchon de vinaigre de cidre à son eau.

– Promenades. Quand on le promène, on ramasse ses crottes avec du papier provenant de notre bac à recyclage. Pour un gros chien, je prendrais plusieurs feuilles ; pour Zizou, un simple ticket de caisse fait l'affaire.

D'après ma station de traitement des eaux, on peut mettre les déjections canines dans les toilettes, mais tirer la chasse utilise de l'eau : les composter est donc une meilleure solution pour l'environnement.

Mon humble avis sur les déchets des chats

Il a été démontré qu'un parasite du nom de *Toxoplasma gondii*, parfois présent dans les déjections des chats, mettait en danger les loutres de mer. Quand on met ces déchets dans les toilettes, le parasite survit au traitement des eaux et, quand il tombe au fond de l'océan, les loutres le consomment. Il est donc déconseillé de les mettre dans les toilettes !

Composteur pour les déjections canines (non adapté à celles des chats)

INSTRUCTIONS

1. Trouvez une vieille poubelle avec un couvercle.
2. Percez des trous d'environ 1 cm tout autour de la poubelle, jusqu'aux deux tiers de sa hauteur.
3. À l'aide d'un cutter ou d'une scie sauteuse, coupez le fond de la poubelle.
4. Choisissez un endroit ensoleillé, loin de votre maison, de votre potager et de votre composteur.
5. Creusez un trou suffisamment profond pour la poubelle – une fois enterrée, son bord doit arriver au niveau du sol (un peu plus haut s'il neige en hiver dans votre région).
6. Placez-la dans le trou.
7. Étalez des cailloux ou du gravier dans le fond, puis des feuilles mortes.
8. Couvrez avec le couvercle.

APPLICATION

Jetez-y les déjections canines, recouvrez de feuilles mortes, de sciure de bois ou de papier déchiqueté, et fermez le couvercle. Avec le temps, les déjections vont se décomposer. Une fois la poubelle remplie, vous pouvez : (1) la hisser hors du sol, recouvrir de terre les déjections (qui, elles, restent dans le trou), et creuser un nouveau trou pour votre composteur ; ou (2) laisser les déchets se décomposer entièrement pour se transformer en amendement du sol et l'utiliser sur vos plantes ornementales (*pas sur vos semis ni sur vos cultures*), auquel cas vous avez besoin d'un second composteur pour recevoir les nouvelles crottes.

Le bureau et le courrier

J'interviens parfois dans le milieu universitaire pour parler de notre mode de vie. En général, après ma présentation, les étudiants sont invités à me poser des questions. Un jour, l'une d'entre elles m'interpella : « Comment voulez-vous que des étudiants fassent comme vous ? Contrairement à vous, nous sommes très occupés », me lança un étudiant dubitatif.

Les gens ont en effet tendance à associer le zéro déchet aux femmes d'intérieur et au fait maison. J'étais justement venue m'exprimer dans le but de briser ces idées préconçues, mais cet étudiant avait raté le début de mon intervention. Les photos de bocaux et de produits faits maison qu'il en avait retenus au passage ne firent que confirmer ses préjugés : j'étais une femme au foyer qui avait du temps à perdre.

« Je suis occupée, moi aussi ! », lui répondis-je, énervée par sa remarque.

En rentrant chez moi ce jour-là, je réfléchis à ce que cela signifiait réellement être *occupé*. Un épisode de *Seinfeld* me revint en mémoire : George y fait semblant d'être débordé de travail. Pour donner l'impression à son patron qu'il a trop de boulot, il utilise différents stratagèmes comme avoir l'air stressé, pousser de profonds soupirs et avoir un bureau désordonné. Une parodie qui me rappelle beaucoup notre quotidien : dans notre culture où le fait d'être occupé est associé à celui d'être heureux, épanoui et populaire, on tient à ce que notre entourage sache combien notre emploi du temps est chargé, pour se donner de l'importance. Ne nous fions cependant pas aux apparences : George nous prouve qu'il est facile de faire semblant d'être surchargé ; la productivité, elle, ne peut pas être simulée.

Il n'y a pas si longtemps, la procrastination était ma pire ennemie, mais, depuis que je m'efforce de simplifier ma vie, elle a fait place à l'efficacité. Évaluer et maîtriser ce qui m'empêchait d'être productive m'a demandé beaucoup d'efforts. La première étape a été de faire le vide dans mon bureau ; la seconde, de m'attaquer à l'« encombrement numérique ».

LE BUREAU

Dans notre ancienne demeure, Scott et moi travaillions dans des pièces différentes. J'avais transformé une annexe de la maison (une chambre, une salle de bains et une cuisine équipée) en atelier d'artiste. Mon mari, lui, avait converti une chambre en bureau : celui-ci était si spacieux qu'on avait dû combler le vide avec des meubles inutiles (une chaise longue par exemple). Situés de chaque côté de la maison, ces deux espaces de travail étaient chacun équipés d'une télévision, d'un téléphone, d'une imprimante, de fournitures de bureau, d'une poubelle et de lampes. Quand je ne pouvais plus supporter la vue du sol jonché de papiers du bureau de Scott, je fermais sa porte ; quand il ne pouvait plus supporter la vue de la montagne de cadres que j'avais amassés au fil des ans, il fermait la mienne.

Quand nous avons déménagé, nous avons été obligés de partager le même espace de travail : au fil du temps, nous nous sommes aperçus que, en fin de compte, cette solution était complètement logique, d'un point de vue tant pratique qu'écologique et financier. Grâce à elle, nous avons supprimé les objets que nous avions en double et fusionné nos équipements et fournitures de bureau, ce qui nous a permis de réduire les coûts de chauffage et d'éclairage, et même de communiquer sans Interphone !

À plus grande échelle, on voit se développer le « coworking ». Cette pratique supporte les mêmes principes écologiques que le partage de bureau à la maison, mais elle offre en plus un environnement sociable, collaboratif et motivant aux travailleurs indépendants et aux petites entreprises. Elle renforce aussi la séparation travail/vie privée : le simple fait de s'habiller (et de quitter son pyjama !) peut avoir un effet positif sur la productivité. bureaux apartager.com, bureaupartage.com, cobureau.com vous indiquent les sites les plus proches de chez vous.

Dans les deux cas, partager son bureau à la maison et faire du coworking favorise un mode de travail plus souple et permet de se débarrasser du superflu. *Bye-bye* la montagne de cadres...

Simplifier

Albert Einstein a déclaré : « Si un bureau en désordre dénote un esprit brouillon, que dire d'un bureau vide ? » Pour moi, un bureau vide n'est pas le reflet d'un cerveau vide. Un bureau dégagé est le signe d'un esprit ordonné et méthodique ; des surfaces de travail vides – et j'y inclus ma boîte mail et le bureau de mon ordinateur – signifient que je suis à jour.

Un bureau se doit d'optimiser notre productivité. Maximisez la vôtre en évaluant le contenu de votre espace. Voici quelques questions à vous poser pour désencombrer :

– **Cela fonctionne-t-il encore ?** Faites don de vos appareils électroniques qui ne fonctionnent plus à une organisation caritative (comme Emmaüs à travers le programme les DÉÉÉglingués) ou une entreprise solidaire (comme Envie), qui les réparent et s'en servent pour financer des œuvres de réinsertion, ou vendez-les sur eBay : ils seront démantelés pour leurs pièces détachées. Testez vos stylos : envoyez ceux qui ne marchent plus à TerraCycle (voir le « Carnet d'adresses »). Si votre préféré fait partie du lot, contactez le fabricant pour obtenir une recharge ou le faire réparer.

– **Est-ce que je l'utilise régulièrement ?** On garde souvent des livres professionnels pour s'y référer de temps en temps, mais ils prennent de la place et ramassent la poussière. Faites-en don à votre bibliothèque, où vous pourrez les consulter au besoin et où ils seront utiles à la communauté. Vous pouvez aussi les vendre sur Amazon. D'après mon expérience, les vieux livres scolaires peuvent générer de coquettes sommes d'argent !

– **En ai-je plusieurs ?** De combien de stylos et de crayons à papier avons-nous réellement besoin ? Un de chaque suffit. Mieux vaut avoir un seul stylo de qualité que trois douzaines bon marché. Avec mon activité de consultante, j'ai vu des tas de maisons encombrées de dizaines et de dizaines de stylos d'hôtels ou d'entreprises. Faites en sorte de mettre fin à cette folie des stylos gratuits : refusez-les et arrêtez de les prendre ! Donnez les objets que vous avez en double (classeurs, crayons, etc.) à une école publique ou à un magasin d'occasion : ils sont très prisés au moment de la rentrée scolaire.

– **Cela met-il la santé de ma famille en danger ?** Les imprimantes laser émettent des particules : celles-ci peuvent entraîner des problèmes respiratoires, de l'asthme ou certains cancers, et créer de l'ozone et des oxydes d'azote, potentiellement responsables de maux de tête, de nausées et de dermatites. Pensez à vous éloigner des vôtres. Beaucoup de colles contiennent de l'heptane (ou hexane) et du cyanoacrylate : elles dégagent des vapeurs toxiques. Référez-vous plutôt à la recette de colle maison en fin de chapitre.

– **Est-ce que je le garde par culpabilité ?** Les cadeaux d'entreprise et les vêtements qui portent leur logo encombrent nos bureaux car nous craignons de perdre l'esprit d'équipe. Allez-vous réellement porter le tee-shirt de la « conférence commerciale 2010 » de votre entreprise ? Probablement pas.

– **Est-ce que je le garde parce que la société me dit que j'en ai besoin (« tout le monde en a un »)** ? On trouve des tableaux blancs dans la plupart des bureaux. Est-ce qu'un autre objet pourrait servir le même but ? Les marqueurs effaçables à sec marchent tout aussi bien sur les miroirs que sur les tableaux blancs ; en outre, un miroir offre l'avantage de refléter la lumière et d'agrandir l'espace !

– **Mérite-t-il que je consacre du temps à le dépoussiérer et à le nettoyer ?** Ce n'est pas la récompense, la plaque ni le diplôme qui compte, c'est la réussite en elle-même. Prenez votre « souvenir » en photo et recyclez-le ; épargnez-vous la peine d'avoir à le dépoussiérer !

– **Pourrais-je utiliser cet espace pour autre chose ?** Garder les emballages des appareils électroniques à long terme n'ajoute aucune valeur à leur contenu d'origine : ils prennent beaucoup de place et ramassent la poussière au fil des ans.

Recyclez-les ; récupérez cet espace. Ils ne valent pas la peine de s'en encombrer en les gardant « juste au cas où ».

– Est-ce réutilisable ? On considère maintenant les agrafes comme essentielles dans un bureau ; pourtant elles sont jetables. Donnez votre agrafeuse et, pour attacher du papier, choisissez une des méthodes alternatives réutilisables, plus durables, mentionnées plus loin. Vous avez sans doute déjà quelques trombones sous la main.

Réutiliser

Si vous bannissez les objets jetables de votre bureau, vous apprendrez tout simplement à vous en passer ou à adopter des alternatives réutilisables. Les objets jetables obligent à se réapprovisionner. En les supprimant, vous simplifierez votre stock et vos courses.

Pour écrire

La plupart des gens achètent leurs fournitures de bureau en gros pour économiser de l'argent : les lots économiques évitent des emballages inutiles, mais ils encouragent le gaspillage des ressources et le « tout-jetable ». En outre, les magasins vendant des fournitures de bureau en gros se servent de ces tactiques de vente et de marketing même pour les plus petites fournitures, dans le but d'en stimuler la consommation. Impossible d'acheter un seul stylo à bille : vous êtes obligé d'en acheter un plein paquet. Pour acheter des fournitures à l'unité, rendez-vous dans une papeterie : souvent, on peut y acheter la quantité exacte souhaitée, et sans emballage. À long terme, cela réduit vos dépenses.

– Stylos : actuellement, en matière de réutilisation, la meilleure solution est un stylo à plume équipé d'un piston ou d'un convertisseur intégré, rechargeable avec de l'encre en bouteille. Le stylo le plus durable est celui qui existe déjà ! Cherchez-en d'occasion sur eBay. Vous pouvez aussi choisir un stylo à bille en Inox rechargeable. Toutefois, leurs recharges sont vendues sous emballage et finissent inexorablement à la décharge.

– Crayons à papier : l'alternative la plus durable et la plus réutilisable au crayon à papier, ce sont les portemines en métal, rechargeables, mais leurs mines sont vendues dans des cartouches en plastique. Jusqu'à ce que les fabricants vendent les mines dans des boîtes en carton recyclé, les crayons en papier journal (et non en bois) sont la meilleure solution zéro déchet. Assurez-vous de choisir un modèle sans gomme (achetez à part une gomme naturelle en caoutchouc), pour pouvoir le composter quand il sera trop court.

– Marqueurs pour tableaux blancs : les tableaux blancs (ou les miroirs) sont une alternative réutilisable aux grands blocs de papier pour tableau de conférence. Utilisez des marqueurs rechargeables et non toxiques. Staedtler propose tout un éventail de couleurs.

– Surligneurs : non seulement leur bout en feutre se désintègre et sèche, mais, lorsqu'ils ne fonctionnent plus, ils sont destinés à la décharge. Les crayons de couleur ont la même utilité et durent plus longtemps. Ils ont en outre l'avantage d'être effaçables ; leurs restes et leurs taillures, d'être compostables. Ici aussi, un modèle en papier journal, sans gomme, est la meilleure solution actuellement à notre disposition en termes de zéro déchet.

Pour expédier

L'expédition génère inévitablement des émissions de carbone et produit des déchets d'emballages. Pour faire baisser les premières, privilégiez l'expédition par voie terrestre ; pour réduire les seconds, demandez des matériaux recyclables à votre expéditeur. Refusez le papier bulle, le polystyrène expansé et les sacs en plastique, et proposez des solutions alternatives, comme du papier ou du tissu. Cela dit, même en vous montrant proactif, tout un tas de produits non sollicités arriveront tout de même à rentrer chez vous.

Par conséquent, quand c'est à vous d'envoyer un courrier, suivez ces consignes :

– Réutilisez le matériel d'emballage. Attribuez un espace pour stocker certaines des boîtes et des enveloppes que vous recevez et réutilisez-les au lieu d'en prendre de nouvelles. Les rebuts de la broyeuse à papier remplacent par ailleurs parfaitement le papier bulle.

– Utilisez des rubans adhésifs en papier (comme le ruban adhésif à mouiller), ou de la ficelle pour fermer vos colis. Je dois avouer que ce changement a été difficile pour moi. Auparavant, je trouvais réconfortant de protéger l'adresse d'expédition de mes colis sous du ruban en plastique, mais je n'en utilise plus depuis des années, et tous mes paquets sont arrivés à destination.

– Écrivez vos adresses à la main, directement sur le colis, au lieu de faire appel aux étiquettes autocollantes. Ces dernières vous laissent une feuille non recyclable sur les bras.

– Choisissez un format carte postale pour envoyer une invitation ou une carte de vœux par la poste (voir le chapitre « Les fêtes et les cadeaux ») : il ne nécessite pas d'enveloppe.

Les fournitures

– Attaches : les agrafes sont jetables et gaspillent donc des ressources. Les trombones servent à la même chose, mais, eux, sont réutilisables et facilement disponibles (ils rentrent chez nous sans qu'on le demande, souvent avec les papiers d'école). Toutefois, vous devriez en avoir moins souvent besoin si vous adoptez les solutions alternatives sans papier mentionnées plus bas. Pour attacher quelques feuilles de papier, j'utilise aussi cette astuce de pliage : (1) alignez les feuilles, (2) repliez-en un coin, (3) coupez des encoches au milieu du pli et (4) repliez vers l'avant le petit rabat ainsi obtenu.

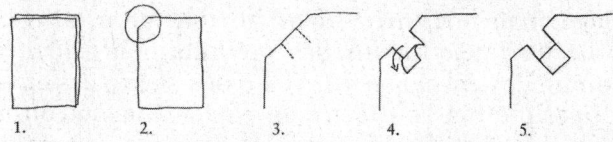

– Cartouches d'encre pour imprimante : si on fait en sorte d'adopter des solutions alternatives sans papier, on peut ne plus avoir besoin d'imprimante. Sinon, imprimez seulement quand c'est vraiment nécessaire et en mode « économique » : cela rallongera la durée de vie de vos cartouches. Vous pouvez ensuite les faire recharger dans un magasin comme Cartridge World.

– Stockage et partage de fichiers numériques : les CD-R sont jetables, et, bien que les CD-RW soient réinscriptibles et donc réutilisables, les clés USB et les disques durs externes sont plus efficaces et durent plus longtemps. Toutefois, la meilleure solution reste le cloud, puisqu'il ne requiert aucun matériel, synchronise automatiquement les fichiers, vous permet d'y accéder de n'importe où (de n'importe quel ordinateur ou téléphone) et facilite le partage. Envisagez d'utiliser des services gratuits comme GoogleDrive ou Dropbox.

Trier

Dans notre ancienne vie, Scott et moi avions chacun une poubelle dans notre bureau, mais aucun réceptacle pour le recyclage. Les papiers, la nourriture, les photos, les sacs en plastique et les emballages se retrouvaient tous dans une poubelle, à destination de la décharge. À l'époque, nous associions le recyclage aux seuls emballages alimentaires. Aujourd'hui, nous avons non seulement transformé notre poubelle commune en bac à recyclage, mais nous avons aussi attribué un tiroir pour collecter quelques-uns des produits non sollicités, comme les enveloppes Tyvek (vous savez, ces enveloppes qui ont l'air d'être en papier, mais qu'on ne peut pas déchirer), qui arrivent dans notre courrier, pour les réutiliser. Comme nous l'avons déjà vu, il vaut mieux les refuser au maximum avant même de penser à les recycler.

Le recyclage

– Papier et carton : le plus grand contenant à recyclage dans un bureau recueillera sans doute le papier, mais, si vous suivez mes conseils pour éviter les imprimés publicitaires et pour vous passer de papier, vous pouvez atteindre le zéro déchet papier !

– Plastique : la plupart des services de collecte de recyclables n'acceptent ni les sacs ni les enveloppes en plastique. Se montrer proactif en demandant à l'expéditeur de ne pas vous en envoyer est la meilleure façon de les éviter. Néanmoins, quand votre requête est ignorée, vous pouvez mettre ces matériaux de côté pour les réutiliser.

– Électronique : actualisez votre système informatique au lieu de le renouveler. Donnez les appareils électroniques dont vous n'avez pas besoin à une organisation caritative, telle qu'Emmaüs, pour qu'ils soient revendus, ou arrondissez votre fin de mois en vendant sur eBay ceux qui ne fonctionnent plus, pour leurs pièces détachées.

Le compostage

Vous aurez peu de choses à composter dans un bureau, mais, en fonction du type de composteur que vous avez, pensez à y mettre les articles suivants :

– ficelle de colis (en coton, sisal ou jute non traités) ;
– papier déchiqueté, rebuts de la broyeuse à papier* ;
– restes de colle faite maison (recette en fin de chapitre) ;
– restes de crayons à papier (uniquement ceux en papier journal ou en bois naturel) ;
– restes de pâte à papier (recette en fin de chapitre) ;
– ruban adhésif en papier tel que le ruban adhésif à mouiller ;
– taillures de crayon (contrairement à ce que l'on croit et au mauvais usage du terme « mine de plomb », les crayons à papier ne contiennent pas de plomb, mais du graphite, qui ne menace pas votre compost).

* Veuillez vous référer au paragraphe « Pour expédier » page 256 pour une solution de substitution

vous évitant d'avoir à jeter ou à composter ce matériau.

La poubelle

Laissez tomber la poubelle (utilisez-la comme
réceptacle pour vos dons) : elle n'a pas d'utilité
dans un bureau zéro déchet, puisque celui-ci vise
avant tout à gérer le papier (et même à l'éliminer,
si possible).

DÉSINTOX NUMÉRIQUE

Aujourd'hui, on a rarement l'occasion d'être vraiment tout seul. Nous sommes connectés vingt-
quatre heures sur vingt-quatre et sept jours sur
sept : téléphone fixe, téléphone portable, message vocal, e-mail, texto, messagerie instantanée
et réseaux sociaux. Si on les utilise sans discer-
nement, nos smartphones et nos tablettes nous
empêchent d'interagir au rayon boucherie, à la
poste ou dans le bus. En voiture, nos enfants
ne regardent plus défiler le paysage : les films,
Instagram et les jeux électroniques ont remplacé
ce plaisir simple. Chez soi, on est connecté à table,
dans la salle de bains et même au lit. On essaie à
tout moment d'être dans deux endroits à la fois,
dans le monde physique et dans le monde numérique, pensant que cela met notre temps à profit :
mais est-ce vraiment le cas ? Il semblerait plutôt
que notre capacité à nous concentrer et à être
productif en souffre.

Être trop connecté peut devenir problématique.
Abuser des supports numériques n'est pas seulement mauvais pour l'environnement (requérant la
dernière technologie électronique et d'immenses

parcs de serveurs qui fonctionnent non-stop pour mettre à notre disposition des informations souvent futiles), cela peut également être mauvais pour l'homme. Cela nous empêche de vivre le moment présent, de profiter de la « vraie » vie ; cela décourage les rapports de personne à personne, le face à face ; cela peut exposer nos moindres déplacements et mettre notre vie privée en danger. Surtout, ces distractions incessantes nous privent de plénitude : elles nous volent la spiritualité et peut-être même le bonheur.

Bien que les réseaux sociaux puissent être un formidable outil marketing pour les commerciaux, à titre personnel j'éprouvais un sentiment d'insatisfaction : ils me donnaient l'impression de participer à un concours implicite de popularité, de réussite et de compétence, bref, une compétition que j'étais vouée à perdre d'entrée de jeu. Les réseaux sociaux ont réveillé ce cruel manque de confiance en moi dont je souffrais au lycée et que je pensais avoir dépassé depuis longtemps !

Quand nous avons entrepris de simplifier notre mode de vie, nous n'avons pas seulement évalué nos biens matériels et le temps que nous passions devant nos écrans, mais aussi nos amitiés. Nous avons déterminé celles qui étaient positives (à savoir celles qui nous rendaient vraiment heureux) et avons laissé les autres se tarir. Cette démarche nous a permis d'apprécier nos vrais amis à leur juste valeur. Quel était l'intérêt de passer du temps à entretenir des « amitiés » virtuelles au détriment de celles du monde réel ? Je me suis rendu compte que la vie était trop courte pour que je m'inquiète de relations numériques insatisfaisantes, dénuées de sens. Depuis, renforcer les liens avec les personnes que nous aimons réellement, vivre l'instant présent avec elles est devenu des priorités pour notre famille.

Je ne me sens plus contrainte d'être inscrite sur les réseaux sociaux : les personnes auxquelles je tiens vraiment savent comment entrer en contact avec moi.

Les réseaux sociaux, et Internet en général, sont un fléau pour les personnes ayant tendance à la procrastination. Mais il n'est pas difficile d'identifier ces activités chronophages et d'y mettre fin. Effacer mon compte Facebook personnel a été le premier pas pour simplifier ma vie virtuelle et accroître ma productivité. Mais voici la liste complète de ce que j'ai entrepris. Pensez-y, vous aussi !

– J'ai supprimé mes comptes personnels sur les réseaux sociaux. Je n'ai conservé que mes comptes professionnels, qui offrent des avantages spécifiques. Je ne poste que l'essentiel et j'ai synchronisé mes comptes pour une automatisation maximale.

– Je dresse une liste de tâches à effectuer sur Internet et me réserve du temps pour elles, pour éviter de m'éparpiller et de surfer pour rien.

– J'éteins mon téléphone portable quand je travaille et me sers de Google Voice pour recevoir des transcriptions de ma boîte vocale dans ma boîte de réception.

– Je vérifie mes e-mails trois fois par jour (et non toute la journée, ou chaque fois que j'en reçois un nouveau) et ne traite que ceux qui demandent une réponse, de façon concise. Je m'efforce toujours de garder ma boîte de réception vide, car elle me sert de liste de choses à faire : dès que j'ai pris connaissance d'un e-mail et agi en conséquence, je le classe ou l'efface.

– Je garde le bureau de mon ordinateur vide et je fais régulièrement le tri dans mes documents et mes favoris.

– Je travaille dans un cadre stimulant et m'efforce parfois de ne pas avoir accès à Internet. L'endroit que je préfère pour travailler est certainement ma terrasse, où la procrastination se limite à observer la nature : les écureuils sautillant dans les chênes et les colibris tournoyant dans les bourgeons de notre citronnier. Mais, quand une *deadline* approche et que je m'efforce d'atteindre ma productivité maximale, je travaille dans un café ou un parc, loin de mon téléphone fixe et du wi-fi.

Utilisés avec modération, les appareils électroniques peuvent nous faire gagner du temps, être de formidables sources d'informations et nous rendre plus efficaces ; les appareils portables, eux, nous permettent de travailler dans des endroits fabuleux. Toutefois, désencombrer leur espace numérique est bon pour l'environnement : cela optimise le stockage, la mémoire et la vitesse de nos systèmes et, par conséquent, évite leur renouvellement prématuré, la consommation de nouvelles technologies et la surcharge inutile de la multitude de serveurs, toujours plus grands et plus nombreux.

Vous vous souvenez des dernières vacances où vous avez délibérément restreint votre utilisation des appareils électroniques ou y avez été contraints par manque d'accès à Internet ? Vous en êtes revenus reposés, émerveillés par la facilité avec laquelle vous vous êtes déconnectés : vous pouvez conserver ce parfum de vacances toute l'année, en limitant tout simplement votre utilisation d'appareils électroniques !

Pour moi, un dessus de table, une boîte de réception et un bureau d'ordinateur vides signifient que j'ai accompli toutes mes tâches et éliminé les distractions chronophages et la procrastination. Ce sont des domaines que je peux contrôler ; avec les imprimés publicitaires, c'est une autre histoire...

LES IMPRIMÉS PUBLICITAIRES

Il fut un temps où je me précipitais à ma boîte aux lettres pour vérifier si le nouveau catalogue de Pottery Barn[1] était arrivé. Contrairement à d'autres publications gratuites qui allaient directement de la boîte aux lettres au bac à recyclage, je gardais celle-ci précieusement, parmi celles auxquelles j'étais abonnée. Les magazines et les catalogues se succédaient sans même que j'aie le temps de tous les feuilleter, mais je n'en conservais que les derniers numéros, et ce catalogue en particulier me servait d'inspiration. J'y puisais tout un tas d'idées d'organisation et de déco, plus précisément pour les célébrations à venir : je m'en inspirais pour confectionner des citrouilles en feutre pour mes fils à Halloween et pour enjoliver le sapin de Noël de manière artistique. J'ai piqué leurs idées sans rien acheter pendant cinq ans, avant de me lancer et d'effectuer mon premier achat (en magasin, non sur le catalogue) : des couvertures molletonnées lors du premier hiver dans notre nouvelle maison, afin d'éviter que notre facture de chauffage ne s'envole.

Aujourd'hui, je me demande... Combien d'arbres ces entreprises doivent-elles fourrer en moyenne dans nos boîtes aux lettres avant de réussir à nous vendre un produit ? Cela dit, je ne blâme pas exclusivement les entreprises de pratiquer ces méthodes de vente génératrices de gaspillage : tant que je recevais leur catalogue sans rien faire pour les en empêcher, j'étais tout autant responsable qu'elles. Mon inaction encourageait leur envoi.

---

1. Chaîne américaine de magasins de meubles et de déco intérieure (*N.d.T.*).

Quand j'ai commencé à simplifier ma vie et que j'ai évalué toutes mes tâches journalières, j'ai vite remarqué que la gestion de ma boîte aux lettres me prenait bien trop de temps. Lui rendre visite me demandait quotidiennement de séparer les courriers, en porter certains au bac à recyclage, rapporter le reste à l'intérieur, en poser une pile sur le bureau de Scott (factures et relevés bancaires), une autre sur le plan de travail de la cuisine (pubs pour les restaurants et les magasins d'alimentation) et une autre dans mon atelier (activités pour les enfants). Peu importe leur destinataire ou leur contenu, la totalité finissait par retourner sur le trottoir, c'est-à-dire à la poubelle (au mieux dans le bac à recyclage), juste à côté de la boîte aux lettres d'où ils venaient. J'ai compris que les imprimés publicitaires étaient problématiques et je me suis donc mise à les combattre.

J'ai immédiatement trouvé cette tâche très frustrante. Vous n'avez pas idée des excuses que j'ai entendues : « Vous pouvez les recycler » ; « ça crée des emplois » ; « le papier est une ressource renouvelable » ; « ce n'est qu'un petit bout de papier » ; « c'est du papier recyclé ». Une fois, on m'a même dit : « Je me soucie de l'environnement : je suis végétarienne, vous savez. » (Je comprends que le végétarisme réduise une empreinte carbone, mais depuis quand donne-t-il le droit de gaspiller du papier ?) En regardant au-delà de ces excuses absurdes, j'ai enfin commencé à comprendre le fonctionnement de ces publicités : j'ai réalisé entre autres que la revue municipale était envoyée avec l'argent de mes impôts ! Les Français reçoivent en moyenne dix milliards d'imprimés publicitaires chaque année : la plupart se retrouvent à la poubelle sans même avoir été ouverts.

Supprimer ces publicités intempestives prend du temps et demande un gros effort. Aujourd'hui, je ne me rue plus sur ma boîte aux lettres pour voir si j'ai reçu le dernier catalogue de Pottery Barn. Maintenant, je compte plutôt le nombre de courriers indésirables que je reçois et contre lesquels je dois me battre. Avec le temps, leur quantité a énormément diminué, mais j'en reçois encore un ou deux par semaine, en général d'origine inconnue. Supprimer ces imprimés est une cause juste : à long terme, cela fait gagner du temps et économiser de l'argent et des ressources – sans parler des frustrations que cela évite. Si, vous aussi, vous voulez déclarer la guerre aux pubs, commencez par vous montrer proactif :

– Ne donnez vos coordonnées que lorsque c'est absolument nécessaire. Par exemple, les cartes de garantie ne sont pas obligatoires, ne les remplissez donc pas (les magasins s'en servent pour récupérer des données sur vos habitudes de consommation et vous envoyer des courriers ciblés). Quand vous êtes obligés de fournir vos informations personnelles, écrivez ou dites : « Veuillez ne pas louer, vendre, partager ni échanger mon nom et mon adresse. »

– Quand vous déménagez, opposez-vous à la communication de votre nouvelle adresse aux sociétés commerciales. Pour cela, cochez la case prévue à cet effet sur le formulaire proposé par La Poste (voir le « Carnet d'adresses »).

– Marquez : « Pas de pub, merci » sur votre boîte aux lettres pour arrêter les publicités non adressées (pubs des supermarchés, des magasins locaux, etc.).

– Inscrivez-vous sur la liste d'opposition Robinson-Stop publicité pour réduire radicalement les publicités nominatives (celles qui proviennent des souscripteurs de l'UFMD ou Union française du marketing direct et digital) (voir le « Carnet d'adresses »).

– Rendez-vous sur recevoirmesannuaires.pages-jaunes.fr pour cesser de recevoir l'annuaire téléphonique.

Puis attaquez-vous au moindre courrier qui parvient à se retrouver dans votre boîte aux lettres malgré ces efforts préventifs. Apprenez à débusquer les courriers non désirés restants :

– Courriers nominatifs provenant des sociétés dont vous êtes client ou des organisations dont vous êtes membre ou donateur : catalogues commerciaux, offres des banques et des assurances. Faites-leur une demande de radiation de vos informations personnelles pour qu'elles disparaissent des fichiers de prospection et ne soient pas mises à disposition d'organismes extérieurs.

– Lettres aux tarifs prioritaires : n'ouvrez pas les lettres non désirées. Leur affranchissement inclut le retour. Écrivez : « Refusé – retour à l'envoyeur », et : « Ôtez-moi de votre liste de diffusion » sur le devant de l'enveloppe non ouverte, puis déposez-la dans une boîte postale, sans l'affranchir.

– Courriers envoyés par la municipalité : à vous de convaincre votre conseil municipal de passer au courrier électronique !

Si, malgré tous ces efforts, vous n'arrivez pas à mettre un terme à certains envois, adressez une plainte à la Commission nationale de l'informatique et des libertés (CNIL) (voir le « Carnet d'adresses »).

UN MONDE ZÉRO PAPIER

Ça ne fait aucun doute : notre société se dirige vers le zéro papier. Les livres électroniques commencent à remplacer les versions papier, les tablettes, les livres scolaires, les applications, les listes de courses. Voici des actions que vous pouvez entreprendre pour soutenir cette transition :
– Allez à la bibliothèque pour consulter vos livres professionnels.

- Attachez des feuilles imprimées sur une seule face avec une pince en métal pour vous faire un carnet (listes de courses, listes de provisions).
- Attribuez une chemise ou un tiroir pour recueillir les feuilles de papier imprimées sur une seule face et les réutiliser.
- Boycottez le papier issu des forêts vierges et les rames de papier vendues dans du plastique.
- Cherchez dans le bac à recyclage quand vous avez besoin de marque-pages ou d'images (pour des collages scolaires par exemple).
- Dites adieu au fax : encouragez le fax électronique par le biais de service comme HelloFax.com.
- Écrivez au crayon à papier : vous pouvez ensuite l'effacer et réutiliser cette feuille. Mieux encore, utilisez votre ordinateur, votre téléphone portable ou un tableau effaçable à la place du papier.
- Envoyez vos invitations et vos cartes de vœux par e-mail au lieu de les imprimer (voir le chapitre « Les fêtes et les cadeaux »).
- Faites don du papier que vous avez en trop à la garderie du coin.
- Gérez vos opérations bancaires par Internet ; *idem* pour vos factures.
- Imprimez recto verso quand vous utilisez une page de papier vierge.
- Incitez l'instituteur de votre enfant à n'envoyer à la maison que les papiers importants.
- N'imprimez que lorsque c'est absolument nécessaire. Dans la plupart des cas, ça ne l'est pas.
- N'imprimez que sur du papier qui a déjà été imprimé sur une face.
- Numérisez les factures et les documents importants pour les sauvegarder. La déclaration des revenus, lorsqu'elle est faite en ligne, n'exige plus l'envoi des documents.

- Réduisez les marges des documents que vous imprimez (pour maximiser l'impression).
- Refusez les cartes professionnelles ; entrez les informations pertinentes directement dans votre téléphone.
- Remplissez et signez électroniquement vos documents en utilisant le logiciel d'Adobe Acrobat, ou SignNow.com.
- Résiliez vos abonnements (magazines et journaux) : consultez-les en ligne à la place.
- Resservez-vous de l'enveloppe des courriers que vous recevez, en vous assurant de bien rayer tout code-barres et tout tampon.
- Téléchargez gratuitement CutePDF Writer : il vous permet de transformer en PDF tout document pouvant être imprimé.

Sinon, vous pouvez toujours faire du papier ou un carnet recyclé...

FOURNITURES MAISON

Fabrication de papier

Techniquement, on parle ici de « recyclage de papier », puisque nous n'utilisons pas une pâte à papier à base de bois, mais appeler cette démarche « fabrication de papier » nous évite de la confondre avec le recyclage de collecte sélective. Ce papier est utile quand nous avons besoin d'une carte (pour accompagner un don d'argent ou saluer quelqu'un qui n'a pas accès à Internet), ou pour faire un cadeau à l'instituteur (surtout quand on le fabrique à partir de la pile de polycopiés scolaires).

Matériaux nécessaires

Toile moustiquaire en aluminium (vous en trouverez vendue au mètre dans les magasins de bricolage).

Punaises.

Cadre(s) : choisissez un cadre plat. Sa taille définira celle de votre feuille de papier finie. J'utilise un cadre de format A6 pour les petites cartes et les cartes postales, un de format A4 pour les lettres (cette taille a un autre avantage : quand on plie sa feuille en trois, elle peut servir d'enveloppe). Il doit aussi pouvoir rentrer à plat dans votre baquet.

Carrés de feutre : ils doivent être plus grands que vos cadres et peuvent être découpés dans un pull feutré.

Baquet : je me sers d'un baquet en Inox que je me suis procuré chez un fournisseur de restaurants.

Feuilles de papier : pour être le plus respectueux possible de l'environnement, choisissez des papiers imprimés sur les deux faces (papiers scolaires ou imprimés publicitaires).

Graines, peluches ou fleurs séchées (facultatif).

Grosse éponge : je préfère les éponges de mer, très absorbantes, mais un chiffon en tissu peut être tout aussi efficace.

Instructions

1. À l'aide des punaises, fixez bien la moustiquaire sur un côté du cadre.
2. Alignez des carrés de feutre sur une table.
3. Déchirez vos feuilles de papier imprimées en petits bouts dans le baquet et recouvrez-les largement d'eau (je les laisse reposer toute une

nuit pour donner le temps au papier de bien se ramollir).

4. À l'aide d'un mixeur plongeur, mixez le tout pour faire une pâte. Vous aurez alors une idée de la couleur du produit fini (légèrement plus claire que votre pâte à papier) : vous pouvez y ajouter des graines (pour du papier « plantable »), des peluches de votre sèche-linge, des fleurs séchées, etc.

5. Plongez le cadre, à plat, dans la pâte, puis remontez-le pour l'égoutter.

6. Renversez le cadre sur un carré de feutre et, en poussant votre éponge sur la moustiquaire, absorbez autant d'eau que possible.

7. Ôtez délicatement le cadre (la pâte doit rester collée au feutre).

8. Pendez votre carré de feutre au-dessus de vos plantes (il va s'égoutter sur elles et vous ne gaspillerez pas d'eau).

9. Quand il est complètement sec, détachez-en votre feuille de papier maison et repassez-la si nécessaire.

Note : répétez l'opération pour chaque feuille et, quand vous avez fini (la pâte est trop fine pour faire du papier), compostez les restes.

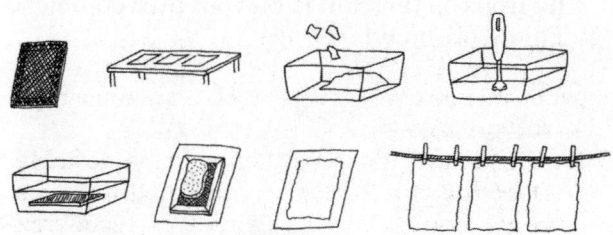

Carnet recyclé

De temps à autre, je fabrique un carnet avec les polycopiés scolaires de mes fils : il me sert pour faire du dessin ou prendre des notes. Sa taille et sa reliure solide sont idéales pour le voyage.

MATÉRIAUX NÉCESSAIRES

- Quinze feuilles de papier format A4, imprimées sur une seule face.
- Deux feuilles de papier format A4 coloré ou cartonné, imprimées sur une seule face (facultatives).
- Clous et marteau.
- Ficelle et aiguille.

INSTRUCTIONS

1. Pliez toutes les feuilles en deux, face imprimée à l'intérieur.
2. Empilez-les toutes dans le même sens, en plaçant celles qui sont facultatives sur le dessus et le dessous.
3. À l'aide d'un clou et d'un marteau, percez des trous à intervalle régulier du *côté ouvert* (opposé à la pliure) de la pile.
4. À l'aide de l'aiguille et en commençant par une extrémité, passez la ficelle dans les trous.
5. Retournez le carnet et repassez la ficelle dans les trous en finissant là où vous avez commencé.
6. Faites un nœud.

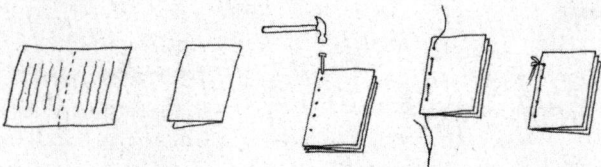

Colle

Enfant, je regardais mon père coller des étiquettes sur des bouteilles avec du lait. Aujourd'hui, je m'en sers aussi pour coller du papier sur une surface lisse. Mais, quand j'ai besoin d'une meilleure prise ou d'une pâte pour des projets plus conséquents, je me sers de la recette suivante.

INSTRUCTIONS

1. Dans une petite casserole, portez 125 ml d'eau à ébullition.
2. À l'aide d'un fouet, incorporez-y doucement une cuillerée à soupe de farine et 1 cuillerée à soupe de fécule de maïs.
3. Faites cuire à feu doux, sans cesser de remuer, jusqu'à ce que le mélange épaississe.
4. Ôtez du feu et diluez avec une cuillerée à soupe de vinaigre blanc.
5. Conservez dans un petit bocal et appliquez avec un pinceau naturel.

Note : cette colle devient transparente en séchant et convient à l'application sur le bois.

RÉCAPITULATIF DES « CINQ RÈGLES » : CINQ ASTUCES POUR LE BUREAU

Refuser : dites non aux cartes de visite, aux imprimés publicitaires et aux matériaux d'expédition inutiles.

Réduire : pour écrire, choisissez du matériel de qualité. Vous y ferez plus attention et le perdrez moins facilement.

Réutiliser : resservez-vous des matériaux d'expédition et des feuilles de papier imprimées sur une seule face.

Recycler : ne mettez dans le bac à recyclage que les feuilles imprimées sur les deux faces.

Composter : mettez les rebuts de papier de votre broyeuse et vos taillures de crayon dans votre composteur.

ALLER PLUS LOIN

Ce chapitre a surtout traité des aspects visibles, tangibles, de nos déchets, mais les conseils qui suivent sur l'énergie, l'eau et le gain de temps compléteront (et récompenseront) vos efforts en matière de développement durable.

Énergie

– Utilisez des multiprises intelligentes pour vos appareils électroniques : cela évite la consommation d'énergie fantôme. Celles-ci ne fonctionnant pas sur notre système, nous avons branché nos appareils sur des multiprises ordinaires que nous éteignons à la fin de la journée.

– Remplacez vos ampoules à incandescence par des LED (les lampes fluorescentes compactes contiennent du mercure et sont dangereuses pour la santé quand elles se cassent).

– Évitez de mettre des personnes inutiles en copie de vos mails, limitez le nombre de pièces jointes et simplifiez votre signature électronique pour réduire la taille de vos e-mails : les serveurs dépenseront moins d'énergie pour les acheminer et les stocker.

– Mettez votre ordinateur en mode économie d'énergie. Désactivez votre économiseur d'écran, laissez votre ordinateur se mettre en veille à la place. Sur mon PC, j'ai aussi la possibilité d'éteindre l'écran en appuyant sur un simple bouton.

– Si vous devez changer d'ordinateur, achetez plutôt un portable : il consommera moins d'énergie (envisagez d'acheter un modèle d'occasion, à défaut un modèle d'exposition : il sera non seulement moins cher, mais il sera vendu sans emballage).

Eau

– Verser le fond de votre thé ou café dans vos plantes.

Temps

– Fournissez-vous localement, à la papeterie près de chez vous.

– Quand vous faites des courses et effectuez des livraisons, prévoyez votre itinéraire de façon à tourner le plus possible à droite.

Les enfants et l'école

Lorsqu'on évoque les enfants dans le contexte du zéro déchet, on finit obligatoirement par se poser les questions suivantes :

Où commencent les déchets ? Quand on fabrique un objet ? Quand on le jette ? Ou quand on donne naissance à un nouvel être dépendant des ressources naturelles ?

Le monde comptait près de deux milliards et demi d'habitants à la naissance de ma mère. Aujourd'hui, nous avons dépassé les sept milliards. La surpopulation nous guette : elle représente sans doute la plus grande menace pour notre environnement. La Terre ne peut tout bonnement pas supporter un tel accroissement de population. Si nous ne changeons pas nos habitudes de reproduction et de consommation, notre planète ne sera plus capable de produire les ressources nécessaires pour nourrir tous les êtres humains, ni d'absorber leurs déchets solides ou gazeux. Conscients de la problématique environnementale, certains couples choisissent soit de ne pas avoir d'enfants, soit d'en adopter. Être capable d'une telle discipline est louable, mais il est évident que tous les couples amoureux n'en sont pas capables. Ironie de la chose, ce sont mes enfants et leur avenir qui m'ont fait repenser mes habitudes, prendre garde à l'environnement et, en fin de compte, écrire ce livre. Choisir de procréer ou non est une décision qui appartient à chaque couple. Cela dit, au-delà de ce choix, il est devenu essentiel, pour la survie de nos enfants et de leurs enfants après eux, que :

1. Nous reconsidérions l'idée de fonder une famille nombreuse liée par le sang. Au-delà de deux enfants biologiques, envisageons l'adoption plutôt que la procréation pour agrandir notre famille.

2. Nous nous protégions contre les grossesses non désirées. Des méthodes de contraception à notre disposition aujourd'hui, la ligature des trompes et la vasectomie, figurent parmi les plus efficaces et les moins génératrices de déchets. Les stérilets, qui sont la solution non chirurgicale la moins génératrice de déchets (ils durent jusqu'à douze ans), sont également « la méthode de contraception la moins chère à long terme et la plus réversible », selon la Planned Parenthood[1]. Les diaphragmes et les capes cervicales sont également des solutions réutilisables et acceptables, mais qui nécessitent du spermicide (forcément vendu sous emballage) pour être efficaces. Contactez votre Planning familial pour obtenir plus d'informations sur ces méthodes.

3. Nous apprenions à nos enfants (à savoir, les générations futures) à se soucier de l'environnement, à protéger les ressources et à vivre simplement. Il est préférable de les sensibiliser le plus tôt possible, car les jeunes esprits sont réceptifs et non corrompus. Mais il n'est jamais trop tard pour s'y mettre ! Quel que soit leur âge, ne doutez pas de la capacité de vos enfants à comprendre et à appliquer de nouveaux principes.

Je ne suis pas conseillère parentale et n'ai aucune autorité pour vous dicter l'éducation de vos enfants.

---

1. La Planned Parenthood est l'un des principaux regroupements de planification familiale des États-Unis (*N.d.T.*).

Il est évident que chaque parent doit décider par lui-même de ce qui est le mieux pour sa famille. Néanmoins, je dois reconnaître que notre méthode zéro déchet a eu des conséquences sur notre vie familiale et orienté l'instruction de nos enfants : les avis que je donne dans ce chapitre sont le fruit de mon expérience. Par exemple, vous trouverez ici des manières simples, pratiques, d'aider vos enfants à faire les bons choix en matière de nourriture.

Certains parents me disent qu'ils ne peuvent pas envisager d'adopter le mode de vie zéro déchet car leurs enfants sont trop attachés aux marques achetées sous emballage. Il me semble plutôt que les parents se servent de leurs enfants comme prétexte pour ne pas changer leurs propres habitudes. « Comment vos enfants ont-ils renoncé aux BN ? », m'a demandé un jour une mère hésitante.

Pendant la période de transition, ne vous appesantissez pas sur les produits emballés et transformés qui sont à éviter : concentrez-vous plutôt sur les aliments frais ou vendus en vrac qui attendent d'être découverts au magasin et au marché. Les enfants ont des besoins simples. Tant que ceux-ci sont satisfaits, ils sont contents, indépendamment des marques. Ce sont les adultes qui attachent de l'importance à ces dernières et qui conditionnent leurs enfants à s'en soucier. Si vous leur donnez l'occasion de goûter les céréales en vrac et les biscuits maison, ils les aimeront tout autant que ceux sous emballage. De même, le but de la simplicité volontaire n'est pas de priver vos enfants de jouets, mais de vous débarrasser de ceux qu'ils n'aiment pas de sorte que leurs préférés soient plus faciles à trouver. « La simplification ne consiste pas seulement à vous débarrasser de certains objets. Il s'agit de libérer de l'espace, de faire de la place dans votre vie, vos projets et votre cœur », a écrit le conseiller familial Kim John Payne, auteur de *Simplicity Parenting*[1].

Souvent, les parents qui travaillent me disent aussi que leur emploi du temps est trop chargé pour changer de style de vie et adopter des alternatives zéro déchet. Or le style de vie zéro déchet encourage à consommer moins et, par conséquent, réduit les activités chronophages de shopping, se traduisant en plus de temps passé en famille et de repas faits maison. À terme, la simplicité dissuade de succomber aux achats effectués sous le coup de pressions sociales. S'habituer au changement et trouver l'équilibre entre les besoins réels et les envies de superflu ne se fait pas du jour au lendemain, mais la simplicité volontaire a un impact immédiat sur la vie et les finances d'un ménage.

Réduire notre consommation a ralenti notre rythme de vie. L'efficacité du zéro déchet me fait gagner du temps, ce qui a totalement changé mes relations avec mes garçons. Une maman posée et agréable a remplacé la maman énervée et stressée que j'étais. Bien sûr, il y a des exceptions, mais, dans l'ensemble, nous sommes moins impulsifs et prenons des décisions plus posées. Je regrette simplement de ne pas avoir commencé plus tôt. La vie de nos enfants défile au rythme d'un film de Charlie Chaplin. Avant qu'on ait le temps de s'en rendre compte, ils apprennent à marcher, à s'habiller, à aller seuls à l'école, puis ils quittent le nid. Chaque jour, nos peurs, nos joies et l'amour que nous leur portons nous rappellent combien la vie est précieuse. Leur enfance passe vite. Il convient de se réserver des moments en famille, de se faire

---

1. Kim J. Payne et Lisa M. Ross, *Simplicity Parenting : Using the Extraordinary Power of Less to Raise Calmer, Happier, and More Secure Kids*, Random House, New York, 2010.

des câlins et de jouer ensemble ! Depuis que nous avons renoncé à une vie de fous pour vivre hors des sentiers battus, dans la simplicité, nous savourons pleinement ces moments précieux.

Nous avons adopté le zéro déchet progressivement ; nos enfants ne se sont aperçus de la plupart des changements que lorsque nous les leur avons fait remarquer. Aujourd'hui, leur vie n'est pas différente de celles de leurs amis, la nôtre, de celle de nos voisins. Nous mangeons, jouons, travaillons, dormons et nous disputons parfois, comme tout le monde. Nous sommes différents dans la seule mesure où nous laissons les principes du zéro déchet nous guider dans nos prises de décisions : ils nous offrent des solutions aux obstacles qui se présentent, et nos liens familiaux s'en trouvent renforcés. Je ne peux pas deviner si mes enfants se rebelleront contre l'éducation qu'ils ont reçue (comme le font la plupart des enfants) et/ou s'ils conserveront le mode de vie zéro déchet quand ils quitteront la maison. Mais je suis convaincue qu'ils n'oublieront pas les valeurs que nous leur inculquons en matière de sauvegarde de l'environnement.

Voici comment mettre en vigueur le zéro déchet avec ses enfants :

– Mettez une routine en place et instaurez de nouvelles traditions : celles-ci encouragent la stabilité et l'organisation à la maison, définissent l'identité d'une famille et donnent aux enfants un sentiment d'appartenance et de confiance (ils savent à quoi s'attendre).

– Réservez-vous du temps en famille, apprenez à dire non : la sociabilité est importante, mais avoir trop d'engagements, passer trop de nuits chez les copains et avoir trop d'activités extrascolaires nous prive de moments en famille. Apprenez à refuser les invitations et à ne pas surcharger l'agenda de votre enfant : contrebalancez les activités sociales par des activités en famille. Le repas du soir par exemple est l'occasion de partager ses préoccupations ou ses idées concernant ce style de vie, et les travaux manuels sont un moment idéal pour resserrer les liens (voir le paragraphe « Arts et travaux manuels », page 307, pour vous donner des idées).

– **Éteignez la télé, limitez les médias numériques :** tous deux sont programmés pour détourner l'attention des enfants, au point qu'ils deviennent des zombies totalement passifs. Ces médias sont trop faciles à allumer, trop difficiles à éteindre. Les supprimer ou les limiter libère du temps pour lire, visionner des films loués (donc sans publicité) et, plus important encore, jouer de manière non structurée et explorer sa créativité. Cela protège par ailleurs vos enfants du flot de publicités qui les conditionnent à ne pas se satisfaire de ce qu'ils ont et à vouloir ce qu'ils n'ont pas.

– **Sensibilisez-les :** votre bibliothèque municipale est un véritable temple du savoir. Empruntez-y des films et des livres portant un message environnemental. Utilisez-les comme support éducatif pour expliquer à vos enfants les enjeux écologiques et la manière dont nos actions ont des conséquences sur la santé de notre planète. Montrez-leur l'importance du changement et que le moindre petit pas peut avoir un effet positif sur l'environnement.

– **Renouez avec la nature :** encouragez les activités en plein air pour que vos enfants apprennent à aimer et à protéger la nature. Apprenez-leur à laisser les endroits qu'ils explorent en meilleur état qu'ils ne les ont trouvés. Une fois qu'ils ont renoué avec la nature, les explications écologiques et la nécessité du zéro déchet coulent de source. Faire de la randonnée, du camping (voir le chapitre « Les sorties »), du géocaching[1], du canoë, du vélo, des cabanes dans la forêt, etc., ce sont d'excellentes manières de plonger les enfants dans un environnement naturel et de leur apprendre les techniques de survie élémentaires. Par ailleurs, apprendre la cueillette et cultiver un jardin potager renforce plus encore les liens hommes/terre.

– **Emmenez-les faire les courses :** il va sans dire qu'il est plus facile de faire ses courses sans les enfants. Toutefois, de temps à autre, vous pouvez profiter de cette occasion pour leur montrer les produits de saison, leur apprendre l'éco-shopping (comme trouver des produits locaux en regardant leur origine) et les laisser choisir leurs aliments préférés au rayon vrac.

– **Impliquez-les :** faites participer au maximum vos enfants à votre vie de famille. Quand leur âge et votre lieu d'habitation le permettent, vous pouvez les envoyer chercher le pain à la boulangerie, leur faire prendre part à vos activités de bénévolat (contribuer à un ramassage de déchets par exemple : voir le chapitre « S'impliquer ») et les laisser participer aux activités quotidiennes comme la cuisine et le ménage. Ces expériences leur donnent confiance en eux et sont des activités manuelles qui leur seront utiles à l'avenir.

– **Offrez-leur des expériences :** quand vous avez un cadeau à faire, préférez une expérience à un bien matériel. Référez-vous aux idées de cadeaux figurant dans le chapitre « Les fêtes et les cadeaux ».

– **Encouragez l'indépendance :** n'imposez pas, guidez. Autorisez vos enfants à prendre leurs propres décisions en dehors de chez vous. Les enfants se

---

1. Loisir mondial, sorte de chasse au trésor, qui consiste à utiliser un GPS pour chercher ou dissimuler une boîte appelée « géocache » (*N.d.T.*).

soucient souvent du regard des autres. N'attendez pas d'eux qu'ils respectent forcément les pratiques zéro déchet en société. Apprenez à vos enfants à être autonomes. Laissez-les s'épanouir à leur propre rythme.

– **Jouez !** Le meilleur moyen de faire passer un message, c'est le jeu : quand ils jouent, vos enfants sont attentifs et réceptifs. Les jeux de société et le sport fournissent d'excellentes occasions de resserrer les liens. Mais être spontané, avoir l'esprit ludique, est tout aussi important. Gardez le sens de l'humour et, de temps à autre, brisez la routine en leur faisant des surprises : cela peut égayer un contexte ou une situation familiale difficiles. Ne soyez pas trop sérieux, soyez fun !

LES JOUETS

Si on ne fixe pas de limites, une maison avec des enfants peut vite se retrouver envahie de jouets. Ces derniers peuvent échapper à tout contrôle et prendre d'assaut non seulement les chambres d'enfants, mais le salon, l'entrée, la baignoire, le garage et le jardin. Un après-midi passé à jouer peut facilement se transformer en une mer colorée de matière plastique étalée sur le sol et finir en dispute quand vient le moment de les ranger. Qui est à blâmer pour une telle pagaille ? Qui est à l'origine des longues séances de rangement et des disputes qui s'ensuivent ? Les enfants, pour avoir sorti tous ces jouets, ou les parents, pour en avoir permis autant dans la maison ?

Il y a quelques années de cela, quand je demandais à mes enfants de ranger et qu'ils refusaient de m'obéir, je comptais jusqu'à trois et, s'ils ne s'y mettaient toujours pas, je prenais un grand sac poubelle et le remplissais lentement des jouets éparpillés. Je n'ai utilisé cette méthode que quelques fois, mais elle s'est avérée très efficace pour les motiver. Quand nous avons adopté le zéro déchet, elle n'a plus été utile. Depuis que nous avons choisi la simplicité, le rangement n'est plus une corvée insurmontable ni une source de conflit : le système d'organisation en place et le nombre restreint de jouets rendent la tâche facile et rapide. Mes garçons eux-mêmes le reconnaissent et en sont ravis ! Pour eux, c'est l'avantage le plus concret de notre mode de vie.

Pour s'organiser, le rester et éviter de glisser sur une babiole, nous allons nous pencher sur les jouets à privilégier (sélectionner) et ceux à supprimer (simplifier), puis sur la manière de les ordonner (organiser) et d'en garder le contrôle (refuser).

Sélectionner

Tous les jouets ne sont pas égaux. Certains encouragent l'exploration de sens innés plus que d'autres. Ironie de la chose, ceux qui se vantent de promouvoir le développement de nos enfants le font rarement en réalité. Au contraire, ce sont les jouets de conception minimaliste qui les inspirent souvent le plus. Permettez-leur d'accéder au bac de recyclage, et ils feront des travaux manuels ; donnez-leur du tissu, ils confectionneront des vêtements ; des branches, et ils construiront un abri ; fournissez-leur des marmites, ils ouvriront leur premier restaurant ; avec des couvercles, ils monteront leur premier groupe.

Les matériaux que vous choisissez pour les jouets de vos enfants sont tout aussi importants que leur design. Les matériaux nobles comme le bois, le métal et le tissu ne sont pas seulement beaux, ils développent aussi le sens du toucher de l'enfant ;

ils résistent mieux à l'épreuve du temps, et sont en général plus sains et plus facilement réparables. Comparé à un jouet en plastique creux, un jouet en bois massif peut être recollé avec des composés non toxiques, ou cloué par exemple.

Quand vous désencombrez le coffre à jouets, gardez à l'esprit l'âge et les besoins de votre enfant. Privilégiez les jouets simples, qui ne sont pas en plastique. Et qui encouragent :

– **la créativité** : cubes, matériel pour travaux manuels (voir le paragraphe « Arts et travaux manuels ») ;

– **l'imagination** : figurines de personnages, d'animaux de ferme et de chevaliers ;

– **l'imitation** : déguisements, chapeaux, sacs à main, gants, chaussures à talon, poupées de chiffon, ustensiles de cuisine ;

– **le rythme** : harmonica, maracas, triangle, tambour, xylophone, flûte ;

– **l'interaction sociale** : jeux de société, cartes, mikado, dominos, puzzles, marionnettes ;

– **les activités en plein air** : corde, balançoire en bois ou pneu recyclé, vélo, balle en cuir, skateboard, seau et pelle en métal, équipement de pêche.

Simplifier

En aidant certaines familles à s'organiser, j'ai découvert que l'attachement des enfants à leurs jouets reflète souvent ce que les parents leur ont transmis. Ce lien se manifeste le plus souvent de deux manières : soit la collection de jouets de nos enfants est le reflet de celle dont nous rêvions quand nous étions petits ; soit le langage que nous utilisons pour décrire notre propre attachement aux objets influence le raisonnement de nos enfants. Quand on s'émerveille devant leurs jouets (« Comme tu as de la chance d'avoir une voiture télécommandée ! Je n'en ai jamais eu ! »), nos rêves deviennent un fardeau pour eux. Quand on se sert de prétextes pour ne pas jeter un objet qui nous appartient (« C'est mon ami qui me l'a offert », ou « Ça a coûté cher »), il est fort probable que nos enfants se resservent des mêmes arguments pour ne pas se séparer de leurs jouets : « C'est le père Noël qui me l'a apporté » est une de leurs excuses préférées.

Quand vous désencombrez, soyez honnête envers vous-même et respectez les besoins de votre enfant. Posez-vous ces questions et répondez-y en toute franchise :

– Fonctionne-t-il encore ? Est-il approprié à son âge ? En général, dans une maison « normale », on trouve autant de jouets cassés que de jouets en état de marche : des voitures auxquelles il manque des roues, des jeux de société avec des pièces manquantes et des poupées sans tête se mêlent aux jouets en bon état. Donner ceux qui ne sont pas appropriés à l'âge de votre enfant et mettre au rebut ceux qui sont cassés révélera immédiatement sa vraie collection de jouets.

– Est-ce que mon enfant l'utilise régulièrement ? Un coffre à jouets rempli, c'est comme une garde-robe trop fournie. Confronté à trop de choix, votre enfant se sert toujours des mêmes jouets, phénomène que le psychologue Barry Schwartz appelle le « paradoxe du choix » : avoir trop de choix paralyse. Déterminez les jouets préférés de votre enfant ; donnez ou échangez ceux qu'il néglige avec un ami.

– En a-t-il plusieurs ? Quelques poupées ou quelques voitures suffisent à amuser respectivement filles et garçons. Tout comme quelques livres leur suffisent. Excepté quelques ouvrages de référence, les livres religieux et les livres de contes préférés d'un tout-petit, la bibliothèque municipale est bien plus adaptée pour stocker les livres de votre enfant et lui offrir un choix incomparable. Si nous avions dû acheter tous les livres que nos enfants ont lus depuis que nous sommes passés au zéro déchet, nous aurions fait faillite !

– Cela met-il la santé de mon enfant en danger ? Faites de la santé de votre enfant une priorité et débarrassez-vous des jouets en PVC (plastique n° 3), qui contiennent des phtalates nocifs. De la même manière, une collection d'animaux en peluche amasse la poussière et peut engendrer des allergènes qui provoquent de l'asthme. Choisissez-en un ou deux parmi ses préférés, pour en faciliter le lavage. Par ailleurs, à moins que son matériel de peinture ne soit estampillé AP, méfiez-vous de sa toxicité.

– Est-ce que vous ou votre enfant le gardez par culpabilité ? Ne tenez pas compte de la personne qui a offert ce cadeau, ni du prix qu'il a coûté. Laissez-vous guider par les besoins réels de votre enfant, son bien-être, pour choisir ses jouets.

– Est-ce que votre enfant le garde parce que la société lui dit qu'il en a besoin (« tout le monde en a un ») ? Il existe des tonnes d'appareils électroniques destinés aux enfants, mais la plupart, comme les consoles et les lecteurs DVD portables, les liseuses, etc., sont à usage limité. Un autre objet pourrait-il servir le même but ? Débarrassez-vous du superflu et choisissez un appareil multifonctionnel, comme un ordinateur portable ou une tablette, qui offrent en plus l'avantage d'exposer votre enfant aux avancées numériques et à l'apprentissage de l'informatique.

– Mérite-t-il que je consacre du temps à le dépoussiérer et à le nettoyer ? Certains enfants ont un penchant naturel pour les collections, mais, pour d'autres, ce sont des adultes qui les commencent et les encouragent. Par exemple, si on voit que notre enfant s'intéresse à un objet en particulier, on a tendance à lui en offrir davantage à son anniversaire ou à Noël. Les collections sont la quintessence du consumérisme et elles accumulent la poussière. Ne pourriez-vous pas revendre cette collection pour financer une activité en extérieur à la place ?

– Votre enfant pourrait-il utiliser cet espace pour autre chose ? Par exemple, il arrive qu'on trouve un circuit de train monté sur une table dans une chambre d'enfant. Pourtant, de tels circuits sont encombrants, leur hauteur est contraignante, et leur unique fonction limite la capacité de votre enfant à créer son propre espace de jeu sur le sol. Cet espace pourrait être utilisé pour créer une zone de jeu à usages multiples : mettez-y un simple tapis ou, si possible, une table normale.

– Est-il réutilisable ? Les babioles sont éphémères. Faites pour n'être utilisées que quelques fois, elles sont considérées comme jetables (et font pleurer nos enfants quand elles se cassent). Rassemblez-les et donnez-les à quelqu'un qui les achèterait de toute façon (pour remplir des sacs de fête par exemple). Référez-vous aussi au paragraphe « Refuser » ci-dessous pour les empêcher d'entrer chez vous !

Note : vous pouvez donner les jouets en bon état à un refuge ou à une garderie ; les jouets neufs sur jedonnemesjouets.fr ou à la Croix-Rouge au moment de Noël (voir le carnet d'adresses) ; et les livres à la bibliothèque municipale ou une école.

Et les jeux vidéo ?

Il y a quelques années, Scott et moi étions convaincus que les jeux vidéo n'avaient rien à faire chez nous. Ayant réussi à nous débarrasser de la télé, nous pensions également pouvoir éviter les jeux électroniques et, longtemps, nous avons résisté aux supplications de nos garçons. Malgré tout notre bon vouloir, notre refus les poussa à se procurer leur dose ailleurs – chez leurs copains ou les voisins –, au point qu'ils passaient plus de temps chez eux que chez nous. À ce stade, il était clair que les jeux vidéo étaient inévitables – à moins de déménager dans un trou perdu. Si l'un des principes du zéro déchet est d'encourager les interactions humaines, les jeux vidéo peuvent faire partie de ce style de vie, à condition de respecter les paramètres de durabilité et de renforcer la socialisation :

– Achetez des consoles et des jeux d'occasion.

– Utilisez des piles rechargeables pour alimenter les télécommandes.

– Choisissez des jeux appropriés à l'âge de vos enfants (rendez-vous sur www.pegi.info/fr) pour vérifier qu'ils sont adaptés) et, si possible, privilégier ceux qui favorisent l'activité physique.

– Fixez des limites de temps.

– Favorisez l'utilisation des jeux à joueurs multiples.

Organiser

Maintenant que nous avons désencombré, il est temps de nous organiser pour que les jouets soient facilement accessibles et, le rangement, aisé :

1. Séparez les jouets en catégories. Ces catégories peuvent regrouper les poupées, les déguisements, les cubes en bois, les instruments de musique, les jeux de société, etc.

2. Attribuez un bac, de préférence fait à partir d'un matériau transparent (treillis en acier par exemple), à chaque catégorie de jouets.

3. Étiquetez chaque bac en fonction de ce qu'il contient. Plutôt que des mots, un simple dessin peut aider les tout-petits à reconnaître chaque contenant. Vous pouvez utiliser un ruban comme étiquette.

4. Tenez-vous-en à un nombre défini de bacs. Appliquez la règle : un jouet qui entre, un jouet qui sort.

5. Vérifiez que les jouets sont appropriés à l'âge de votre enfant. Quand des jouets ne sont plus adaptés, donnez-les, échangez-les avec des amis ou mettez-les de côté pour un enfant plus jeune. Vous pouvez aussi les vendre pour financer l'achat de jouets appropriés. Achetez-les en seconde main, dans les magasins d'occasion, les vide-greniers, sur Leboncoin ou eBay.

6. Informez grands-parents et amis de vos efforts de simplification, pour limiter les cadeaux matériels. Référez-vous au chapitre « Les fêtes et les cadeaux » pour des conseils.

7. Apprenez à votre enfant à refuser.

Refuser

Les enfants sont des cibles pour tout un tas d'objets inutiles : des jouets offerts par les grands-parents, des polycopiés rapportés de l'école, des sacs de fête d'anniversaire, etc. Ils peuvent vite s'accumuler et augmentent de manière exponentielle avec chaque enfant à la maison.

Les mamans représentent la majorité de la clientèle des organisateurs professionnels : cela est peu surprenant. Néanmoins, les plus gros efforts d'organisation ne mettront pas fin au bazar si on ne change pas ses habitudes. Plus on a d'objets, plus il faut s'organiser. La clé, pour rester organisé, ce n'est pas d'engager un professionnel ni d'installer plus d'étagères ou d'acheter des rangements supplémentaires : c'est avant tout de trouver un moyen d'empêcher les objets d'entrer chez vous, entre autres d'éviter les cadeaux pollueurs. Gérer le flot de choses qui entrent chez vous revient principalement à savoir refuser.

Nous l'avons vu, le zéro déchet commence à l'extérieur du foyer : tout ce qui reste en dehors de chez vous sera ça de moins à gérer par la suite. Dans une maison zéro déchet, la mission la plus importante des enfants est de réfléchir à deux fois avant de rapporter quelque chose chez eux. Expliquez-leur que les babioles ne sont pas faites pour durer, qu'elles se cassent rapidement et finissent par les attrister. Apprenez-leur à se montrer proactifs, à distinguer un objet de valeur d'un objet qui va vite se transformer en déchet, et à dire non avant qu'il ne soit trop tard. Refuser représente un défi : dans une société où la norme en matière de politesse est d'accepter, cela peut sembler aller à l'encontre des bonnes manières. C'est donc à nous, les parents modernes, qu'il revient d'enseigner à nos enfants qu'il est acceptable de décliner poliment une offre bien intentionnée. La peur d'être différent est quasiment universelle, et particulièrement forte chez les enfants. Refuser leur demande un grand courage, mais ils gagnent en confiance quand ils relèvent de tels challenges et deviennent des exemples pour les autres.

Nos garçons ont du mal à refuser les bonbons gratuits ; en revanche, ils parviennent à renoncer aux babioles. Ils ont compris qu'ils s'en désintéressaient au bout de cinq minutes : ces dernières finissaient par encombrer leur chambre (qu'ils se doivent de ranger), puis par filer à la décharge. Quand ils les refusent – que ce soit une frite de piscine (nous n'avons pas de piscine) ou un kit de crayons de couleur (Max est ado !) –, ils surprennent leur hôte et marquent les esprits. C'est en refusant que nos enfants participent le plus à notre style de vie zéro déchet. En outre, cela leur permet de prendre des décisions durables par eux-mêmes.

Depuis que les génies du marketing ont compris l'influence qu'avaient les enfants sur le pouvoir d'achat de leurs parents, ils sont devenus une cible facile pour les publicitaires. Et ça commence dès leur naissance ! On les accueille avec un sac à langer en vinyle contenant du lait maternisé, des bons de réduction, des couches et des échantillons de produits de soin. Voici quelques exemples supplémentaires de babioles gratuites à surveiller :

– bouteilles d'eau lors d'événements sportifs ;
– broches et épinglettes ;
– brosses à dents chez le dentiste et à l'école ;
– coupelle de dégustation jetable dans les magasins d'alimentation ;
– crayons de couleur et sets de table à colorier dans les restaurants ;
– échantillons de crèmes de soins à la pharmacie ;
– gommes et crayons avec gomme incorporée ;
– jouets dans les menus enfants ;
– journaux, prospectus et autres brochures à l'école, au musée, dans les boîtes aux lettres à l'époque de Noël, etc. ;
– médailles et trophées pour avoir seulement participé à un événement sportif (et non gagné) ;
– pansements après une vaccination ;
– pochette de jeux dans les avions ;
– sacs de fête et ballons lors d'un anniversaire ;
– porte-clefs distribués par la caravane du Tour de France ;
– sacs cadeau dans les foires et les festivals ;
– sifflets et serpentins pour célébrer le nouvel an ou le carnaval ;

– sucettes et autres bonbons offerts par les commerçants.

Je ne suis pas en train de vous dire que vos enfants doivent tous les refuser. Il leur faudrait des superpouvoirs pour cela ! Ce qu'on attend d'eux, c'est plutôt de réfléchir à deux fois avant d'en accepter un. Vous serez surpris de tout le bazar qu'ils éviteront de rapporter à la maison ! Souvent, vous pouvez faciliter la tâche à votre enfant en vous montrant proactif. Par exemple, vous pouvez demander au parent qui organise une fête d'anniversaire de ne pas donner de sac de fête (expliquez-lui que vous éliminez le superflu et qu'il n'en a pas besoin).

GARDE-ROBE

J'ai constaté qu'une garde-robe minimaliste pour mes enfants était tout aussi bénéfique qu'une sélection restreinte de jouets.

Avant qu'on simplifie notre vie, Max et Léo avaient trois fois plus de vêtements qu'aujourd'hui ; la majorité finissait au lavage tous les week-ends. Pour peu qu'ils aient renversé de l'eau sur un haut ou du jus de fruits sur un bas, ces vêtements « sales » finissaient dans le panier à linge ou, le plus souvent, par terre. Une chaussette portée dans la matinée et perdue sous le canapé dans l'après-midi était automatiquement remplacée par une paire propre. J'achetais sans cesse des blousons qu'ils perdaient vite. C'était comme si leur placard était devenu un distributeur de vêtements à usage unique. Aujourd'hui, leur garde-robe minimaliste leur permet de gérer leur stock pour la semaine entière, de faire attention à leurs affaires et de se sentir concernés s'ils perdent quelque chose. Ils ne se changent plus inconsidérément à longueur de journée et ne perdent plus (aussi souvent) leurs blousons. Ces garde-robes restreintes ont considérablement réduit le nombre de lessives que je fais par semaine et de vêtements que je renouvelle.

Pour adopter une garde-robe restreinte pour votre enfant :

– Évaluez ses besoins hebdomadaires, en fonction de son âge et de ses activités, et tenez-vous-en à une petite quantité.

– Privilégiez les couleurs foncées, qui dissimulent les taches indélébiles.

– Apprenez-lui à se déshabiller près du panier à linge sale pour éviter que les vêtements ne s'accumulent sur le sol et, s'il porte des couleurs claires, fournissez deux paniers à linge pour l'encourager à trier les couleurs.

Quand vient le moment de remplacer des vêtements trop petits, privilégiez les magasins d'occasion. Emmenez-y votre enfant si ça l'intéresse. Cela lui permet de choisir ce qu'il aime et le conditionne à acheter d'occasion une fois adulte.

À titre d'exemple, voici ce que contient l'armoire de mes deux garçons :

– automne/hiver : quatre pantalons, sept tee-shirts à manches longues, une chemise, un bonnet et des gants ;

– printemps/été : quatre shorts, sept tee-shirts, une chemisette, un caleçon de bain, une paire de claquettes et une casquette.

– toute l'année : un pyjama, sept paires de chaussettes, sept slips, une paire de baskets, une veste molletonnée, un anorak, une doudoune et un bagage à main.

Veuillez vous référer au chapitre « La chambre à coucher et la garde-robe » pour plus de conseils concernant l'achat de vêtements, le don de ceux qui sont trop petits et le recyclage de ceux qui sont usés.

LES COUCHES : UN VRAI CASSE-TÊTE !

Cela faisait longtemps que nos enfants ne portaient plus de couches quand nous nous sommes lancés dans le zéro déchet : je n'ai donc pas eu à prendre de décision écoresponsable à ce sujet. Cela dit, les couches représentant la plus grande source de déchets générés par les enfants jusqu'à ce qu'ils soient propres, je me dois de partager avec vous mon point de vue.

Malheureusement, si l'on tient compte de la fabrication des couches, des restrictions locales et de leur élimination, il n'existe pas de solution miracle pour résoudre ce casse-tête écologique.

La fabrication des couches jetables classiques nécessite l'utilisation d'une ressource non renouvelable (le pétrole) et de la chlorine. À la maison, elles libèrent des composés organiques volatils (ou COV) dangereux, et, quand on les « jette », elles s'accumulent dans les décharges, où elles rejettent du méthane dans l'environnement et ne se décomposent pas. Selon l'Agence de protection de l'environnement, les couches jetables représentent 2,4 % (en poids) du total des déchets des décharges.

Récemment, de nombreuses marques ont sorti des couches « vertes » pour contrer les déchets engendrés par les couches classiques – des modèles de couches dites biodégradables, compostables ou réutilisables, et des lingettes dites jetables dans les toilettes ont envahi le marché. Lesquelles choisir ? Méfiez-vous des produits prétendus écolos : renseignez-vous bien et choisissez la méthode qui vous convient le mieux. Voici mon humble avis sur les solutions disponibles aujourd'hui :

– Couches biodégradables : ce n'est pas parce qu'un produit est vendu comme étant biodégradable qu'il se décomposera réellement. Pour qu'un matériau se décompose, il lui faut de la lumière, de l'eau et de l'oxygène. Or, en général, ces conditions ne sont pas réunies dans une décharge. Dans *Garbology*, Edward Humes décrit un échantillon prélevé au cœur d'une décharge par des étudiants de l'université d'Arizona : du guacamole, des hot dogs et des journaux vieux de vingt-cinq ans sont ressortis intacts ! Conclusion : ne vous attendez pas à ce que les couches biodégradables se décomposent dans une décharge.

– Lingettes jetables dans les toilettes : jeter dans les toilettes semble être une bonne idée, mais, à nouveau, où vont les déchets ? La lingette descend dans les canalisations, voyage jusqu'à l'usine de traitement des eaux et, si elle n'a pas eu le temps de se désintégrer entièrement avant d'y arriver, elle obstrue les filtres, et c'est aux employés de s'en occuper. Quand j'ai visité l'usine de ma commune, le personnel s'est montré catégorique : « Ne jetez rien d'autre dans les toilettes que vos déchets corporels et le papier toilettes, pas même les produits vendus comme jetables dans les toilettes. » Les fabricants de ces produits déconseillent de les jeter dans une fosse septique ; j'irai plus loin en vous déconseillant de les éliminer dans le réseau d'égouts.

– Couches compostables : « compostables » signifie que, si vous réunissez toutes les conditions requises, les couches peuvent tout simplement disparaître ! Cela semble être une excellente idée, mais que fait-on du caca ? À moins d'installer un composteur spécialement conçu pour les déchets humains, le caca et les couches sales ne seront pas compostables chez vous ni dans une installation de compostage municipale de pointe. Les entreprises qui commercialisent ce genre de produits ne le signalent qu'en tout petits caractères, mais ces couches ne sont tout bonnement pas destinées à votre composteur de jardin classique, car il n'y fait pas assez chaud pour détruire les pathogènes contenus dans les matières fécales.

– Service de nettoyage des couches lavables en tissu : dans ce cas, les plus grandes préoccupations environnementales concernent le lavage et le transport des couches. Ces services utilisent de grandes quantités d'eau et d'eau de Javel pour garder leurs produits d'un blanc étincelant, et des camions les transportent de l'entreprise au domicile des particuliers, et *vice versa*.

Alors, qu'est-ce que j'aurais fait ? Comme pour tout casse-tête environnemental auquel je suis confrontée, j'appliquerais les « cinq règles » dans l'ordre. Si j'avais un bébé à la maison, je réduirais en mettant en place l'hygiène naturelle infantile (HNI), une technique qui permet de rendre un bébé propre avant son premier anniversaire (voir « Carnet d'adresses »). Je réutiliserais, en me servant de couches lavables en tissu que je laverais à la maison (vous pouvez pratiquer la HNI avec ou sans couche). Je crois profondément à la réutilisation : cette solution correspondrait donc parfaitement à mon éthique. Il est évident que cela demanderait du boulot et résulterait en de fréquents changements de couches (les couches en tissu n'absorbant pas autant que leurs équivalents jetables), mais je crois que c'est un défi que j'aimerais relever pour réduire les déchets qui finissent à la décharge.

L'ÉCOLE

La rentrée scolaire ne doit pas se résumer à l'achat d'une douzaine de cahiers exhibant le dernier superhéros à la mode et de quantités astronomiques de stylos jetables qui finiront au fond du sac à dos de votre enfant. La rentrée, c'est aussi l'occasion de rencontrer de nouveaux copains, de faire preuve d'imagination pour éviter le marathon des courses scolaires, de trouver de nouvelles idées pour le déjeuner et de choisir des activités sympa pour vos enfants.

Les fournitures

Quand j'étais enfant, l'année scolaire était à peine terminée que j'attendais déjà la rentrée avec impatience. Plus tard, j'en suis venue à redouter ce moment pour mes enfants, car j'appréhendais les tonnes de papiers, de documents plastifiés et d'objets non recyclables que je n'achète pas pour nous mais que je suis obligée d'acheter pour l'école. Nous avons demandé aux instituteurs de ne pas donner de papiers inutiles à nos garçons et de ne pas plastifier leurs travaux : ils ont gentiment accepté, mais la liste de fournitures, elle, est toujours source de frustration. Dans un monde parfait, les professeurs harmoniseraient leurs listes et accepteraient de limiter le nombre de fournitures. Par exemple, ils choisiraient un classeur commun qui accompagnerait l'enfant du CP au CM2. Aujourd'hui, leurs exigences très précises – classeurs avec fermeture Éclair de 5 cm d'épaisseur pour certains, classeurs sans fermeture de 2,5 cm d'épaisseur pour d'autres, intercalaires en plastique ici, en carton coloré là

– empêchent la réutilisation et occasionnent des frais inutiles pour les parents. Dans l'idéal, à la fin de l'année scolaire, les professeurs garderaient aussi les fournitures réutilisables pour les prochains élèves, ou les partageraient avec leurs collègues ou un magasin d'occasion. Encore mieux, les fabricants proposeraient des produits durables rechargeables et non toxiques, et les professeurs limiteraient leurs demandes à ceux qui existent sous cette forme. Jusqu'à ce que ce rêve devienne réalité, voici comment vous attaquer à la liste de fournitures en gardant le zéro déchet à l'esprit :

– **Réduisez la liste :** consultez les fournitures restantes de l'année précédente et mettez la liste à jour en fonction des articles dont vous avez réellement besoin : votre enfant a sans doute déjà le nombre requis de crayons à papier (ou de recharges de mines) et de marqueurs.

– **Fouillez dans vos tiroirs :** il est fort probable que vous y trouviez des articles tout bêtes comme le « stylo noir » qui figure dans la liste.

– **Rendez-vous au magasin d'occasion :** les magasins d'occasion tels qu'Emmaüs sont super pour dénicher des classeurs, des intercalaires et même, parfois, du papier, des marqueurs, des crayons à papier et des crayons de couleur.

– **Fournissez-vous à la papeterie du coin :** quand vous n'avez pas trouvé un objet dans les lieux précédemment cités, un petit commerce peut vous en fournir la quantité souhaitée (au lieu d'une boîte de dix), sans emballage (vendu en vrac). Référez-vous au chapitre « Le bureau et le courrier » pour davantage de conseils pour choisir ces produits.

– **Allez sur eBay :** ce site Internet est idéal pour trouver un objet d'occasion très précis, comme une calculatrice scientifique.

Le déjeuner

De nombreux parents considèrent que préparer le déjeuner de leur enfant prend trop de temps et demande une créativité qu'ils jugent épuisante. Cela en vaut-il la peine ?

Préparer un déjeuner zéro déchet n'est pas seulement bon pour l'environnement et votre porte-monnaie : cela représente une bonne alternative aux repas fournis par l'école. Alors que les taux d'obésité et de diabète atteignent des sommets dans notre société, un déjeuner fait maison permet aux parents de veiller à l'équilibre et à la variété du régime de leur enfants. En outre, les principes du zéro déchet réduisent l'ingestion de nourriture transformée et l'absorption de substances chimiques libérées par les emballages. Évidemment, une fois que nos enfants passent le seuil de la porte, on ne peut pas être sûr de ce qu'ils mangent, ni en quelle quantité. Toutefois, ceux qui rapportent leur panier-repas à la maison le soir éclairent leurs parents sur leur consommation et leurs préférences.

Préparer le déjeuner peut être une véritable corvée : en élaborer un qui soit sain et zéro déchet est intimidant pour certains. Toutefois, une fois que le garde-manger zéro déchet est en place, cela devient relativement facile et dépourvu de stress. Conserver vos aliments dans des bocaux de conserve transparents (aussi bien dans le frigo que dans vos placards) sert à visualiser aisément le choix qui s'offre à vous ; adopter un système rotatif pour les aliments permet la variété tout en limitant les options au quotidien, ce qui accélère la prise de décision le matin. Inviter vos enfants à participer à la préparation du déjeuner peut aussi vous faire gagner du temps. Cela augmente les chances qu'ils aiment (et donc mangent) leur repas. En outre, cela leur donne l'occasion d'être autonomes et leur inculque des habitudes alimentaires saines, deux principes importants pour leur santé future.

Voici quelques astuces pour vous aider à faire participer vos enfants et à les intéresser à leur repas :

– **Faites de petites portions :** transférez une petite portion d'un aliment (un verre de yaourt par exemple) dans un contenant plus petit, ou coupez des restes de pizza ou de quiche en petits fours.

– **Réchauffez :** réchauffez un reste puis placez-le dans une Thermos.

– **Roulez :** faites des rouleaux avec des tranches de charcuterie ou des feuilles de laitue.

– **Donnez des formes :** coupez les légumes en bâtonnets, en ronds, en carrés ou en étoiles (utilisez les restes dans une salade).

– **Faites des brochettes :** utilisez des piques à cocktail en Inox pour faire des minibrochettes. Limez leurs bouts si vous les jugez trop pointus pour votre enfant.

– **Faites des tranches :** proposez de la baguette tranchée et toastée pour remplacer les biscuits salés. Certains fruits, comme les oranges, sont plus appétissants et plus pratiques à manger quand ils sont tranchés.

– **Pensez à la sauce :** fournissez une sauce froide comme de la sauce soja, du yaourt, du hoummous ou de la moutarde pour accompagner les légumes crus.

Pour se préparer un déjeuner sain, mes enfants suivent des directives toutes simples. Ils associent des ingrédients de chacune des catégories suivantes. Tous sont disponibles en vrac ou sans emballage. Ils prennent, par ordre d'importance (quantité) :

1. Grains entiers (privilégiez le blé complet quand c'est possible) : baguette, petits pains, bagels, pâtes, riz, semoule.

2. Légumes : laitue, tomate, cornichons, avocat, concombre, brocoli, carotte, poivron, haricots, céleri, pois mange-tout.

3. Protéines : charcuterie, restes de viande ou de poisson, crevettes, œufs, tofu, noix/noisettes, beurre de cacahuète, haricots, pois.

4. Calcium : yaourt, fromage, légumes-feuilles.

5. Fruits : de préférence des fruits crus ou des baies, compote de pommes maison ou fruits secs.

6. Goûter (facultatif) : fruit entier ou sec, yaourt, biscuit ou pop-corn fait maison, noix/noisettes, granola et tout snack disponible au rayon vrac.

Pour emballer un déjeuner, pas besoin d'acheter ni de stocker un contenant spécial. Vous avez sans doute tous les éléments nécessaires sous la main : un contenant réutilisable, un torchon de cuisine, une fourchette et une cuillère (facultatif). Même si de nombreux parents préféreront un récipient en Inox pour leurs enfants, nos bocaux en verre fonctionnent bien pour Max et Léo : ils n'en ont cassé aucun à ce jour. Je pense que les enfants sont tout à fait capables de prendre soin d'objets cassables si on leur en donne l'occasion. Vous pouvez envelopper le contenant, ainsi qu'un sandwich et un fruit, dans un torchon, selon l'art du *furoshiki*. Le *furoshiki* est un art traditionnel japonais qui consiste à emballer dans une étoffe. Contrairement aux emballages classiques, un torchon a plusieurs fonctions : protection pendant le transport, poignée de transport, set de table et serviette, tout en un ! Nos enfants emploient la méthode ci-dessous pour empaqueter leur déjeuner (rendez-vous sur furoshikiecoconcept.wordpress.com pour découvrir d'autres techniques).

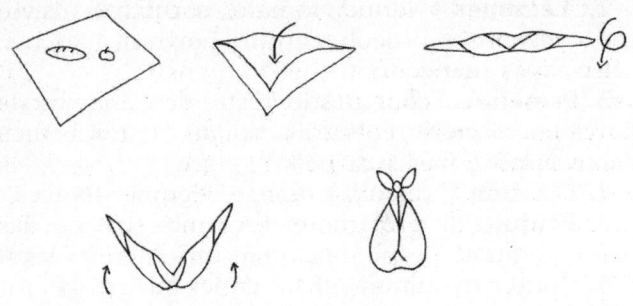

Les activités extrascolaires

Il n'y a pas que les jouets qui encombrent la vie de nos enfants. Les inscrire au maximum d'activités extrascolaires possibles est devenu courant. Pourquoi remplissons-nous autant l'emploi du temps de nos enfants ? Cela leur est-il bénéfique ?

Certains parents ont légitimement recours aux activités extrascolaires pour faire garder leurs enfants ou les éloigner des jeux vidéo. Toutefois, ce choix vise souvent à satisfaire les sentiments des parents : l'espoir de découvrir un talent précoce, l'apaisement de nos propres frustrations, l'envie face aux loisirs des autres, la peur de ne pas leur offrir le meilleur avenir possible (footballeur professionnel ou diplômé d'une grande école par exemple). Même si cela part d'une bonne intention, imposer ce méli-mélo d'émotions à nos enfants et remplir chaque minute de leur agenda ne fait qu'engendrer du stress, les priver de temps en famille et entraver leur développement personnel.

Quand on leur donne l'occasion de s'ennuyer, ils trouvent des moyens de s'occuper l'esprit : les jeux spontanés leur permettent de profiter du grand air, de se créer leur propre monde et de cultiver leur imagination indépendamment des aspirations de leurs parents.

En tant que parents, nous voulons tous ce qu'il y a de meilleur pour nos enfants et nous sommes libres de les élever comme bon nous semble. Mais contrebalancer les activités extrascolaires par des jeux non structurés offre de nombreux avantages : rappelons-nous-en au moment des réinscriptions !

LES ARTS ET LES TRAVAUX MANUELS

Les arts et les travaux manuels sont idéaux pour resserrer les liens avec nos enfants, développer leurs capacités motrices, leur inculquer des valeurs de conservation de l'environnement et leur apprendre à se débrouiller. En plus, ils constituent une super-activité de fin d'après-midi, après l'école !

Vous vous demandez peut-être : vivre avec moins ne freine-t-il pas la créativité ?

Avant de m'embarquer dans ce style de vie, j'associais le minimalisme à l'austérité créative. Or j'ai réalisé que c'est totalement l'inverse. Il y a sept ans, j'avais tout un stock de matériel dans mon atelier : des centaines de cadres, des dou-zaines de toiles vierges, des livres de peinture, un nombre incalculable de pinceaux et tout un tas de matériels divers et variés. J'étais fière de ma clientèle et de mon succès naissant. Cependant, je me souviens d'avoir été frustrée par le manque de renouvellement de ma créativité. Quand nous avons déménagé, nous nous sommes séparés de beaucoup de choses, et mon matériel artistique n'a pas été épargné. J'en ai donné à des écoles et à des amis, en ai partagé sur craigslist.org et en ai porté dans un magasin d'occasion pour artistes. En me séparant de mes projets potentiels ou inachevés, je me suis débarrassée de mes frustrations et de mes attentes. J'ai compris que ce matériel latent m'avait narguée et intimidée toutes ces années : il avait attendu que je surpasse mes capacités artistiques, que j'en fasse quelque chose de formidable. Grâce au mode de vie zéro déchet, j'ai découvert que la créativité n'était pas réservée aux toiles vierges, que les occasions de créer abondent autour de nous : mes angoisses se sont envolées, pour être remplacées par la satisfaction de trouver des solutions alternatives au tout-jetable. Par exemple, réinventer nos restes de cuisine ou trouver des moyens de rallonger la durée de vie de nos objets nourrit ma créativité ; notre jardin, notre compost et nos recyclables, eux, me fournissent les matériaux. Nous les avons toujours sous la main : les enfants et moi n'avons besoin ni de les collecter ni de les stocker. Tout comme « l'habit ne fait pas le moine », j'estime que le matériel ne fait pas l'artiste. Ce n'est pas son matériel qui a donné de la force à l'œuvre de Van Gogh, mais sa vision et sa touche. Après tout, d'après Mary Lou Cook[1] : « La créativité, c'est inventer, expérimenter, grandir, prendre des risques, enfreindre des règles, faire des erreurs et s'amuser. » Rien de tout ça ne dépend du stock de matériel. L'art, tout comme sa pratique, est très personnel, mais je reconnais que le zéro déchet a suscité chez moi un flux de créativité comme je n'en avais jamais connu.

Avec l'essor de l'écologie, les travaux manuels connaissent un regain de popularité. De nombreux parents écoresponsables les utilisent comme prétexte pour collecter des matériaux, comme moyen d'éviter que des détritus finissent à la poubelle, et parfois même pour justifier des habitudes de

---

1. Auteur, calligraphe et activiste américaine.

consommation (« Je peux acheter une bouteille en plastique : je m'en resservirai pour faire une mangeoire à oiseaux »). Fabriquer des objets artisanaux à partir de matériaux de récup est devenu une tactique populaire pour combattre les déchets. Malgré tout, de nombreux projets présentés dans les médias contredisent les principes du zéro déchet : ils utilisent des produits toxiques (comme des colles fortes) ou encouragent l'utilisation de matériaux que nous devrions refuser en premier lieu (tels les sacs en plastique) ; ils proposent de construire des objets dont nous n'avons pas besoin ou emploient des procédés qui transforment un matériau recyclable en un qui ne l'est plus. La réutilisation peut engendrer de l'encombrement, et les travaux manuels, produire des déchets : soyez-en conscient.

Voici ce que vous devez garder en tête quand vous voulez faire des travaux manuels zéro déchet avec vos enfants :

– **Fournitures :** pas besoin d'avoir des tonnes de matériel sophistiqué, quelques fournitures suffisent. Proposez la peinture à l'eau, les crayons à papier, la ficelle, une paire de ciseaux, la colle maison (voir recette à la page 264) et un accès supervisé à la boîte à outils. Le matériel ne doit être ni dangereux ni générateur de déchets. Achetez-le dans un magasin d'occasion ou un magasin d'art, où vous pouvez l'acheter à l'unité, sans emballage. Préférez les pastels et les crayons de couleur aux feutres en plastique, et envisagez de faire vous-même vos aquarelles (voir recette à la page suivante).

– **Matériaux :** dirigez votre enfant vers ceux qui se trouvent dans votre poubelle, votre composteur ou votre bac de recyclage – cire de fromage (type gouda), planches, brindilles, peluches de sèche-linge (voir instructions plus bas), vêtements usés, pulls feutrés, papier imprimé sur les deux faces et boîtes de colis. Les rares fois où nous n'avons pas ce qu'il faut sous la main (les professeurs des enfants ont demandé des coupures de magazines par exemple), nos voisins nous dépannent avec plaisir.

– **Objectif :** en général, le but des travaux manuels se classe dans l'une des quatre catégories suivantes : réparer, fabriquer, embellir ou explorer son côté artistique. Ce dernier est particulièrement important pour l'épanouissement de l'enfant (faire l'expérience des matières, des textures et des couleurs), mais, en grandissant, lui inculquer des aptitudes techniques l'initie aux travaux manuels pratiques. Par exemple, repriser, travailler le bois, coudre et tricoter deviennent des compétences précieuses pour créer ou réparer des objets fonctionnels. Lui suggérer de construire quelque chose d'utile (à la nature, à votre famille ou à un individu dans le besoin) décourage la fabrication d'objets de déco encombrants pour faire place à l'émancipation : il en retiendra des techniques de sauvegarde et de survie, et apprendra la générosité. Par exemple, des bouts de tissu ou des pulls en laine peuvent être transformés en couvertures pour venir en aide aux personnes dans le besoin ; des bouts de bois, en nichoir pour fournir aux abeilles maçonnes un site de nidification sain et favoriser leur reproduction (voir instructions plus bas).

– **Traitement :** pensez à la fin de vie de ce que vous fabriquez. Une fois votre objet fini, sera-t-il recyclable ou compostable ? L'ajout de matériel va-t-il le transformer en déchet destiné à la décharge ? Veillez à ce que, pendant sa fabrication, votre produit conserve ses qualités recyclable ou compostable (par exemple, ne collez pas du plastique à du bois de manière permanente). Pensez aussi aux créations éphémères, particulièrement efficaces en matière de zéro déchet. Par exemple, les sculptures en sable, la fabrication de bougies, les décorations de table (comme celles décrites dans le chapitre « La cuisine et les provisions ») ou la pâte à modeler (voir plus bas) encouragent la créativité et les créations temporaires, non les collections et les déchets destinés à la décharge.

Fabrication de couleurs

COULEURS

- Bleu/violet : myrtilles, bleuets, raisins, chou rouge, pétales de rose fanés, vin, encre de calmar.
- Rouge : betteraves, baie de sureau, fraises, cerises, framboises, radis.
- Jaune/orange : peau de grenade ou d'oignons, betterave jaune, navet jaune, feuilles de céleri, carotte (ainsi que leurs fanes), curcuma.
- Vert : menthe poivrée, épinards, feuilles d'artichaut.
- Marron : café, thé, peau d'oignon rouge, sauce soja, écale et coque de noix, écorce et feuilles sèches (de plantes non toxiques), toast carbonisé, encre de seiche.
- Noir/gris : mûres, encre de pieuvre, charbon de bois, amandes carbonisées (voir la recette du khôl à la page 153).

INSTRUCTIONS

Utilisez les liquides « tels quels », ou faites-les bouillir pour qu'ils réduisent et atteignent la saturation de la couleur souhaitée.

Recouvrez les matériaux solides d'eau, faites bouillir, puis réduire jusqu'à atteindre l'intensité de couleur désirée. Égouttez ou filtrez (en fonction de la taille de votre matériau).

APPLICATION

Pour vous en servir d'aquarelles, ajoutez ½ cuillerée à café de sel et ½ cuillerée à café de vinaigre blanc pour ¼ verre de liquide et conservez dans de petits bocaux.

Pour colorer des œufs de Pâques, plongez-les dans le liquide en ébullition.

Mastic de peluches de sèche-linge

INGRÉDIENTS

- 3 verres de peluches de sèche-linge.
- 500 ml d'eau.
- 2 cuillerées à soupe de sel.
- 100 grammes de farine.

INSTRUCTIONS

1. Dans une casserole, faites tremper les peluches dans l'eau additionnée de sel.
2. Ajoutez la farine et mélangez, sur feu moyen, jusqu'à ce qu'une pâte se forme.
3. Ôtez du feu et laissez refroidir.

APPLICATION

Utilisez le mastic seul ou sur une forme, comme vous le feriez avec du papier mâché. (Graissez votre moule avec de l'huile de cuisson ou le baume maison de la page 157.) Il faut quelques jours pour que la pâte sèche et se solidifie complètement. Cette activité est conseillée en été, ou quand il y a du soleil.

Note : vous pouvez aussi utiliser les peluches comme allume-feu (voir le chapitre « Les sorties », page 343), comme matériel de rembourrage (poupées de chiffon ou boutis) ou pour épaissir votre pâte à papier (voir le chapitre « Le bureau et le courrier », page 247).

Nichoir pour les abeilles maçonnes

Ne vous inquiétez pas, ce nichoir n'attirera pas les abeilles qui piquent !

Matériel nécessaire

- Bloc de bois non traité d'environ 10 x 15 x 30 cm
- Crayon
- Règle
- Perceuse
- Foret de 8 mm
- Papier de verre

Instructions

1. Dessinez une grille espacée de 2,5 cm sur le côté le plus large d'un bloc de bois.
2. Percez des trous de 9 cm de profondeur à chaque intersection de la grille (réglez ou marquez votre foret).
3. Lissez les trous avec du papier de verre.
4. Accrochez à une clôture ou à une barrière, orientée au sud, à l'abri du vent, entre 1 et 2 mètres du sol.

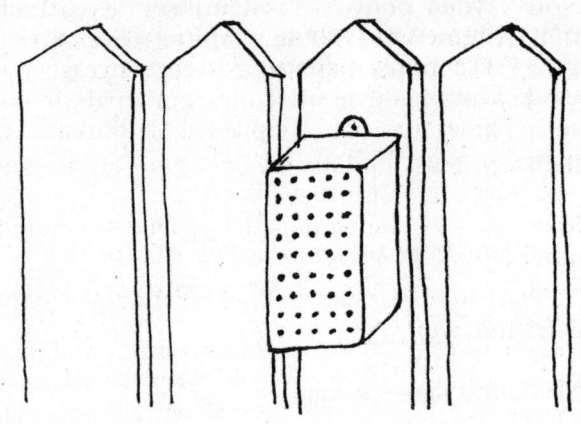

Pâte à modeler

INGRÉDIENTS

- 240 grammes de farine
- 500 ml d'eau
- 1 cuillerée à soupe d'huile de cuisson végétale
- 1 cuillerée à café de crème de tartre
- 260 grammes de sel

INSTRUCTIONS

1. Mélangez tous les ingrédients dans une casserole.
2. Remuez sur feu moyen jusqu'à ce qu'une pâte se forme.
3. Faites refroidir et conservez dans un bocal.

RÉCAPITULATIF DES « CINQ RÈGLES » : CINQ ASTUCES POUR LES ENFANTS ET L'ÉCOLE

Refuser : dites non aux sacs de fête d'anniversaire et aux polycopiés inutiles.

Réduire : faites le tri dans les jouets et le nombre d'activités extrascolaires.

Réutiliser : achetez des vêtements et des fournitures scolaires d'occasion.

Recycler : utilisez des matériaux compostables ou destinés à la décharge pour vos travaux manuels.

Composter : compostez vos œuvres !

Les fêtes et les cadeaux

> « Il ne faut pas respecter aveuglé-
> ment les traditions – cela ne sert à
> rien. Il faut les comprendre. »
>
> Proverbe cherokee.

Les fêtes sont très personnelles. Chaque famille a ses propres traditions, peut-être même des observances religieuses. Le mode de vie zéro déchet ne doit en aucune manière gâcher votre plaisir ni affecter des traditions importantes à vos yeux. Cela dit, les principes de ce mode de vie ont changé la manière dont nous célébrons les fêtes chez nous. Puisqu'en moyenne les Français génèrent deux fois plus de déchets pendant les fêtes de fin d'année que le reste du temps, commençons par voir si certains aspects de ces festivités ne gagneraient pas à être simplifiés.

NOËL

Quand Max et Léo étaient tout petits, j'organisais des fêtes de rêve pour eux. Chaque année, des mois à l'avance, je me creusais les méninges pour faire mieux que l'année précédente. Il fallait que ce soit notre plus beau Noël. J'entamais la période des fêtes par une virée au magasin d'art graphique, à la recherche de papier fantaisie et de matériel de collage pour confectionner nos cartes de vœux. Leur design devait être toujours plus élaboré, et il me fallait une semaine entière pour finir mes quarante cartes ; celles-ci devaient être prêtes à l'envoi dès la première semaine de décembre. Il fallait également parfaire notre décoration et rajouter des guirlandes lumineuses à la maison pour que sa façade et son jardin brillent de mille feux et surpassent ceux des voisins. Notre sapin était toujours plus grand, et, chaque fois, j'achetais de nouvelles boules pour le garnir. Tout au long de l'année, j'empilais divers objets dans un placard prévu à cet effet. Mais, à l'approche des fêtes, je multipliais les dépenses, dans les bazars entre autres, à la recherche de nouveaux cadeaux, dont des petites babioles à glisser dans les chaussettes de Noël. Ce n'était pas la qualité que je recherchais, mais la quantité. Je passais des heures à emballer d'innombrables présents aux formes biscornues. Je prévoyais des festins et des tenues différentes pour le réveillon et le jour de Noël. Pour moi, le but des activités de l'Avent était de nous préparer au « grand jour » et de faire monter l'excitation. Cette quête de l'excellence était source de stress intense. Malgré tout, je me considérais comme une marchande de rêve et j'avais peur de ne pas être à la hauteur des attentes de mes enfants – attentes que je reconnais aujourd'hui avoir moi-même créées.

Ces moments tant attendus ne duraient pourtant pas longtemps. Ils se transformaient vite en cauchemar, dès lors que nous étions confrontés à la mer de papiers cadeau et de rubans, à la queue dans les magasins pour retourner certains présents, au manque de place pour ranger ceux que nous gardions et à l'impressionnante montagne de déchets.

D'ailleurs, nous espérions voir celle-ci disparaître au plus vite en remplissant au maximum notre poubelle de 240 litres, mais, en général, il fallait plusieurs ramassages pour tout évacuer.

Pourtant, tout cela était vite oublié. Dès janvier, j'allais faire les soldes pour acheter de nouvelles décorations et je réfléchissais déjà à la création des cartes de vœux de l'année suivante. Une carte sapin « pop-up », décorée avec des photos de famille cousues à la main, éclipserait certainement celle ornée de perles que j'avais envoyée cette année-là ! Je m'évertuais à avoir une longueur d'avance sur tout le monde : c'était le symptôme de l'addiction consumériste dans laquelle nous avions sombré.

Simplifier notre vie nous conduisit à réévaluer nos habitudes de consommation et à admettre que les fêtes généraient un gaspillage inacceptable. Cela me poussa à réfléchir : mes efforts visaient-ils à satisfaire mes enfants ou mon esprit de compétition ? Quels principes étais-je en train d'inculquer à mes deux garçons ? À quoi les destinais-je ? À vouloir plus grand, plus beau, année après année ? Je n'avais certainement pas été élevée comme ça ! Enfant, j'avais hâte de recevoir mes cadeaux, et le père Noël s'arrêtait bien chez nous, mais modestement, sans outrance. J'ai oublié ce qu'il m'apportait (excepté une poupée, une Barbie et un secrétaire que j'ai utilisé pendant des années), mais je me rappelle n'avoir jamais attendu une surenchère de sa part. J'espérais seulement qu'il revienne. Ce dont je me souviens le mieux, ce sont les traditions les plus simples. Tous les ans, j'attendais avec impatience de décorer le sapin (quelques jours avant Noël), de chanter « Douce nuit, sainte nuit » à la messe de minuit et de prendre place à une belle table, spécialement décorée pour l'occasion, pour me régaler du traditionnel plat de fruits de mer, des toasts au foie gras et des crêpes Suzette de ma grand-mère, au son du tintement des flûtes de champagne et à la lueur des bougies que ma mère réservait pour cette soirée particulière.

Ce sont les traditions, et non les objets glissés dans mon petit soulier, qui peuplent mes souvenirs. J'en vins alors à souhaiter que mes enfants apprécient les fêtes avec la même simplicité. Mais comment pouvais-je revenir sur des traditions que j'avais moi-même instaurées ? Comment pouvais-je modérer les attentes que j'avais moi-même créées ? Il n'était plus question d'en mettre plein la vue aux voisins, nous devions changer nos habitudes. Cela semblait relever de l'exploit ! La première fois que nous avons célébré Noël dans la simplicité, c'était comme si j'avais invité Grincheux à la maison. Il a fallu deux ans pour faire oublier à nos enfants la démesure que je leur avais imposée, mais ils ont fini par s'habituer à nos rituels minimalistes. Grâce à ce changement, nous avons retrouvé le véritable esprit de Noël : se retrouver en famille, dans la joie et la bonne humeur.

En adoptant les principes du zéro déchet, la frénésie des fêtes (cuisine, shopping, embouteillages, cartes de vœux, etc.) est naturellement retombée. Renoncer aux activités stressantes, compliquées et génératrices de déchets nous permet de consacrer notre temps à des traditions plus profondes, fondées sur une ligne de conduite simple : être bons envers nous-mêmes et envers les autres. Voici comment :

1. Fuyez les centres commerciaux et ne vous ruez pas dans les magasins pour les promotions (allez plutôt faire une randonnée !). Cela vous évitera du stress, et c'est bon pour votre empreinte carbone (vous faites moins de trajets en voiture et cela fait baisser la demande pour de nouveaux objets), votre porte-monnaie et votre créativité. Référez-vous au guide des « Cadeaux » plus bas pour trouver des idées alternatives aux cadeaux achetés dans le commerce.

2. Incluez des « gestes de bonté » dans votre emploi du temps. Donner un coup de main à une soupe populaire, se porter volontaire à la banque alimentaire du coin, écrire une carte de remerciements à quelqu'un dont vous avez apprécié le service ou le travail (au boulanger souriant par exemple), participer à une distribution de cadeaux ou à l'opération « Enfants sans Noël » apporte de la compassion en cette période de fêtes.

3. Organisez une ou plusieurs réceptions pour célébrer les fêtes. Un seul après-midi passé à cuisiner peut s'avérer très efficace. Je fais plusieurs fournées de biscuits : Scott en emporte à son travail, les enfants en offrent à leurs enseignants, et j'organise des petites réunions à la maison : un thé avec mon groupe de marche, un apéritif avec mes copines, une soirée vin chaud avec les voisins ou un goûter pour les copains des garçons. Un minimum d'efforts pour un effet garanti ! Et pas de farine gaspillée !

4. Gardez vos traditions simples. Réduire la cuisine, le shopping, les décorations et les cartes de vœux évite du stress à toute la famille. Préférez la qualité à la quantité. Ralentissez un peu et profitez des fêtes !

Les décorations

Comme vous pouvez vous y attendre, nos décorations de Noël, comme tout le reste chez nous, ont aussi eu droit à leur grand tri ! L'esprit de Noël n'a pas souffert de cette démarche ; au contraire, il en a profité. Cela en valait la peine.

Voici à nouveau les questions à vous poser si vous voulez simplifier vos décorations :

– Cela fonctionne-t-il encore ? Par exemple, une guirlande lumineuse cassée ne devrait pas traîner dans votre stock de décorations. Réparez-la (il existe des kits de réparation). Sinon, des magasins, tels que Truffaut ou le Système U, la reprennent.

– Est-ce que je l'utilise régulièrement ? Les décorations de Noël (comme la plupart des décorations de fêtes) ne servent qu'une fois par an. Séparez-vous de celles que vous n'utilisez pas systématiquement, tous les ans, ou de celles que vous n'avez pas utilisées ces deux dernières années.

– En ai-je plusieurs ? De combien de sapins et de décorations a-t-on réellement besoin pour les fêtes ? Probablement un seul sapin et suffisamment de décorations pour laisser ressortir sa beauté naturelle.

– Cela met-il la santé de ma famille en danger ? Les sapins artificiels sont souvent en PVC, et les bougies parfumées contiennent en général des parfums à base de phtalates, tous deux libérant des substances chimiques dangereuses dans l'air. Défaites-vous de ces objets nocifs et remplacez-les par les solutions alternatives plus saines évoquées dans ce chapitre.

– Est-ce que je le garde par culpabilité ? À un moment, un génie du marketing a eu l'idée de lancer une boule « mon premier Noël » sur le marché. J'en ai reçu une en cadeau à la naissance de Max et, même si elle n'était pas vraiment à mon goût, je me suis sentie obligée de la garder pour lui : « souvenir » était mentionné sur l'emballage. Quand j'ai simplifié ma vie, j'ai appris à me libérer de la culpabilité de l'héritage (voir « Conclusion »).

Soyez maître de votre sapin : ne gardez que les décorations que vous aimez et débarrassez-vous de celles que vous n'auriez pas achetées vous-même. Après tout, c'est vous (et non un ami, un parent ou les cerveaux derrière une campagne marketing efficace) qui devriez choisir ce que vous léguerez ou non à vos enfants.

– Est-ce que je le garde parce que la société me dit que j'en ai besoin (« tout le monde en a un ») ? Pendant des années, nous avons acheté un sapin de Noël, comme tout le monde. Quand nous n'avons plus supporté d'être responsables de l'abattage d'un arbre tous les ans, nous nous sommes demandé : est-ce qu'un autre objet pourrait servir le même but ? Depuis, nous nous servons de la topiaire de 1,80 mètre de haut qui est habituellement exposé sur notre patio. Comme nous n'avions jamais vu ça ailleurs, de prime abord, il nous a semblé curieux de décorer un arbuste à la place d'un sapin, mais, aujourd'hui, on n'imaginerait plus faire autrement ! Envisagez d'utiliser une de vos plantes en pot ou d'en acheter une qui pourrait remplacer votre sapin tous les ans.

– Mérite-t-il que je consacre du temps à le dépoussiérer et à le nettoyer ? À moins de vivre dans le village du père Noël, la vaisselle de Noël prend de la place toute l'année, pour servir seulement quelques heures. En plus, il faut la laver avant de s'en servir, puis la ranger dans un endroit spécial : cela prend du temps. Or celui-ci est précieux : utilisez-le à bon escient. Pensez à faire don de tous les objets qui demandent un entretien spécial chaque année.

– Pourrais-je utiliser cet espace pour autre chose ? Donner vos articles ménagers « spécial Noël » (plats, verres, serviettes, etc.) et le renne grandeur nature qui dort dans le garage le reste de l'année libérera de l'espace et rendra les articles fonctionnels du quotidien plus faciles à trouver, à atteindre et à ranger.

– Est-il réutilisable ? Les serviettes en papier, les assiettes et le papier cadeau à thème, jetables, sont une perte d'argent, et leurs alternatives réutilisables sont tellement plus jolies !

Notre stock de décorations, qui remplissait un grand placard dans le garage et augmentait tous les ans, tient aujourd'hui dans un seul bac. Résister à la tentation d'y ajouter de nouveaux objets n'a pas été difficile. Tous les ans, nous déballons et redécouvrons nos décorations, et nous en avons toujours suffisamment. Nous complétons notre décor avec des bougies votives et des aliments comestibles. Il est très simple et très amusant de confectionner une maison en pain d'épice, de suspendre une guirlande de pop-corn (dont les oiseaux se régaleront après les fêtes) et de décorer une table avec des produits de saison. Fabriquer ces décorations en famille permet de ralentir le rythme et de renforcer les liens qui nous unissent.

Bougie votive rechargeable à l'huile

Matériel nécessaire

- Petit récipient résistant à la chaleur : vous pouvez utiliser un petit bocal en verre ou réutiliser un récipient vide de bougie votive.
- Fil métallique : choisissez du fil en Inox pour éviter qu'il ne rouille. Le calibre peut varier, mais le fil doit être suffisamment résistant pour faire tenir votre mèche et assez flexible pour être enroulé autour d'un clou. J'utilise du fil de calibre 19.

- Clou épais.
- Mèche : des petites bandes de coton tressé (de la ficelle ou du fil à broderie conviennent). La mèche se consumera plus lentement si vous la faites préalablement tremper dans une solution salée, puis bien sécher.
- Huile d'olive ou reste d'huile de cuisson.

INSTRUCTIONS

1. Entortillez le fil métallique autour du clou pour créer un ressort de 1 cm de long, puis enroulez le reste pour prendre la forme du fond de votre contenant.

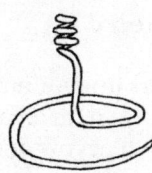

2. Passez votre mèche dans le ressort, en prenant soin de laisser un bout de 0,5 cm dépasser du ressort, et placez ce dispositif dans votre récipient.

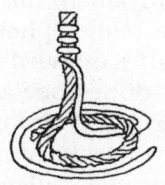

3. Remplissez votre contenant de l'huile de votre choix, jusqu'en haut du ressort (la mèche dépassera).
4. Allumez la mèche. Quand le niveau d'huile baisse, remontez-la, puis remplissez à nouveau le récipient d'huile.

Note : je garde toujours six de ces bougies à l'huile à portée de main et les utilise quand nous avons de la compagnie. Les restes d'huile de cuisson ne sentent pas en se consumant, mais, en soufflant sur la mèche, oui. Pour éviter que cette odeur n'envahisse la maison, sortez tout simplement vos bougies pour les éteindre.

Les cartes de vœux

J'étais tellement habituée à envoyer des cartes de vœux chaque année qu'il m'a fallu du temps pour ne plus craindre de décevoir mes proches.

L'échange de cartes donne l'occasion de renouer avec des personnes qui nous manquent ; elles illuminent notamment la journée d'une personne âgée et elles satisfont ma curiosité car, tous les ans, j'attends avec impatience de voir combien les membres de la famille éloignée ont changé. Les matériaux couramment utilisés pour leur fabrication, ajoutés à leur expédition, entraînent une empreinte carbone élevée. En outre, le papier photo n'est malheureusement pas recyclable aujourd'hui : tout ce qu'on imprime dessus est donc voué à finir à la décharge (tout comme le carnet de timbres vide).

Envoyer une carte électronique est une solution alternative susceptible de soulager l'impact environnemental. Mais ces vœux perdent de leur charme, si on les envoie dans un mail groupé. Selon moi, un courrier attentionné doit tenir compte à la fois des facteurs écologiques et humains. Une carte électronique peut remplacer une carte papier à cette seule condition : qu'elle fasse preuve d'une personnalisation réfléchie. Or, si on en a beaucoup à envoyer, il est difficile de les individualiser toutes. Comme nous l'avons vu dans le chapitre « Le bureau et le courrier », j'estime qu'avoir moins de relations, mais plus profondes, est davantage enrichissant qu'entretenir de nombreuses amitiés superficielles. Jetez un œil à votre liste : ne pourriez-vous pas éliminer les personnes qui n'apportent rien de positif à votre vie ? Avec une liste de destinataires moins longue, l'individualisation devient possible. Assurez-vous d'intégrer vos vœux dans le corps d'un e-mail (et non par le biais d'un lien agaçant) et adressez tous vos messages séparément (pas de Cc ni de Cci).

Afin de minimiser notre empreinte écologique, j'ai troqué mes semaines de création solitaire contre un travail d'équipe avec mes garçons : nous concevons une vidéo ou une photo numérique, que nous envoyons individuellement, avec un petit mot d'affection. Mais cette méthode ne convient pas à tout le monde. Si vous avez du mal à passer aux vœux électroniques et que vous préférez vous en tenir au papier, pensez aux options suivantes.

Pour choisir vos matériaux :

– Réutilisez les cartes que vous avez reçues pour en faire de nouvelles.

– Confectionnez vos cartes à partir de papier fait maison (voir instructions page 270) et pensez à ajouter des graines dans votre pâte à papier pour que votre carte soit plantable (principe du papier semence).

– Quand vous achetez des cartes neuves, choisissez des matériaux recyclables ou du papier recyclé postconsommation à 100 %.

– Choisissez si possible l'affranchissement que la poste imprime directement sur votre courrier.

Pour éliminer les enveloppes :

– Choisissez ou créez une carte de vœux de type carte postale.

– Fermez une carte ordinaire à deux volets avec un bout de ruban de papier adhésif ou un point de colle (voir recette de la colle à la page 273), puis inscrivez l'adresse et collez le timbre sur un côté vierge.

– Pliez une feuille de format A4 ; inscrivez l'adresse et collez le timbre sur un côté vierge.

Pour ce qui est des cartes que vous recevez :

– Conservez-les pour les réutiliser l'année suivante.

– Enlevez les photos, s'il y a lieu, puis mettez vos cartes au recyclage.

Il n'existe pas de manière universelle d'adresser ses vœux. Par exemple, les membres les plus âgés de ma famille préfèrent que je les leur exprime de vive voix.

Pour adresser ses vœux de vive voix :

– Passez un coup de fil.

– Organisez une vidéoconférence.

– Passez à l'improviste.

PÂQUES

Quand on évoque Pâques, indépendamment des croyances religieuses, on pense automatiquement aux œufs, aux cloches et aux poissons en chocolat. Ce que j'aime le plus dans cette fête, c'est la période qui la précède : le carême. Bien que je ne sois pas particulièrement pieuse, je me suis rendu compte récemment que le carême satisfaisait mes besoins spirituels et représente une opportunité :

cette période de quarante jours me permet de tester une idée durable ou d'évaluer mon attachement à une habitude. L'homme a peur du changement. Mais le carême limite l'engagement dans le temps : il donne une date d'expiration à mon projet. Personnellement, ce challenge annuel, récurrent à la fin de l'hiver, égaie ma vie quotidienne !

Je ne suis pas en train de vous suggérer de vous convertir au christianisme, loin de là, mais de prendre vous aussi le temps de tenter une nouvelle expérience chaque année. Les possibilités sont infinies. Elles vous donnent l'opportunité de renoncer à une habitude ou d'en prendre une nouvelle pendant une période définie et, au bout du compte, de faire une découverte sur vous-même. Fixez-vous un défi que vous serez capable de relever pendant quarante jours. Si vous mangez de la viande tous les jours, devenir végétalien en une nuit est voué à l'échec. À la place, diminuez votre consommation de viande rouge, ou essayez un repas sans viande par semaine. Voici quelques idées à explorer : tentez le végétalisme (si vous êtes déjà végétarien) ; faites pousser des herbes aromatiques sur le rebord d'une fenêtre ensoleillée ; arrêtez le café ; achetez local (devenez locavore) ; essayez une alternative zéro déchet ; éteignez la télé ; prenez des douches express ; faites une marche tous les jours ; utilisez les transports publics ; allez au travail à vélo ; renoncez complètement à votre voiture ; n'achetez rien de neuf, etc. La liste n'est pas exhaustive.

Pâques marque la fin de mon expérimentation : que je choisisse d'adopter ce changement de façon permanente ou non, je peux être fière d'avoir persévéré !

Maintenant, passons à la chasse aux œufs de Pâques ! Chaque année, nous préparons et cachons deux types d'œufs pour nos garçons : une douzaine d'œufs durs (colorés en suivant les instructions figurant aux pages 311-312) et une douzaine d'œufs surprises.

Pour les œufs surprises, nous remplissons des œufs en bois (voir le « Carnet d'adresses ») avec des pièces de monnaie ou des friandises achetées en vrac : billes de chocolat ou bonbons.

Après la chasse et avant le déjeuner, les œufs durs se transforment en œufs mimosa.

Recette des œufs mimosa (à ma façon)

INGRÉDIENTS

- 12 œufs durs
- 100 grammes de parmesan râpé
- 1 cuillerée à soupe de moutarde (voir recette page 114)
- Lait
- Sel et poivre
- Paprika

INSTRUCTIONS

1. Écalez les œufs durs et coupez-les en deux dans le sens de la longueur.
2. Retirez-en délicatement les jaunes et mettez-les dans un saladier. Réservez les blancs.
3. Écrasez les jaunes avec les ingrédients restants et suffisamment de lait pour obtenir une pâte.
4. Assaisonnez à votre convenance.
5. À l'aide d'une cuillère, remplissez les demi-blancs d'œufs de ce mélange.
6. Saupoudrez de paprika.

LES AUTRES FÊTES

Naturellement, la philosophie du zéro déchet peut être étendue, au-delà de Noël et de Pâques, à tout autre événement festif. La signification des fêtes est mise en valeur quand on réduit ses déchets. J'ai abandonné avec joie toutes ces coutumes non durables et me suis débarrassée du fardeau des décorations manufacturées. À la place, j'ai découvert qu'animer les fêtes avec de la nourriture était très sympa et apprécié de tous. Sans compter qu'on peut adapter son décor en fonction des saisons. Servez-vous de votre imagination pour adapter les astuces que nous venons de couvrir aux autres célébrations, ainsi qu'à vos goûts et aux traditions familiales !

LES CADEAUX

On offre des cadeaux par obligation ou par gentillesse. Quelle que soit votre motivation, ce que vous offrez doit toujours être le fruit d'une mûre réflexion. Venant d'une maison zéro déchet, vos présents se doivent de refléter vos valeurs. Ils représentent une formidable occasion de faire connaître votre démarche de réduction des déchets à vos amis et de les inciter à suivre votre exemple. Voici quelques idées de cadeaux qui appliquent les principes du zéro déchet.

Les expériences

Le mode de vie zéro déchet encourage à préférer les expériences aux biens matériels. Une expérience ne devient jamais un objet « souvenir » ni une source d'encombrement. Elle est non seulement meilleure pour l'environnement, mais on s'en souvient également plus longtemps ! Par exemple, l'an dernier, nous avons offert à nos garçons un bon pour une activité familiale mensuelle pour Noël : au cours de l'année, nous avons participé ensemble à douze activités que nous n'avions jamais essayées. Certaines étaient payantes, d'autres non, mais Scott et moi nous sommes amusés à les garder secrètes jusqu'au dernier moment. Parmi les activités que nous avons aimé pratiquer en famille, voici quelques exemples qui n'obligent pas à consommer et que vous pouvez offrir sous forme de bon (de préférence numérique, ou en papier) ou de billet d'entrée :

– Aller voir un film, un ballet, un opéra, un concert, un spectacle comique, un match de sport ou l'enregistrement d'une émission de télé.

– Ramasser des fruits chez le producteur ou des champignons avec le club de mycologie local, ou pêcher le crabe.

– Faire une randonnée à pied ou à cheval, une dégustation d'insectes (nous en avons goûté recouverts de chocolat !), une promenade à vélo, une balade en traîneau à neige, un parcours de golf, un saut en parachute, un tour de grande roue, une partie de jeu laser, du patin à glace, du bowling, du saut à l'élastique, du kart, du kayak, du bateau, du cerf-volant, du géocaching, du pédalo, du parachute ascensionnel, du roller, de la luge, du ski, de la voile, de l'accrobranche ou de l'escalade sur un mur d'escalade.

– Dîner dans un restaurant original : restaurant japonais teppanyaki, barbecue coréen, fondue suisse, etc. ; pique-niquer dans un lieu insolite ; prendre le thé dans un grand hôtel.

– Visiter un musée, un parc à thème, un aqua-rium, un zoo, une ferme, une installation de recy-clage ou une usine.

– Passer la nuit dans un refuge, un hôtel avec piscine, une cabane ou sur une péniche aménagée ; prendre une leçon de surf, de cuisine, etc.

Cette liste n'est pas exhaustive ! Les possibilités ne sont limitées que par votre imagination... Il vous suffit de trouver une activité qui sorte de votre quotidien.

Votre temps

Le temps, c'est de l'argent. Et c'est un cadeau on ne peut plus respectable. Vous pouvez l'offrir sous la forme d'un bon ou d'une visite à l'improviste.

– Expertise professionnelle : un plombier peut offrir de réparer un robinet qui fuit ; un électricien, de remédier à un branchement défectueux.

– Travail manuel : planter un arbre ; peindre la chambre d'un nouveau-né ; ratisser des feuilles ; tondre la pelouse ; faire du baby-sitting. Ce sont des cadeaux que les ados en particulier peuvent se permettre d'offrir.

– Visite : quand la distance vous sépare de vos parents ou de vos grands-parents, une visite impré-vue leur fera à coup sûr plaisir. Pourquoi ne pas faire cadeau de votre présence ?

Les services

Les services d'un professionnel peuvent être offerts sous la forme d'un chèque-cadeau. C'est une excellente manière de chouchouter quelqu'un : manucure ou pédicure, soins du visage, massages, abonnement à la salle de gym, etc.

Les cadeaux numériques

Les cadeaux numériques sont tout à fait corrects en matière de réduction des déchets. Pensez à offrir des abonnements à des magazines ou à des journaux électroniques, des e-books, des albums sur iTunes, du stockage de données dans le cloud, de la numérisation de photos ou de vidéos (faire transformer des cassettes vidéo en fichiers électroniques par exemple) ou encore des minutes de communication sur Skype.

Les consommables

Emballés dans un bocal ou un sac en tissu orné de ruban ou de ficelle, les produits consommables font le bonheur de tous. Inspirez-vous entre autres des recettes figurant dans ce livre. Les possibilités sont infinies, mais voici quelques exemples :

Les aliments consommables

– Faits maison : biscuits, confiture, moutarde, légumes marinés, pâte de coings, fleurs cristallisées, épices pour vin chaud, vinaigre de vin rouge, mélange pour chocolat chaud, liqueurs, huiles infusées.
– En vrac/sans emballage : huile d'olive, miel, cornichons, olives, bonbons, fruits secs, billes de chocolat.

Produits de beauté

– Faits maison : savon, gommage, baume, poudre dentifrice, mascara, eye-liner.
– En vrac/sans emballage : masque à l'argile, savonnette, lait corporel, sels de bain, huiles de massage.

Produits domestiques

– Faits maison : papier, bougies faites à partir de restes de cire, graines ou plantes du jardin.

L'argent

Un cadeau qui fait toujours plaisir et qui est totalement réutilisable, c'est l'argent ! Vous trouverez toutes sortes de techniques d'origami pour plier un billet sur Internet ; choisissez une forme qui suggère une façon de le dépenser – une bague, un chat, une robe, une chemise ou un avion. Vous pouvez être sûr que ces astuces de pliage surprendront !

Pensez aussi à offrir un don de charité au nom de votre bénéficiaire : certaines organisations, telles que Vision du monde, proposent un grand choix de cadeaux solidaires, tandis que d'autres (comme undonpouragir.fr) proposent une carte-cadeau électronique qui permet à votre bénéficiaire de choisir l'œuvre caritative qu'il souhaite soutenir (et elles sont nombreuses).

Les articles d'occasion

Fouillez dans votre maison : passez outre ce tabou. Il n'y a rien de mal à donner un cadeau qui vous a été offert ou un objet que vous n'utilisez pas, tant que vous êtes *sûr* que son bénéficiaire en a besoin et l'appréciera. C'est une pratique écoresponsable qui est tout à fait acceptable et coutumière dans de nombreuses régions du monde.

Cherchez sur le marché de l'occasion : les magasins d'occasion, les vide-greniers, les marchés aux puces, les boutiques de dépôt-vente, Le Bon Coin, Ataos, eBay, etc., sont idéaux pour rechercher un objet en particulier, comme des livres ou du matériel sportif, figurant sur la « liste de souhaits » de quelqu'un. Lors de votre visite sur eBay, assurez-vous de cocher la case « Occasion » dans les options de recherche et, lors d'un achat, de demander du papier ou du carton pour le matériel d'expédition et, si possible, l'envoi par voie terrestre.

Note : si vous trouvez gênant de dire à votre bénéficiaire que votre cadeau est d'occasion, utilisez le terme *vintage* à la place. Les deux mots veulent dire à peu près la même chose, mais *vintage* a une connotation plus charmante.

Acheter neuf

Acheter neuf est un dernier recours pour une famille zéro déchet, mais c'est parfois inévitable quand vous ne trouvez pas ce que vous cherchez sur le marché de l'occasion. Privilégiez les articles à la fois durables, réutilisables, fabriqués localement de manière écoreponsable et, de préférence, vendus sans emballage. Pouah ! Tant de règles à suivre ! Acheter d'occasion est bien plus simple ! Les produits éco font fureur actuellement : ce sont des cadeaux acceptables, mais seulement si la personne en a vraiment besoin et envie. Sinon, ils sont voués à encombrer et à gaspiller des ressources. Pas besoin d'offrir une gourde en Inox à quelqu'un qui en a déjà une, ni un objet recyclé si la personne l'a déjà dans un matériau différent. Outre les cadeaux évidents comme les bouteilles et les cabas à provisions réutilisables, pensez aux jeux de société (ça resserre les liens familiaux), aux livres sur la cueillette, aux sacs cadeau en tissu, aux chargeurs de piles, etc.

Se montrer proactif

Le zéro déchet commence à l'extérieur de la maison et dépend en grande partie de votre capacité à être proactif. Voici quelques conseils pour gérer les cadeaux que vous vous attendez à recevoir :

– Faites savoir aux personnes avec lesquelles vous avez l'habitude d'échanger des cadeaux que vous respectez les principes du zéro déchet et que vous préférez les expériences aux biens matériels.

– Tout est question de timing : mettez-les au courant avant qu'elles ne prennent la peine de chercher/acheter quelque chose pour vous ou votre enfant.

– Donnez-leur des exemples concrets d'idées de cadeaux, comme ceux mentionnés plus haut. Parmi les idées faciles et bon marché, que grands-parents et parents des copains de vos enfants apprécieront, figurent les chèques cadeau pour le cinéma, le glacier du coin ou iTunes.

Emballer ses cadeaux

Un cadeau zéro déchet n'est jamais parfait sans l'emballage adéquat. Naturellement, l'emballage le plus zéro déchet qui soit, c'est de ne pas en utiliser du tout (par exemple, un cadeau d'hôtesse le requiert rarement) ! Toutefois, lorsque votre cadeau doit rester une surprise jusqu'à son ouverture, pensez à ces solutions alternatives pour l'emballer :

– Achetez des sacs cadeau réutilisables ou faites-en à partir de chutes de tissu (draps, chemises, jeans, poches, etc.). Vous pouvez transformer une chaussette dépareillée en étui, des taies d'oreiller en grands sacs. Cela encouragera votre ami à les réutiliser et lui évitera à son tour d'acheter du papier cadeau ! Choisissez un modèle (ou fabriquez-en un) avec un ruban intégré pour ne pas avoir à en utiliser de jetables.

– Achetez ou faites des carrés de tissu de *furoshiki* (70 x 70 cm est une taille pratique) pour emballer élégamment vos cadeaux. Le nouage de cet art japonais évite en outre les rubans. Les draps, les rideaux ou les saris sont d'excellents matériaux pour les confectionner vous-même. Comme je l'ai déjà mentionné, des instructions simples figurent sur furoshikiecoconcept.wordpress.com, mais veuillez trouver ci-dessous ma technique préférée pour empaqueter une bouteille. Assurez-vous d'inclure les instructions ou de bien montrer à la personne qui reçoit votre cadeau comment utiliser votre *furoshiki*, de façon qu'elle puisse s'en resservir.

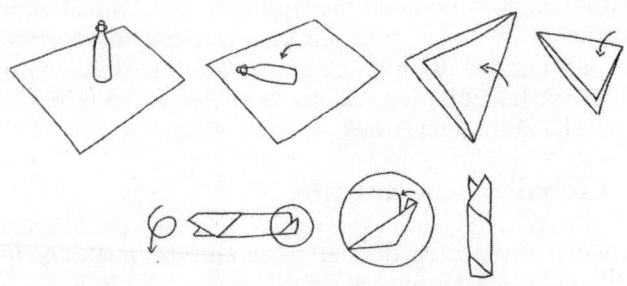

– Utilisez un cadeau pour en emballer un autre. Un tee-shirt, un pull ou un torchon de cuisine peuvent servir d'emballage et ont une double utilité (un cadeau et un emballage en un !). Envisagez d'utiliser les torchons que vous jugez « trop jolis pour vous en servir ».

– Réutilisez ce que vous avez déjà sous la main si vous n'avez pas accès aux solutions alternatives précédemment citées : papier cadeau provenant de présents qu'on vous a faits, papiers issus de votre bac à recyclage, dessins de vos enfants, coupures de journaux (si vous recevez toujours le journal) ou matériel d'expédition (boîte, papier kraft ou enveloppe mise à l'envers). Si votre emballage est bien fait, pas besoin de ruban adhésif : de la ficelle, du fil ou des lanières de tissu en fibres naturelles feront l'affaire. Ils pourront ensuite être réutilisés par la personne qui reçoit votre présent, et même compostés à la fin de leur vie.

– N'adressez votre cadeau que lorsque c'est nécessaire. Par exemple, pour un mariage ou un anniversaire, ça ne l'est pas. En revanche, afin d'éviter la confusion à Noël, écrivez le nom du destinataire directement sur votre matériau d'emballage, en utilisant un crayon lavable. Sinon, confectionnez une étiquette avec une feuille d'arbre ou un matériau issu de votre bac à recyclage, coupé en petit rectangle.

RÉCAPITULATIF DES « CINQ RÈGLES » : CINQ ASTUCES POUR LES FÊTES ET LES CADEAUX

Refuser : ne remplissez pas le petit soulier de Noël de votre enfant de babioles, préférez la qualité à la quantité.

Réduire : faites le vide dans vos décorations. Passez aux décos comestibles !

Réutiliser : emballez vos cadeaux dans des carrés de *furoshiki*.

Recycler : envoyez les cartes de vœux que vous recevez au recyclage.

Composter : mettez les coquilles de vos œufs mimosa dans votre composteur.

Les sorties

Le mode de vie zéro déchet peut (et doit) se prolonger hors des limites de votre foyer. Vous allez vite vous en rendre compte, les méthodes utilisées pour s'attaquer aux déchets à l'extérieur sont très similaires à celles que vous appliquez chez vous. Elles se résument à un principe commun : l'action préventive.

Bien sûr, la vie est pleine de surprises, d'imprévus, d'occasions à ne pas rater, et nous ne voulons pas que le zéro déchet vienne les gâcher. Mais, quand une activité est projetée, on est en mesure de réfléchir au gaspillage qu'elle peut entraîner et agir en conséquence. Avant de partir de chez vous, pensez à la journée qui vous attend : attrapez une tasse si vous allez boire un café à emporter, une gourde si vous partez en randonnée ou une chope si vous comptez assister à une fête de la bière. Empaquetez une assiette et des couverts si vous projetez de vous rendre à un pique-nique de groupe ou à un déjeuner de charité. Munissez-vous d'une petite pique en Inox si vous prévoyez de tester des échantillons au supermarché ou au marché. Apporter son matériel demande d'être prévoyant, et, en de rares occasions, vos efforts se révéleront inutiles : l'organisation caritative peut servir son déjeuner dans un service en faïence par exemple. Mais, dans la plupart des cas, ces simples gestes éviteront qu'une ressource précieuse ne finisse à la poubelle. Il vaut mieux être préparé et agréablement surpris que frustré et déçu.

Appliquer le zéro déchet en dehors de chez vous prolonge non seulement vos efforts en matière de sauvegarde de l'environnement, cela représente également une occasion en or pour partager vos connaissances, et peut-être même inspirer certaines personnes à suivre votre exemple.

MANGER HORS DE CHEZ SOI

Le mode de vie zéro déchet partage de nombreuses valeurs avec le mouvement Slow Food[1]. Il utilise des méthodes visant à faciliter la préparation de repas maison, dont les ingrédients sont souvent plus sains et moins générateurs de déchets que dans la plupart des restaurants (en termes d'origine, de condition-nement, de contrôle des portions et de restes). Par conséquent, vous irez moins souvent au restaurant, mais ça ne veut pas dire pour autant que vous « man-gerez moins dehors »... car cela incite à pique-niquer !

Restaurants et plats à emporter

L'année dernière, à l'occasion d'une activité surprise en famille (voir chapitre « Les fêtes et les cadeaux »), nous nous rendîmes dans un restaurant de barbe-cue coréen, genre culinaire que les enfants n'avaient jamais expérimenté. Nous prîmes place autour d'une table et fixâmes le menu, incapables de prendre une décision devant tant de choix. Sur les conseils de notre gentil serveur, nous finîmes par choisir le « menu

---

1. Slow Food est un mouvement international dont la vocation est de défendre une « haute qualité alimentaire » et de sensibiliser les citoyens à leur responsabilité sociale et environnementale.

spécial », qui promettait de nourrir quatre personnes. Quand on nous apporta notre commande, nous nous rendîmes compte que nous avions commandé bien trop de nourriture : il y avait tellement de viande, de poisson et de légumes que ça tenait à peine sur la table. Il fallut nous rendre à l'évidence : il était impossible de tout engloutir en un repas. Pour éviter les contenants en plastique que le restaurant fournissait pour emballer les restes, nous nous forçâmes à manger, de façon à ne pas « gâcher » la nourriture devant nous. Accepter un contenant jetable pour éviter qu'un article compostable (à savoir, de la nourriture) soit jeté était hors de question : cela ne pouvait pas rattraper notre erreur de choix, ni remplacer le contenant réutilisable que nous avions omis d'apporter.

Tandis que je portai une cuillerée de porc aux épices à ma bouche, des pensées contradictoires me vinrent à l'esprit : est-ce que me forcer à manger revenait réellement à ne pas gaspiller de nourriture ? Valait-il la peine de se rendre malade pour éviter de ramener un contenant à la maison ? Quand je ne pus plus rien avaler, je finis par accepter la proposition de la serveuse d'emballer nos restes. Trop repue pour me lancer dans un débat écologique, je laissai échapper : « Pas de plastique, s'il vous plaît : j'y suis allergique. » Même si elle n'avait jamais entendu parler d'une telle allergie, elle accepta volontiers (probablement plus facilement qu'avec une leçon d'écologie) et attrapa un bout de papier alu. Pas l'idéal, mais mieux que le plastique. J'aurais peut-être dû me montrer plus honnête et lui expliquer pourquoi je ne voulais pas utiliser de contenant en plastique ; peut-être que le propriétaire du restaurant aurait changé ses habitudes – peut-être pas. Quoi qu'il en soit, cet argument fut efficace – après tout, il est quasiment impossible pour un restaurant de remettre en cause l'état de santé d'un de ses clients.

Voici à quoi penser quand vous sortez dîner au restaurant :

– Le choix du restaurant est tout aussi important que celui du supermarché ! Fréquentez les établissements qui usent de pratiques durables, proposent de la nourriture biologique locale et/ou s'efforcent de réduire leurs déchets ; boycottez ceux qui ne le font pas. La précipitation est l'ennemie du zéro déchet : en général, ce sont les fast-foods qui créent le plus de déchets.

– Évitez les restes. Ne commandez que ce que vous êtes capables de manger. Partagez des grandes portions ou commandez de petites portions individuelles. Les restaurants à tapas et ceux de type japonais adoptent une pratique commune qui lutte contre les déchets : les portions sont petites, généralement à partager, et les plats peuvent être commandés à l'envi.

– N'utilisez que les condiments dont vous avez besoin. Ce n'est pas parce que ceux-ci sont « gratuits » qu'on peut les gaspiller.

– Ne laissez pas le serveur remplir votre verre quand vous n'avez plus soif.

Voici maintenant à quoi penser si vous avez des restes au restaurant ou si vous commandez des plats à emporter :

– Apportez votre propre contenant : nous gardons maintenant un bocal dans la voiture à cet effet ! Un mouchoir propre peut aussi servir (pour un croissant par exemple).

– Demandez du papier sulfurisé, du carton ou de l'aluminium si vous avez oublié d'apporter votre propre contenant. Une simple serviette en papier peut suffire.

– Refusez à tout prix le polystyrène expansé ; expliquez éventuellement que vous y êtes allergique... Non seulement sa production et son élimination sont nocives pour l'environnement, mais ses substances chimiques pénètrent dans la nourriture et sont mauvaises pour la santé.

Les restaurants exposent leurs clients à un énorme gâchis de nourriture et de contenants jetables, mais pas seulement : n'oublions pas les accessoires de service inutiles. Ces pratiques non durables se sont étendues à tous les types de restaurants : elles ne sont plus réservées aux fast-foods. Aujourd'hui, on nous sert un cocktail ou une simple menthe à l'eau avec un agitateur en plastique et un dessous de verre en papier ; un club sandwich avec un cure-dent pour le tenir ; un cornet de glace enroulé dans une serviette en papier ; un plateau de cafétéria avec un set publicitaire ; un plat de fruits de mer accompagné de rince-doigts ; un sandwich à emporter avec un tas de serviettes et des sachets de condiments. Est-ce que toutes ces choses apportent un plus à votre repas ? Personnellement, penser à leur impact sur l'environnement gâche le mien.

Quand on passe commande, il est courant de se renseigner sur les ingrédients qui composent un plat. Pourquoi ne pas aussi demander : « Comment est-il servi ? Avec quels objets jetables ? Le verre d'eau est-il servi avec une paille ? Parce que je n'en ai pas besoin. »

Voici des exemples d'objets jetables à refuser lorsque vous sortez dîner :

– Agitateur à cocktails : mélangez-le (ou demandez au barman de le faire pour vous) avec un couvert.

– Baguettes asiatiques : demandez des couverts réutilisables à la place.

– Cendrier : envisagez d'arrêter de fumer.

– Cornets à pop-corn : remplissez votre propre sac en tissu.

– Couverts : boycottez le plastique ou apportez les vôtres (voir le kit couverts dans le chapitre « Pique-niquer » ci-dessous).

– Couvre-siège pour W-C : ne vous asseyez pas.

– Cure-dents : attendez d'être rentré chez vous pour vous occuper de votre hygiène dentaire.

– Emballages de pains et de viennoiseries : prenez-les à la main ou dans un mouchoir.

– Essuie-mains en papier : essuyez-vous les mains sur votre mouchoir, vos vêtements ou un essuie-mains en rouleau de tissu (un sèche-mains électrique s'il n'y a aucune autre solution zéro déchet).

– Fausse herbe sur un plateau de sushis, cure-dent sur un club sandwich : demandez à ne pas en avoir.

– Feuille à colorier et crayons de couleur pour les enfants : apportez les vôtres.

– Gobelets (et couvercles) : apportez votre gourde (boisson fraîche) ou votre Thermos (boisson chaude).

– Lingettes : lavez-vous les mains.

– Moules à muffins en papier : pourquoi ne pas prendre une pâtisserie à la place ?

– Moules à quiche : commandez autre chose. Faites votre quiche chez vous.

– Pailles : commandez vos boissons sans paille.

– Piques à olives : des doigts propres font l'affaire.

– Pots de glace et cuillères : préférez un cône.

– Serviettes en papier : utilisez votre mouchoir.

– Sets de plateau : ils lavent les plateaux, non ?

– Verrines : suggérez des modèles en verre à la place.

Évitons ces déchets en nous montrant proactifs : on peut refuser la plupart de ces articles à usage unique quand on passe commande. S'ils s'insinuent malgré tout dans votre dîner, proposez des alternatives réutilisables au propriétaire (ou suggérez-lui de simplement les éliminer) et parlez-lui des économies d'argent ! Plus les clients agiront, plus vite ces produits jetables disparaîtront.

Pique-niquer

Le mode de vie zéro déchet incite à renouer avec la nature : quelle meilleure occasion qu'un pique-nique ? Il représente une opportunité d'échapper aux contraintes domestiques, de prendre l'air et d'absorber de la vitamine D ! Pendant la semaine de travail, il permet de faire un break revigorant ; le week-end, il sert de prétexte pour se retrouver entre amis. Pas besoin de perdre son temps à balayer pour recevoir du monde : il suffit de sortir et de profiter de la nature ! Les enfants peuvent s'amuser, loin de leurs jeux électroniques, et trouver une manière créative de s'occuper.

Les pique-niques sont bon marché et sains. Pique-niquer en respectant le zéro déchet est facile si vous avez adopté les méthodes évoquées dans ce livre pour faire vos courses.

Pour être prêts à partir à tout moment, nous gardons un sac à pique-nique dans notre garde-manger. Il contient une assiette et un verre en Inox, ainsi que des couverts en bambou enveloppés dans une serviette en tissu, pour chaque membre de la famille.

Nous emportons également ce kit en camping ou lors de repas de quartier, et ses couverts quand nous prenons l'avion.

Quand nous sommes prêts à partir, nous y ajoutons :

– Une sélection de hors-d'œuvre, dans des bocaux : fromage, saucisson, restes de pizza, poivrons grillés, légumes marinés, cornichons (voir recette des gros cornichons plus bas), œufs durs, olives, tapenade, etc. Jetez un œil dans les étals d'olives pour des idées supplémentaires.

– Quelques oléagineux salés (cacahuètes, noix de cajou, amandes salées, etc.), dans des sacs en tissu.

– Quelques fruits.

- Une baguette.
- Une gourde et une bouteille de vin.
- Une couverture.

Si j'emporte un plat préparé, je l'enveloppe dans un torchon, plié dans un *furoshiki*. (J'utilise cette même méthode si on m'invite à un repas où chacun apporte un plat.)

Gros cornichons à l'aigre-doux

Cette recette toute simple complète à merveille nos pique-niques. Elle remplit un bocal d'un litre.

INGRÉDIENTS

- 5 gros cornichons émincés
- 1 oignon émincé
- 4 cuillerées à café de gros sel
- 1 verre de glace pilée
- 350 ml de vinaigre de cidre
- 150 grammes de sucre
- Épices de votre choix (par exemple, ¼ de cuillerée à café de graines de cumin et 1/8 de cuillerée à café de sel de céleri).

Instructions

1. Dans un grand saladier, mélangez les concombres, l'oignon, le sel et la glace.
2. Posez un poids sur la préparation pendant quelques heures. Je me sers d'une assiette et de mon bocal de farine.
3. Égouttez la préparation.
4. Dans une casserole de taille moyenne, mélangez-la avec le vinaigre, le sucre et les épices.
5. Avant ébullition, éteignez le feu.
6. Versez le tout dans un bocal stérilisé d'un litre.

Note : pour une longue conservation, mettez-les en conserve : immergez et faites bouillir le bocal fermé pendant dix minutes. Personnellement, je ne le fais pas : je les mets au réfrigérateur et ils disparaissent dans le mois.

CAMPER

> « Nous maltraitons la terre parce que nous la considérons comme une marchandise qui nous appartient. Quand nous la verrons comme une communauté à laquelle nous appartenons, nous pourrons commencer à la traiter avec amour et respect. »

Aldo Leopold, dans son livre *A Sand County Almanac*[1].

Le camping n'est pas fait pour tout le monde. L'inconfort et la poussière sont des obstacles insurmontables pour certains, dont ma belle-mère et ma

---

1. Aldo Leopold, *A Sand County Almanac*, Oxford University Press, New York, 1949.

grand-mère. Mais, pour ceux qui peuvent passer outre ces petits désagréments, les aventures au grand air peuvent présenter de nombreux avantages.

Que vous soyez attiré vers le zéro déchet pour des raisons d'économie, d'écologie ou de simplification, le camping en est la parfaite illustration, car il met en pratique de nombreux aspects de ce mode de vie.

Le camping permet de changer de rythme et donne l'opportunité d'expérimenter la vie avec le minimum. Il oblige à se passer des équipements modernes et met le doigt sur ce qui est indispensable. La totalité tient dans le coffre d'une voiture ou un sac à dos ! C'est un excellent exercice pour réévaluer notre attachement à nos petites habitudes et à nos biens matériels. Dans la nature, on relâche nos critères de propreté : on accepte que la poussière fasse partie de la vie, que l'eau doive être préservée, que prendre une douche, se brosser les dents et se maquiller ne soit pas indispensable pour subsister. On abandonne momentanément ces luxes, pour mieux les apprécier à notre retour à la maison.

Le camping resserre aussi les liens familiaux. Il libère du temps pour le jeu (le foot, les cartes, les charades) et la musique (la guitare, le chant). Mais installer le campement, aller chercher de l'eau, préparer les repas et faire la vaisselle représente de surcroît des occasions rares de s'entraider et de vivre le quotidien ensemble. Les murs qui nous séparent à la maison tombent dans la nature : le camping permet de se rapprocher. Pour les parents, c'est un excellent moyen d'apprendre à leurs enfants à respecter l'environnement et de leur transmettre des compétences de survie, telles que faire du feu, pêcher, faire la cueillette et travailler le bois.

L'aspect le plus important du camping, c'est qu'il permet d'être en contact direct avec l'environnement. En rejoignant le monde des daims ou des marmottes, en observant un lapin construire son terrier, en écoutant les grenouilles coasser et les chouettes hululer, en nous réveillant au chant d'un rossignol, nous pouvons voir la terre « comme une communauté à laquelle nous appartenons ».

Malheureusement, le camping n'est plus ce qu'il était. Il n'y a pas si longtemps, les blocs sanitaires attiraient une foule de campeurs qui faisaient la queue aux éviers pour laver leur vaisselle après les repas. Je me souviens que je stressais pour y arriver la première. Aujourd'hui, la vaisselle jetable et les bouteilles d'eau ont remplacé les réutilisables ; les poubelles débordantes se sont substituées aux conversations à l'évier. Le camping est une activité formidable pour profiter de l'environnement, mais camper en générant des déchets est irrespectueux et contradictoire. Cela revient à mépriser la nature, notre gracieuse hôtesse. Puissions-nous « commencer à la traiter avec amour et respect ».

Grâce à des tactiques préventives toutes simples, on peut faire du camping une activité durable. Voici quelques idées auxquelles penser…

Camper sans déchet

– **Nourriture :** les méthodes traitées dans le chapitre « La cuisine et les provisions » et les conseils mentionnés dans le paragraphe « Pique-niquer » ci-dessus fournissent des solutions pour éviter les emballages alimentaires. Emportez votre nourriture dans les contenants (verres, bouteilles, bocaux ou sacs en tissu) que vous utilisez pour faire vos courses. Si vous campez avec un simple sac à dos, vous trouverez aussi des ravitaillements dans le rayon des aliments en vrac : flocons d'avoine et autres mélanges secs tels que les soupes de lentilles, de pois cassés ou de maïs, qui se réhydratent avec de l'eau bouillante. Emportez ceux-ci, ainsi que de petits encas (assortiments de fruits secs ou saucisson), dans des sacs en tissu.

– **Eau :** remplissez des contenants réutilisables (gourdes et bidons pliables) au lieu d'acheter des produits jetables. Pour le camping sac à dos, apportez un filtre à eau pour purifier l'eau des lacs, des rivières et de neige fondue.

– **Nettoyage :** un savon de Marseille pour laver (la vaisselle, vous et vos cheveux, etc.), une éponge métallique pour récurer, un chiffon pour essuyer et une serviette pour vous sécher, c'est tout ce dont vous avez besoin pour rester propre (vous et votre campement !). Vous pouvez aussi laver des plats graisseux avec des cendres (le mélange cendres plus gras donne un savon primitif), puis les frotter avec du sable ou de la terre.

– **Gaz :** bien que ce soit une ressource non renouvelable, le gaz a une combustion plus propre que celle du bois ou du charbon de bois… Vous pouvez rapporter vos bouteilles à leur point de vente : elles sont réutilisables. Quant aux cartouches de butane, elles sont en acier et se recyclent avec vos métaux ferreux (en prenant les précautions mentionnées ci-dessous).

– **Recyclage :** parfois, malgré tous ces efforts environnementaux, on se retrouve aussi avec quelques articles à recycler (bouteilles de bière ou cartouches de gaz par exemple). Si votre terrain de camping ne le permet pas, ramenez-les chez vous pour le faire. Avant de recycler vos cartouches de butane, assurez-vous qu'elles soient *complètement* vides et percez leur base au moyen d'un ouvre-boîte perforateur pour les sécuriser.

– **Compostage** : parfois, malgré tous nos efforts, on se retrouve avec quelques articles à composter (coquilles d'œufs ou peaux d'orange par exemple). Le compostage en tranchées est une manière simple et pratique de les rendre à la nature. Creusez simplement un trou d'environ 30 cm de profondeur, déposez-y vos compostables et recouvrez-les de terre. Nous utilisons aussi cette astuce quand nous voyageons et n'avons pas accès à un composteur.

– **Réparations** : ne jetez pas votre tente simplement parce qu'un de ses piquets est cassé ! Pour le réparer, apportez-le au service après-vente d'un magasin de sport (par exemple Decathlon), achetez un kit de réparation ou contactez le fabricant de votre tente.

Alternatives aux produits de camping

– **Antimoustique** : tamponnez du vinaigre ou frottez de la lavande sur votre peau.

– **Boules Quiès** : ramollissez une boule de cire de fromage (type gouda) de la taille d'une bille entre vos doigts et introduisez-la dans vos oreilles pour passer une nuit tranquille. Si quelqu'un ronfle dans votre famille, vous savez pourquoi elles sont nécessaires !

– **Éclairage de la table** : les lampes solaires sont géniales, mais difficiles à trouver d'occasion. Référez-vous aux instructions de la page 326 pour réaliser vous-même vos bougies votives. Vous pouvez également utiliser une lampe à huile ancienne, alimentée à l'huile de cuisson et munie d'une mèche maison tressée à partir de bouts de coton.

– **Allume-feu** : faites-les vous-même en bourrant des peluches de sèche-linge (ou de la sciure) dans les alvéoles d'une boîte à œufs et en les recouvrant de cire d'abeille, de restes de bougies ou de cire de fromage fondus.

– **Allumettes waterproof** : trempez la tête d'allumettes en carton, l'une après l'autre, dans une des cires mentionnées ci-dessus. (Préférez les allumettes en carton aux briquets rechargeables, le liquide d'allumage étant un produit à base de ressource non renouvelable).

VOYAGER

Quand j'avais seize ans, lors d'un dîner, je fis la connaissance d'un couple qui venait de faire le tour du monde. Tout ouïe, j'écoutai attentivement chacune de leurs histoires et leur posai tout un tas de questions sur le pays, la nourriture et le peuple qu'ils avaient préférés. Cette nuit-là, je restai éveillée, à fixer le plafond, à me remémorer leurs anecdotes et à m'imaginer dans des lieux exotiques : en train d'explorer la savane et de faire un trek dans la jungle par exemple. Je rêvais de caresser un éléphant, de monter à dos de chameau et de plonger avec les requins. J'avais attrapé le virus du voyage.

J'eus la chance d'épouser un homme qui partageait mon envie de découvrir le monde ; ensemble, nous concrétisâmes nos envies d'ailleurs. Nous adaptâmes nos rêves les plus fous à un budget serré et entreprîmes un voyage de six mois autour du monde. Nous partîmes avec d'énormes sacs à dos, pleins à craquer : des vêtements pour les climats chauds et froids, plusieurs paires de chaussures, des livres et des accessoires – tout ça pesait lourd. Une fois arrivé en Inde, notre bagage se mit également à peser sur notre conscience. Dans ce contexte d'extrême pauvreté, notre chargement semblait disproportionné, inapproprié. Il devint indécent, preuve de trop de luxe. Nous réduisîmes nos effets au strict nécessaire (les vêtements que nous portions, des vêtements de rechange, un maillot de bain et un chapeau) et donnâmes le reste contre de beaux sourires. Nous apprîmes que ce n'était pas ce que l'on possède qui rend la vie intéressante, mais ce que l'on vit. Ce voyage élargit nos horizons et nous apprit énormément : il changea les *a priori* que nous avions sur des cultures lointaines et nous offrit une vue différente de la vie. Plus tard, il devint une source d'inspiration pour mes œuvres d'art et mes alternatives zéro déchet.

La seule chose que nous ne sûmes pas apprécier à l'époque, c'est combien il était agréable de prendre l'avion sans culpabiliser : nous n'avions alors aucune idée de l'impact écologique de ce mode de transport.

L'empreinte carbone

Le mode de vie zéro déchet est très positif : il apporte des économies d'argent, un gain de temps, des bienfaits sur la santé... Mais il entraîne aussi une prise de conscience environnementale, et celui qui aime voyager déchante en découvrant l'empreinte carbone du transport aérien.

L'homme est aujourd'hui voué à prendre l'avion : dans notre société de plus en plus mondialisée, de nombreuses relations en dépendent. Mais, en attendant que des scientifiques de génie découvrent des alternatives durables, son empreinte carbone est un problème majeur. Voler ou ne pas voler... est une décision personnelle.

Pour ma part, je suis une expatriée : j'ai épousé un Américain et j'ai appris à en accepter les conséquences. En élisant domicile aux États-Unis, nous nous sommes promis à une vie de coups de fil longue distance et de voyages aériens pour rester en contact avec ma famille et mon pays natal. De simples coups de téléphone ne pourraient jamais permettre à mes garçons de s'immerger dans leur deuxième langue ni remplacer les bisous et les câlins de ma mère. Je suis convaincue de pouvoir rester fidèle au mode de vie zéro déchet toute ma vie, mais je reconnais tout autant avoir besoin de rendre visite à ma famille française. Prendre l'avion fait donc inéluctablement partie de ma vie.

Il revient à chacun d'adopter des changements durables et de trouver l'équilibre entre contraintes régionales et besoins personnels. Les crédits d'émissions de carbone permettent de compenser les conséquences environnementales néfastes de ce type de transport, mais ils ne devraient en aucun cas inciter à prendre davantage l'avion. Au préalable, évertuons-nous plutôt à réduire nos émissions de carbone :

– Réduisez la fréquence de vos voyages : les vidéoconférences peuvent par exemple remplacer les réunions de travail longue distance.

– Réduisez les distances parcourues : pouvez-vous vous contenter de rester dans la région ?

– Envisagez des moyens de transport alternatifs : dans de nombreux pays, y compris en France, les voyages en train sont d'ailleurs souvent plus rapides et plus économiques qu'en avion.

– Préférez les vols directs lorsque vous êtes obligés de prendre l'avion.

– Voyagez léger : avec les conseils donnés au chapitre « Garde-robe », cela devrait être facile.

– Séjournez dans des lieux d'hébergement centraux : ceux-ci ne sont pas nécessairement plus onéreux, et ils vous permettent d'être proche de toutes commodités et de pouvoir vous déplacer à pied.

Il n'existe pas de manière zéro carbone de prendre l'avion, mais il en existe pour réduire ses déchets solides lors d'un vol.

Les objets distribués dans les avions

À l'aéroport, quand l'excitation des vacances ou le stress d'une réunion de travail monopolisent notre énergie, il est facile de mettre ses idéaux écologiques de côté (« J'ai d'autres chats à fouetter »). Il devient alors acceptable que le « tout-jetable » fasse inexorablement partie d'un vol. Exemple type : l'eau en bouteille achetée à l'aéroport, jetée au contrôle de sécurité, rachetée quelques minutes plus tard et commandée aussitôt après avoir embarqué. Ça fait beaucoup d'eau, beaucoup de plastique et beaucoup de déchets en l'espace d'une heure. Avant de monter dans l'avion, la canette vide oubliée dans les toilettes publiques, les emballages de repas à emporter qui jonchent le sol, les journaux qui traînent sur les sièges de la salle d'attente et les poubelles qui débordent à la porte d'embarquement sont les preuves d'une grande négligence. Peu après, dans la cabine, l'hôtesse offre une boisson, ouvre une bouteille individuelle, verse son contenu dans un verre en plastique rempli de glace et la sert, accompagnée d'une serviette en papier. Quand elle vient prendre une deuxième commande, elle s'empare d'un nouveau gobelet et d'une autre serviette en papier. Pendant le vol, ces verres en plastique rejoindront des restes de casse-croûte à moitié finis, des serviettes sales et des emballages alimentaires...

À la maison, le sort de nos recyclables dépend de nombreux facteurs variables : il repose sur le dévouement et sur les efforts conjoints des fabricants, des consommateurs, des municipalités, des transporteurs et des centres de tri sélectif (voir le chapitre sur les « cinq règles »). Mais le sort des contenants à nourriture et à boissons, des restes de repas, des couvertures, oreillers, écouteurs, magazines, chaussettes et autres masques de repos à l'arrivée d'un vol est encore plus compliqué, compte tenu des lois et des réglementations des compagnies aériennes, des aéroports, des douanes et des agences de sécurité et de santé. Au final, très peu de choses finissent par être recyclées. Selon un rapport du Conseil de défense des ressources naturelles[1] : « Avec le nombre de canettes en aluminium que l'industrie aérienne américaine jette chaque année, on pourrait construire 58 Boeing 747... et avec les journaux et les magazines, remplir un stade de foot, creusé à plus de 70 mètres de profondeur. » Malheureusement, le problème des déchets est complexe : il implique de nombreux acteurs, qui se concertent peu pour imaginer des moyens de sauvegarder l'environnement. En attendant patiemment que des changements se produisent au niveau planétaire, le consommateur (à savoir, le voyageur) peut agir, avec un peu de préparation.

Afin de minimiser vos déchets solides lors d'un vol, je vous conseille de vous munir des objets suivants :

– une gourde ou un gobelet en Inox (de type Thermos, si vous prévoyez de commander des boissons chaudes) ;

---

1. Le Natural Resources Defense Council (NRDC) est une organisation non gouvernementale œuvrant pour la protection de l'environnement (*N.d.T.*).

– les écouteurs de votre téléphone portable ;
– une étole en guise de couverture ou d'oreiller ;
– des amuse-gueules (fruits secs par exemple) dans un sac en tissu ;
– de quoi lire : un livre de la bibliothèque, un livre électronique ou un magazine acheté d'occasion ;
– une petite trousse transparente, pour y glisser vos articles de toilette liquides lors du contrôle de sécurité (une alternative durable aux sacs de congélation indiqués).

Pour les vols long-courriers, ajoutez :
– un repas dans un bocal ou un contenant en Inox, ou un sandwich dans une serviette ;
– vos couverts de pique-nique en bambou, enveloppés dans une serviette en tissu ;
– facultatif : un petit oreiller (une veste bien enroulée peut tout aussi bien le remplacer).

Faire les courses quand on est en voyage

Une fois arrivé à destination, souvenez-vous des principes traités dans le chapitre « La cuisine et les provisions » pour faire vos courses de manière zéro déchet. Où que vous mènent vos voyages :
– Familiarisez-vous avec les pratiques de recyclage et de compostage locales.
– Localisez un marché de producteurs.
– Consultez mon application, Bulk, pour localiser les magasins vendant du vrac.
– Sillonnez les rayons des supermarchés pour trouver les aliments vendus sans emballage (les plus courants sont les fruits, les légumes et les petits pains).
– Repérez les magasins spécialisés, tels que les boulangeries et les boucheries.

– Utilisez le(s) sac(s) en tissu et les contenants dont vous vous êtes muni pour votre vol ; à défaut, achetez des produits vendus dans du verre et réutilisez leurs contenants pour acheter en vrac ou à la coupe.

Prendre part à la consommation collaborative

Même si une partie de moi aimerait n'avoir jamais découvert l'impact écologique du transport aérien, il y a un aspect du voyage zéro déchet que j'aurais souhaité découvrir plus tôt : la location de notre maison quand nous nous absentons.

Participer à la consommation collaborative, comme évoqué à la page 46, est logique, du point de vue tant environnemental que financier. Cela met à la disposition des autres les biens que nous n'utilisons pas pendant certaines périodes de temps. Dans le contexte du voyage, ce principe de « partage » inclut la location de voiture, l'échange de maisons et les locations à court terme. Et cela permet de financer en partie nos projets de vacances – si ce n'est de carrément se révéler lucratif !

L'échange de maisons est une manière simple de prendre part à la consommation collaborative, mais nous préférons louer la nôtre : cela nous donne plus de liberté de choix. En outre, ces locations à court terme offrent l'avantage de pouvoir rapporter de l'argent lorsque nous séjournons dans un hôtel ou une location meilleur marché que la nôtre. En campant, nous pouvons empocher un joli bénéfice.

C'est Scott qui a eu l'idée de louer notre domicile. À l'époque, j'avais vu ça comme un coup de génie, mais aujourd'hui je crois plutôt que c'était son rite de passage vers l'indépendance matérielle.

En adoptant le zéro déchet et les nombreuses solutions alternatives que je partage avec vous dans ce livre, nous avons peu à peu appris à nous détacher des biens matériels, à les considérer comme de simples commodités. Aujourd'hui, nous faisons attention à nos meubles car nous voulons qu'ils durent longtemps, mais les phrases du style « j'aime mon lit » ont été remplacées par « je peux louer mon lit ». Nous avons dépassé les tabous liés au fait de laisser notre maison entre les mains de « gens que nous ne connaissons pas » : la caution locative nous suffit comme garantie.

Le minimalisme n'est pas indispensable pour prendre part à cette pratique, mais je reconnais qu'il nous a naturellement conduits sur ce chemin. Par exemple, quitter les lieux est plus facile : rassembler nos affaires personnelles ne prend qu'une quinzaine de minutes ! Dans chacune de nos garde-robes se trouve un bagage à main : quand il est prévu que des locataires arrivent, nous le sortons, le remplissons de la totalité de nos vêtements et de nos articles de toilette, le fermons et nous évacuons les lieux. C'est aussi simple que ça !

Si vous suivez à la lettre les conseils que je vous donne dans cet ouvrage, vous pourrez vous aussi facilement louer votre domicile en votre absence. La première fois, cela demande un peu de préparation, mais ça en vaut bien la peine !

Voici dix étapes à suivre pour mettre votre logement en location :

1. Créez des étiquettes pour indiquer les subtilités de votre habitation. Par exemple, nous avons étiqueté notre réceptacle à « compost », pour éviter la confusion avec la poubelle.

2. Rédigez et imprimez votre « guide opérationnel ». Fournissez-y tous les détails concernant

le chauffage et le matériel électronique ; dressez une liste de contacts téléphoniques utiles ; incluez une carte de votre ville, etc. Nous avons ajouté des conseils sur le fonctionnement du zéro déchet chez nous.

3. Faites appel à un gestionnaire locatif ou choisissez un ami pour accueillir les locataires pendant votre absence et parer à tout problème éventuel.

4. Trouvez un service de ménage pour (a) nettoyer votre maison et (b) laver et changer les draps entre les locataires.

5. Faites des doubles de vos clés.

6. Photographiez votre maison, en plein jour.

7. Inscrivez-vous sur un site de location tel que airbnb.com.

8. Rédigez votre annonce (en mettant votre maison en valeur !) et téléchargez vos photos.

9. Tapez un contrat de location type.

10. « Bookez » des locataires ! La simplicité de votre intérieur en inspirera peut-être à aussi changer de vie.

Note : un gestionnaire locatif peut se charger des étapes 4 à 10 pour vous.

RÉCAPITULATIF DES « CINQ RÈGLES » : CINQ ASTUCES POUR LES SORTIES

Refuser : montrez-vous proactif en refusant la paille pour votre boisson, les écouteurs dans l'avion, etc.

Réduire : ne prenez l'avion que lorsque vous n'avez pas d'autres choix.

Réutiliser : apportez votre propre shampoing quand vous séjournez à l'hôtel.

Recycler : rendez la cartouche de gaz de votre réchaud recyclable en la perforant quand elle est complètement vide.

Composter : pratiquez le compostage en tranchées quand vous faites du camping ou partez en voyage.

S'impliquer

Les conseils offerts dans cet ouvrage visent à vous rapprocher le plus possible du zéro déchet. Vous n'y êtes pas encore parvenu ? Ne désespérez pas. Les alternatives zéro déchet ne s'adoptent pas du jour au lendemain ; au contraire, cette démarche est progressive. Voici les étapes par lesquelles vous passerez sans doute.

1. L'aveuglement : au début de votre cheminement, vous étiez inconscient des enjeux écologiques. Vous viviez comme si les ressources de la Terre étaient inépuisables, comme si votre corps était invincible, comme si votre temps n'était pas compté. Il fut un temps où je bourrais de pochettes en plastique la poubelle de ma cuisine (elle-même équipée d'un sac poubelle), puis mettais le tout dans le conteneur de ramassage. Aujourd'hui, cela me paraît insensé, mais, à l'époque, cela me semblait on ne peut plus normal : les conséquences de mes actes ne m'effleuraient pas l'esprit.

2. La prise de conscience : grâce aux médias ou à vos intérêts personnels, vous avez acquis des connaissances écologiques. Vous avez pris connaissance des effets néfastes du plastique sur la santé et l'environnement ; les mots parabène et bisphénol A vous sont devenus familiers ; vous vous êtes rendu compte que les serviettes en papier étaient fabriquées à partir d'arbres ; vous avez peut-être aussi entendu parler des vortex de déchets. Vous vous êtes dit : « Oh mon Dieu ! Je n'en reviens pas de ce qui se passe ! » Cette prise de conscience a eu trois conséquences possibles : (a) le déni, suivi d'une indifférence au sort des générations futures (vous continuez à vivre votre vie, sans rien changer) ; (b) une dépression écologique suivie d'une incapacité à agir (vous ne joignez pas le geste à la parole) ; ou (c) la motivation, suivie de l'action (vous décidez de faire changer les choses). Le fait que vous soyez en train de lire cet ouvrage signifie, je l'espère, que vous avez choisi cette troisième voie !

3. L'action : vous agissez contre ces problèmes environnementaux, si ce n'est pour vous, du moins pour les générations futures. Vous essayez les solutions alternatives présentées dans cet ouvrage à votre rythme, en fonction de votre emploi du temps, pièce après pièce, jour après jour, semaine après semaine, mois après mois. Vous passez aux réutilisables, localisez un fournisseur de vrac et faites vos plats maison. Vous trouvez désormais que la nourriture dans du verre est plus appétissante que celle enveloppée dans du plastique et qu'une cuisine désencombrée est plus facile à nettoyer. Parfois, vous rencontrez des obstacles (vous ne trouvez pas de vrac ou un magasin refuse de remplir vos bocaux par exemple), mais vous ne vous laissez pas abattre : vous vous souvenez alors que même le plus petit changement est positif pour l'environnement, votre santé et vos finances. Œuvrer pour atteindre le zéro déchet, à votre convenance, c'est ce qui compte vraiment. Cela vous prend du temps aujourd'hui, mais vous savez que vos efforts seront récompensés à l'avenir : c'est du temps bien investi !

4. L'isolement : votre prise de conscience et votre motivation vous font sentir à part. L'insouciance des autres vous saute aux yeux : vous remarquez les gens qui trimballent des bouteilles d'eau jetables, les amis qui passent de la nourriture au micro-ondes dans des contenants en plastique, ou les membres de votre famille qui gaspillent leur argent dans des serviettes en papier. Vous ne comprenez pas pourquoi ils ne changent pas. Vous aimeriez qu'eux aussi embrassent ce mode de vie. Vous êtes constamment tenaillé entre le fait de leur donner des conseils et celui de taire vos inquiétudes. Mais comme l'a sagement dit Bo Bennett[1] : « La frustration, bien que parfois douloureuse, est bénéfique : elle est indispensable à la réussite. » Un ami ou une communauté zéro déchet en ligne, telle que le forum de mon site Internet ZeroWasteHome.com, peuvent vous aider à supporter les critiques qu'on vous adresse. Avec le temps, vous apprenez que c'est ce que *vous* faites qui importe. Certaines personnes disent par exemple que notre famille ne s'implique pas assez parce que nous sommes carnivores et prenons l'avion pour nous rendre en France chaque année. D'autres disent qu'on en fait trop, que notre mode de vie est extrême et peu réaliste. Comment peut-il être irréaliste si nous le vivons ? Nous avons fait face aux critiques en sachant que nos actions résultent d'un choix qui nous convient à *nous*.

5. La confiance : votre persévérance finit par avoir gain de cause. Vous avez compris qu'il y aura toujours des esprits chagrins et qu'il faut les ignorer. Vous dépassez vos frustrations à mesure que votre famille et vos amis acceptent votre changement de vie. Avec le temps, vous avez adopté les méthodes durables adaptées à votre vie et avez abandonné celles qui ne le sont pas : vous vous reposez sur un système qui fonctionne pour votre famille, un système auquel il est facile de se tenir à long terme.

---

1. Businessman américain, auteur de *Year to Success* (*N.d.T*).

Vous avez assimilé les « cinq règles » et les laissez systématiquement vous guider : refuser, réduire, réutiliser, recycler et composter, dans cet ordre, sont devenus une seconde nature. Le zéro déchet est dorénavant sur pilote automatique.

6. L'implication : maintenant que le zéro déchet n'a plus aucun secret pour vous et que vous l'avez optimisé dans votre foyer, vous profitez pleinement des avantages de ce mode de vie. Vous mangez sainement, vous économisez de l'argent, et vos efforts pour l'environnement vous remplissent de fierté. Vous pouvez mettre le temps que vous gagnez à profit, en recevant davantage vos amis, en commençant un potager ou en prenant un cours de cueillette. Mais vous aspirez à plus et cherchez des moyens de rendre à la collectivité, de prolonger vos efforts en dehors de votre sphère privée, de mettre votre expertise au service de la communauté. Vous pouvez concentrer vos efforts en : (a) devenant ambassadeur du mode de vie zéro déchet, (b) faisant entendre votre voix et (c) prenant l'initiative.

DEVENIR AMBASSADEUR DE CE MODE DE VIE

> « Pour triompher, le mal n'a besoin que de l'inaction des gens de bien. »
>
> Edmund Burke,
> homme politique
> et philosophe irlandais.

Une fois le mode de vie zéro déchet adopté, nous avons le pouvoir d'inspirer les autres et de les encourager à mettre en place des alternatives sans déchet en nous montrant positifs. Pour devenir

ambassadeur de ce mode de vie au-delà des suggestions mentionnées dans ce livre, explorez ces pistes :

– Ajoutez vos sources à mon application Bulk.

– Applaudissez les bonnes pratiques.

– Assistez à des débats portant sur les déchets.

– Citez Gandhi : « Soyez le changement que vous
voulez voir dans ce monde. »

– Donnez ce livre à des amis ou à la bibliothèque
municipale.

– Donnez un coup de main à des amis pour
désencombrer leur maison, à des collègues de travail pour adopter des méthodes sans papier.

– Faites appel à des services qui soutiennent ce
mode de vie : un pressing qui réutilise des housses
en tissu, une femme de ménage qui nettoie au
vinaigre et avec des chiffons en tissu, une entreprise
de contrôle des nuisibles qui se sert de produits
naturels, etc.

– Faites des dons aux associations caritatives qui
soutiennent les alternatives zéro déchet.

– Investissez dans des fonds communs de pla-
cement qui soutiennent les initiatives zéro déchet.

– Laissez toujours un lieu plus propre que vous ne
l'avez trouvé : ramassez ce qui traîne avant de partir,
que ce soit en faisant du camping, de la randonnée,
sur la plage ou quand vous promenez le chien.

– Ouvrez les portes de votre maison zéro déchet
aux groupes écologiques intéressés.

– Participez à la consommation collaborative :
mettez vos biens à la disposition des autres.

– Portez-vous volontaire lors d'événements dédiés
à la réduction des déchets, comme des ramassages
d'ordures[1].

_____

1. Les journées écocitoyennes représentent une formidable opportunité de participer à des activités visant à réduire les déchets. Il
existe des événements thématiques (comme Mountain Days, une

– Proposez des solutions durables à votre association de parents d'élèves.

– Rejoignez une association qui se consacre au développement durable et siégez au comité de gestion des déchets.

– Restez positif et gardez le sens de l'humour : vantez les mérites de ce mode de vie !

– Signez les pétitions qui soutiennent le zéro déchet.

– Votez pour les candidats qui proposent des solutions concrètes à la gestion des déchets.

Chaque fois que vous faites vos courses avec des contenants réutilisables, que vous refusez une babiole gratuite ou que vous offrez un cadeau emballé dans un *furoshiki*, ces actes publics font connaître le zéro déchet et inspirent d'autres personnes à suivre votre exemple !

FAIRE ENTENDRE SA VOIX

> « Le système doit certes changer, mais n'oublions pas que le système n'est qu'un groupe d'individus. [...] Cessons d'attendre que le système change. »
>
> Colin Beavan, *No Impact Man*[1].

La voie du zéro déchet n'est pas toujours facile. Compte tenu des pratiques actuellement en vigueur, on est susceptible de rencontrer des obstacles sur

---

initiative de ramassages de déchets en montagne), mais de nombreuses communes organisent de telles initiatives toute l'année. Ramasser les ordures dans la rue ou nettoyer les plages, même si ce n'est pas très glamour, est une excellente manière d'amener une prise de conscience tout en contribuant à la collectivité.
1. Colin Beavan, *No Impact Man. Peut-on sauver la planète sans rendre dingue sa famille ?* Fleuve noir, Paris, 2010.

sa route et de devoir tolérer des méthodes non durables. Bien que ces entraves soient source de frustration, elles représentent une formidable occasion de faire savoir aux politiques, aux fabricants et aux fournisseurs ce que nous ressentons et ce que nous voulons ! Un e-mail, un coup de fil ou une lettre manuscrite peuvent se révéler efficaces pour suggérer la mise en œuvre d'une pratique durable ou la modification d'une qui ne l'est pas. Exprimer nos préoccupations est une bonne manière de soutenir le zéro déchet de façon proactive, mais aussi de participer et d'accélérer les progrès de notre société en matière d'écologie.

Vous ne trouvez pas de magasin proposant de produits en vrac dans votre ville ? Une fois que vous avez adopté les nombreuses alternatives proposées dans ce livre qui ne concernent pas le vrac (telles que refuser ce qui est inutile, réduire vos effets personnels, adopter les réutilisables, recycler, composter, etc.), vous pourrez consacrer toute votre énergie à convaincre vos commerçants d'en vendre ! N'attendez pas passivement le changement : suscitez-le. Contactez le responsable de votre magasin et faites en sorte que les choses bougent. Ne vous servez pas de l'indisponibilité du vrac comme prétexte pour rejeter le mode de vie zéro déchet : servez-vous-en comme moteur pour agir.

Vous êtes frustré de voir les fleurs vendues sous plastique au marché ? Parlez-en avec le propriétaire du stand. Évoquez le fait que de nombreux fleuristes vendent les leurs sans emballage, ce qui les met en valeur et peut se traduire par une hausse des ventes et des économies (puisqu'il n'aura plus à acheter d'emballages).

Vous aimez le petit restaurant du coin, mais non les produits jetables qu'il utilise ? Incitez le propriétaire à échanger ses ustensiles en plastique contre des réutilisables, ses serviettes en papier contre des modèles en tissu. Insistez sur le fait que son établissement n'en sera que plus beau et attirera donc plus de clients.

Les déchets actifs

Accorder notre clientèle (ou non) est l'arme la plus puissante à notre disposition pour soutenir (ou rejeter) les pratiques industrielles actuelles. Toutefois, quand nous sommes obligés d'acheter un produit ou un emballage générateur de déchets, faute d'avoir d'autre choix, la communication sert de plan B. Sans statistique concrète à l'appui, j'estime qu'agir sur un déchet et/ou le renvoyer à sa source compense son impact néfaste sur l'environnement. Ne pas agir, c'est tolérer et perpétuer les déchets ; mais, en agissant, on peut initier le changement. Renvoyer un déchet avec une lettre de suggestion montre que vous êtes dévoué à cette cause et constitue un moyen plus puissant de faire passer votre message que de simples mots. Ce déchet devient alors ce que j'appelle un « déchet actif ».

Avant, nous jetions encore et toujours les mêmes ordures ménagères, mais, aujourd'hui, tout matériau qui atterrit dans notre litre de déchets annuels ou dans le bac à recyclage nous incite à prendre des mesures supplémentaires. Par exemple, j'ai renvoyé des bouchons en plastique à mon producteur de lait pour lui suggérer d'adopter des modèles à rabat sur ses bouteilles ; une autre fois, j'ai réexpédié une brosse à dents défectueuse à son fabricant pour lui conseiller d'envisager une construction plus solide. Eh oui, j'estime que l'empreinte carbone liée à l'expédition de ce déchet actif en vaut la peine. La preuve peu après mes suggestions : j'ai vu ma compagnie d'assurances passer des cartes plastifiées à un modèle en carton, l'école de mes enfants, d'un annuaire scolaire en papier à un numérique, et une marque internationale de cosmétiques, d'un emballage sous blister à un en carton !

Comment écrire une lettre de suggestion

Inutile de vous étendre sur vos préoccupations environnementales ou l'idéologie contenue derrière votre mode de vie. Écrivez une lettre courte et concise : choisissez bien vos mots, soyez poli, faites preuve de tact, montrez-vous diplomate et optimiste. En somme, rédigez un courrier que vous aimeriez recevoir.

1. Commencez par exprimer votre gratitude : mentionnez combien vous appréciez cette entreprise, son efficacité, ses prix abordables ou la disponibilité de ses produits/services.

2. Faites preuve de compréhension envers la pratique actuellement en vigueur.

3. Abordez le problème.

4. Proposez jusqu'à trois solutions constructives.

5. Étayez votre propos avec des exemples probants : comment d'autres entreprises ont réussi à régler ce problème.

6. Montrez en quoi ce changement serait bénéfique pour votre destinataire, en vous concentrant sur les gains financiers.

7. Finissez poliment, sur une note positive.

Exemple de lettre

Chère société de cosmétiques,

J'aime votre crème teintée, car elle reflète parfaitement mon mode de vie et mes convictions écologiques : elle me fait gagner du temps, est biologique, et son emballage est en verre !

Malheureusement, les deux commandes que j'ai passées sur Internet étaient accompagnées d'échantillons. Je sais que ces échantillons vous permettent d'augmenter vos ventes, mais, personnellement, je ne souhaite pas en recevoir : je pense qu'ils sont une perte de ressources (et d'argent, pour vous !) si des clients comme moi n'en ont pas besoin.

C'est pourquoi je vous suggère de les proposer en option au moment de l'achat. Le site en ligne [insérez un nom] par exemple utilise cette méthode. Ceux qui souhaitent recevoir des échantillons n'ont qu'à cocher une case ! Ceux qui n'en veulent pas, eux, vous feront économiser de l'argent !

Selon moi, cette méthode complétera à merveille les efforts que vous faites déjà en matière de protection de l'environnement et vous assurera ma fidélité.

Je vous remercie de votre attention.

Un(e) grand(e) fan,
[Votre nom]

PRENDRE L'INITIATIVE

On a du pain sur la planche avant que notre société adopte le zéro déchet. En attendant, votre récente prise de conscience a dû vous faire remarquer des dysfonctionnements en termes d'organisation, des besoins en matière d'éducation et des incohérences dans les lois. Que ce soit sous la forme d'une activité lucrative ou non, votre expertise et vos talents peuvent rendre service.

Voici quelques idées à envisager :
– Partagez vos capacités d'organisation. Coordonnez une activité zéro déchet, telle qu'un ramassage d'ordures. Créez un club d'achat ou un groupe dédié au développement durable s'il n'y en

a pas dans votre ville. Ouvrez une branche locale d'une association dont l'action a déjà porté ses fruits. Inspirez-vous des associations à but non lucratif, comme l'association La Manne qui récupère les surplus de récoltes pour les personnes dans le besoin (voir le « Carnet d'adresses »).

– Exploitez vos compétences pédagogiques ou domestiques. Animez un atelier sur les solutions alternatives zéro déchet mentionnées dans ce livre ou encadrez une activité : enseignez le compostage, le travail du bois, le raccommodage, la mise en conserve, la couture, la cueillette, la cuisine des restes, etc. Si l'idée de faire cours à des adultes vous intimide, commencez avec des enfants : à l'école ou dans le cadre de programmes parascolaires.

– Participez au processus démocratique. Sensibilisez les autres à un problème qui vous préoccupe ; lancez une pétition contre une pratique ou une loi génératrice de déchets. Pour faire changer une loi, trouvez un exemple illustrant concrètement celle que vous aimeriez voir évoluer, cherchez à obtenir le soutien de personnes ou d'associations partageant vos idées, recueillez des signatures par le biais d'un site Internet comme Change.org et adressez-vous à la juridiction concernée : votre conseiller municipal ou général, votre député, etc. S'il le faut, présentez-vous aux élections !

– Libérez l'entrepreneur qui sommeille en vous ! Proposez un business plan zéro déchet à votre employeur ou changez de plan de carrière en créant votre petite entreprise. Gagnez votre vie en créant un programme lucratif ou un produit qui promeut ou facilite une des « cinq règles » : refuser, réduire, réutiliser, recycler ou composter.

Le chemin et la mise en pratique seront différents pour chacun d'entre nous, mais toutes nos compétences et nos forces sont requises pour effectuer une transition significative. Le zéro déchet réserve des surprises à tous. Qui sait ce que vous allez découvrir sur vous-même en adoptant ce mode de vie ? Pour ma part, je ne m'attendais pas à manger plus sainement, économiser de l'argent, avoir plus de temps pour ma famille et le bénévolat, retrouver la réelle signification des fêtes, être plus tolérante envers autrui, me contenter des aliments disponibles en vrac pour notre alimentation, louer notre maison pour financer nos voyages, et rassembler toute une communauté militante par le biais de mon blog. Ce mode de vie nous a poussés à prolonger nos efforts en dehors de chez nous et à changer de carrières. Par son travail, Scott a pour objectif de faire évoluer le monde des affaires ; avec mon activité de conseillère... et ce livre, j'aspire à casser les *a priori*, à sensibiliser le public et à répandre les alternatives zéro déchet de maison en maison. Il nous reste encore beaucoup à apprendre et à découvrir, mais je peux vous affirmer que la plus grosse surprise que vous réserve le zéro déchet, c'est qu'il changera votre vie... pour de bon et pour le meilleur !

L'avenir du zéro déchet

« Ne doutez jamais qu'un petit groupe de citoyens engagés et réfléchis puisse changer le monde. D'ailleurs, rien d'autre n'y est jamais parvenu. »

Margaret Mead,
anthropologue américaine.

Cela prendra un moment avant que la majorité des gens comprennent que le zéro déchet ne prive pas des plaisirs de la vie mais qu'au contraire il les met en avant. S'il faut du temps pour qu'un foyer se fasse aux méthodes zéro déchet, il en faudra davantage pour qu'une société entière les adopte à l'unisson, dépasse ses *a priori* et en réalise l'avantage financier.

De nos jours, le zéro déchet est considéré comme une stratégie de gestion des ordures ; bientôt, on le verra comme une opportunité économique. Les déchets ne susciteront plus ni dégoût, ni sentiment de culpabilité, ni incertitude ; on les verra, à juste titre, comme des ressources précieuses. Aujourd'hui, les déchets sont le résultat d'une mauvaise organisation, d'une conception bancale et d'infrastructures défaillantes ; demain, ils se conformeront à une série de mesures définies et refléteront une gestion intelligente des ressources.

On me dit souvent : « Si tout le monde vivait comme vous, notre économie s'effondrerait. » Mais, en réalité, c'est en maintenant le cap actuel que nous courons à la catastrophe. Sérieusement, à quoi ressemblerait le monde si nous adoptions tous le zéro déchet ?

Personnellement, je le vois comme ça...

Chaque famille irait faire ses courses avec des sacs en tissu, des bocaux et des cabas ; les supermarchés ne vendraient que des produits en vrac : à la coupe, dans des bacs ou des distributeurs, y compris le vin. Les garde-manger, les réfrigérateurs et les congélateurs seraient remplis de bocaux en verre, dont le contenu serait visible et finirait rarement dans le composteur. Les sièges des toilettes seraient équipés de jets pour le nettoyage et de la technologie Dyson pour le séchage. L'excès de biens matériels ne serait plus vu comme un signe extérieur de richesse, mais comme un comportement irresponsable. Refuser ne serait plus nécessaire puisque les cadeaux matériels seraient considérés comme un gaspillage de ressources, et donc inacceptables sur le plan éthique. Avec une économie de l'occasion forte, les gens partageraient leurs biens et apprécieraient la simplicité volontaire.

Notre santé serait améliorée : la réduction des matières synthétiques, la chute de la consommation de *junk food* et le désencombrement entraîneraient une baisse des taux de cancers, de diabète et d'asthme. Vivre avec moins aiderait les adultes atteints du syndrome de fatigue chronique (comme l'ont attesté sur mon blog des personnes en étant affectées) et les enfants souffrant de troubles du comportement, du sommeil ou du déficit de l'attention (comme en parle Kim John Payne dans son ouvrage *Simplicity Parenting*).

Le zéro déchet serait inclus dans les programmes scolaires. En primaire, l'accent serait mis sur l'origine des matériaux et sur leur sort une fois mis au rebut. Cela inclurait une sortie scolaire aux centres de tri et de compostage voisins. Les cours d'économie domestique seraient remis au programme pour les élèves plus âgés : on leur enseignerait la cuisine et on leur inculquerait des techniques de survie, telles que de simples raccommodages au fil et à l'aiguille. Les enseignants se mettraient d'accord sur un ensemble de fournitures que les élèves pourraient réutiliser d'une année sur l'autre. « Les professeurs autoriseraient la colle maison, et la correspondance et les devoirs scolaires seraient tous informatisés », a ajouté Léo. Le zéro déchet serait également appliqué sur les campus scolaires, à tous les niveaux : les écoles procureraient des bacs pour récupérer les fournitures qui ne servent plus et en faire profiter les générations suivantes d'étudiants.

Chaque communauté créerait sa propre bricothèque et son marché gratuit où les surplus de légumes, de livres et de vêtements seraient partagés. On contribuerait à la cueillette urbaine en permettant aux autres de profiter de nos arbres fruitiers. Les restaurants vendraient des contenants réutilisables pour emporter les restes éventuels. Avoir sa propre voiture serait inutile : tout le monde serait inscrit à un service de véhicules électriques, lequel proposerait plusieurs modèles pour répondre aux différents besoins de transport. Des stations de recharge solaires parsèmeraient les voies routières. On n'aurait pas non plus besoin de posséder de vélos : ils seraient disponibles en libre-service dans des endroits stratégiques. Les routes seraient peuplées de cyclistes roulant sur des voies qui leur seraient exclusivement réservées. Les lieux publics tels que l'aéroport seraient équipés de fontaines à eau, ainsi que de bacs à recyclage et à compost. Un réceptacle à compost séparé recueillerait les crottes de chien.

Chaque ville ramasserait les matières organiques pour les composter (y compris les os de viande et les arêtes de poisson), les objets inutilisables pour les recycler (dont les articles difficiles à recycler tels que les textiles troués, les chaussures usées ou les miroirs cassés) et les objets réutilisables pour les redistribuer. Les organismes gouvernementaux, comme les services d'hygiène, d'urbanisme et de l'environnement, travailleraient main dans la main pour atteindre le zéro déchet. Les décharges seraient fortement taxées (leurs tarifs seraient basés sur un système de redevance proportionnelle au volume et au poids des ordures), puis elles deviendraient obsolètes grâce à la standardisation de l'écoconception. Les fabricants seraient tenus responsables pour l'intégralité du cycle de vie de leurs produits. Le recyclage et le compostage seraient obligatoires pour tous les foyers et toutes les entreprises sous peine d'amende. Par exemple, les salons de coiffure composteraient les cheveux de leurs clients ; l'industrie des pompes funèbres respecterait des pratiques « vertes » d'enterrement ; les maîtres d'œuvre se devraient de porter leurs restes de construction à un entrepôt de récupération. Les marchés de la réutilisation, du recyclage et du compostage représenteraient des solutions plus économiques que la décharge ou l'incinération pour les entreprises, et réduiraient leurs coûts d'exploitation. On pourrait vendre ses recyclables directement aux recycleurs. Les détritus sauvages n'auraient plus lieu d'exister puisque les gens auraient conscience que tout matériau est une ressource précieuse, avec une valeur marchande. Les déchetteries organiseraient des ramassages de déchets dangereux et de médicaments à domicile et proposeraient des services gratuits de déchiquetage de papier. Elles mettraient aussi tout ce qui est réutilisable, dont le compost, les restes de peinture, les fournitures de rénovation et les articles ménagers, à la disposition de la communauté, ou les donneraient à des entreprises de récupération.

L'avenir du zéro déchet implique aussi l'expansion du marché de l'occasion. Les magasins de revente seraient bien plus nombreux qu'aujourd'hui : ils dépendraient de la bonne volonté de la communauté mais aussi d'une collaboration étroite avec les déchetteries. Les tactiques de vente et les critères esthétiques qui persuadent actuellement les consommateurs d'acheter du neuf seraient appliqués aux biens de seconde main. En portant attention à la présentation de leurs marchandises et en respectant des normes de propreté, d'organisation et de qualité, ces magasins regagneraient la confiance des consommateurs et boosteraient le marché de l'occasion. Ils seraient spécialisés, sur le modèle des magasins de vente au détail d'aujourd'hui. Le matériel d'art, la mercerie, les équipements sportifs, les vêtements, les chaussures, les meubles, les articles ménagers, etc. seraient vendus dans des boutiques indépendantes. Cela faciliterait la gestion de l'espace et optimiserait la sélection, y compris la revente de marchandise de petite valeur – rien ne serait refusé par manque de place, comme ça l'est aujourd'hui. Les objets qui ne pourraient être ni reconditionnés ni réparés seraient démantelés pour leurs pièces détachées. Par exemple, une mercerie proposerait des boutons, des rubans, des bobines de fil, des chutes de tissu et du matériel de tricot, organisés par couleur, taille et/ou matière. Ainsi, on pourrait facilement trouver et acheter un seul bouton nacré si besoin. Ces boutiques seraient regroupées en un seul lieu, ou situées proches les unes des autres pour plus de commodité. Dans ce « centre commercial d'occasion », on trouverait aussi un « café de réparations » : les outils y seraient fournis, et, avec l'aide de professionnels, on pourrait presque tout y réparer, des vêtements aux meubles en passant par les vélos et les appareils électroménagers. On trouverait les pièces nécessaires aux réparations, vendues en vrac, dans le magasin de bricolage d'occasion. Les produits difficiles à réparer ou demandant un dépannage spécialisé seraient pris en charge par un programme de responsabilité élargie des producteurs (REP) : il reviendrait donc aux fabricants de les reprendre.

Excès de zèle ? Eh bien, non. Excepté les toilettes équipées d'un système Dyson, toutes ces initiatives existent déjà ! (Voir le « Carnet d'adresses ».) Malheureusement, elles sont éparpillées un peu partout dans le pays et de par le monde. Certaines ne sont apparues que récemment, mais d'autres existent depuis longtemps déjà. Par exemple, le mode de transport que j'évoque existe dans des villes comme Paris et Bordeaux ; le centre commercial de mes rêves est le prolongement d'un magasin Emmaüs en Provence auquel je me rends chaque année. En recueillant, triant, réparant et revendant les articles ménagers qui lui sont donnés, cette association caritative internationale crée des emplois et fournit un abri à des personnes exclues de la société. Elle a parfaitement compris la rentabilité de la récupération des ressources. Emmaüs démontre le potentiel de création d'emplois et de croissance économique que le zéro déchet occasionnerait à plus grande échelle. La réutilisation, le recyclage et le compostage offrent bien plus d'opportunités professionnelles et économiques que la décharge ou l'incinération.

Selon un rapport datant de 2009 du Cascadia Consulting Group, les activités de tri, de traitement, de courtage et de transport liées au recyclage créent dix fois plus d'emplois par tonne de matériel que la décharge, et ça rapporte plus ! Le zéro déchet offre encore plus de perspectives d'emplois dans l'industrie de la réutilisation. Des emplois répondraient à la demande en réutilisables, dont leur fabrication, leur mise en place et leur entretien, pour l'intégralité de la chaîne d'approvisionnement (des fournisseurs aux consommateurs) : dans les magasins d'alimentation (présentoir à vrac et conteneurs pour le transport), les hôtels (distributeurs de produits corporels) et le transport aérien (restauration), par exemple. Optimiser la commercialisation des articles de seconde main créerait de l'emploi dans le transport, le tri, le démantèlement, la réparation, le nettoyage, le reconditionnement, le contrôle qualité, la tarification, le merchandising, la gestion des stocks et la vente ! En outre, cela boosterait l'économie locale. Dans l'éducation, des postes viseraient à sensibiliser la population puis à la former à ce nouveau marché de l'emploi. Nous achèterions moins dans l'ensemble, et la demande pour les produits manufacturés baisserait considérablement, mais nous dépenserions moins et aurions donc besoin de moins gagner d'argent.

Mais le plus grand défi sera d'instaurer des normes sociétales, de passer des lois et d'imposer des pratiques industrielles « du berceau au berceau ».

Tout comme nous avons mis en place un système préventif pour éviter que les déchets n'entrent chez nous, nous devons établir des lois pour éviter qu'ils ne s'insinuent dans notre société. Il va de notre responsabilité d'élire un gouvernement qui prenne des mesures préventives, et de celle des fabricants de concevoir des produits intelligents, réutilisables, durables et non générateurs de déchets. Tout produit devrait passer des contrôles de recyclabilité ou de biodégradabilité (sa conception « du berceau au berceau » devrait être démontrée) avant d'apparaître sur le marché. Les matériaux non recyclables ne pourraient donc pas prospérer. Tout produit (ou le bac à vrac qui le contient) indiquerait la marche à suivre lorsqu'il n'est plus utilisable (le réutiliser, le réparer ou le recycler/composter), ainsi que l'indice de son empreinte carbone, pour aider les consommateurs à prendre des décisions durables. La multitude de labels écologiques qui existent actuellement (et qui embrouillent le consommateur) ne serait plus nécessaire, car les différentes organisations qui les attribuent auraient collaboré à la standardisation des procédures décrites ici.

Alors, combien de temps avant d'atteindre une société zéro déchet ? Tout dépend de *vous* et du pouvoir de la communauté : des efforts conjoints des élus, des industriels, des professeurs, des gérants de supermarché, etc. Ce changement a de quoi nous réjouir. Maintenant que vous savez que le zéro déchet ne concerne pas seulement la réduction des déchets – il s'agit de prendre part à sa communauté, d'adopter une vie plus saine, d'apprécier les plaisirs simples, de gagner en efficacité, d'accorder la priorité à ce qui est important, de se découvrir –, imaginez tout un monde profitant des bienfaits de ce mode de vie ! Imaginez ce qu'une civilisation pourrait accomplir si elle se libérait de ses besoins matériels pour céder la place à la richesse intérieure !

Nous pourrions tous moins consommer, moins travailler et plus profiter de la vie.

NOTRE HÉRITAGE

Nous ne pouvons pas changer le passé, mais nous pouvons nous concentrer sur le futur. L'avenir du zéro déchet dépend tout autant de ce que nous inculquons à nos enfants que de ce que nous prévoyons de laisser derrière nous. Nous, les adultes, avons un choix à faire : léguer des héritages matériels à nos enfants, ou leur transmettre les connaissances et les compétences nécessaires pour les aider à construire un avenir durable.

D'après mon expérience personnelle et professionnelle, j'ai pu constater que les héritages matériels étaient souvent accompagnés d'un sentiment de culpabilité : une fois qu'un bien nous a été légué, il nous est difficile de nous en séparer. On s'y accroche de peur de décevoir ou d'oublier nos ancêtres, de ne pas respecter les traditions ou de tirer un trait sur une histoire familiale. D'une certaine manière, nos prédécesseurs gardent en partie le contrôle de ces objets. Le psychologue Barry Lubetkin, directeur de l'Institute for Behavior Therapy à Manhattan, a observé cette « culpabilité de l'héritage » chez un certain nombre de patients. Il a déclaré dans un article du *New York Times* : « C'est une tradition malsaine, dans laquelle les gens deviennent esclaves d'objets inanimés [...]. Dès que vous avez décrété que vous ne pouviez pas vous séparer de quelque chose, vous n'avez plus le contrôle de votre vie ni de votre maison. » Je suis sûre d'une chose : je ne veux pas que mes enfants deviennent esclaves de mes effets personnels.

Je projette de leur laisser un héritage différent, un héritage qui pourra se transmettre indéfiniment et ne risquera pas d'être endommagé ou perdu, un héritage capable de subvenir aux besoins de mes descendants, un héritage dont mes enfants profitent déjà aujourd'hui : des connaissances et des compétences. Celles-ci ont tellement plus de valeur que des articles ménagers et des bibelots ! Mon savoir-faire en matière de simplification et de cuisine ainsi que mon dévouement à l'environnement bénéficieront à mes enfants et aux générations à venir.

Avoir ou être ? Quel sera votre héritage ?

Carnet d'adresses

Rejoignez une communauté zéro déchet internationale sur ZeroWasteHome.com, Facebook (page
Zero Waste Home) et Twitter (@ZeroWasteHome).

LES CINQ RÈGLES

PISTES POUR VENDRE OU ÉCHANGER

– Livres : amazon.fr
– Matériaux de construction : lecoindupro.com ;
mes-materiaux-a-vendre.com ; chantiermoinscher.
com ; levidechantier.fr
– Meubles et électroménager : envie.org ; leboncoin.
fr ; vivastreet.com ; craigslist.org
– Objets divers : amazon.fr ; ebay.fr ; leboncoin.fr ;
troc.com ; trocante.fr
– Objets de faible valeur : vide-greniers.org
– Outils et bricolage : outillage.sitoshop.fr ; levide
chantier.fr
– Vêtements de mode/luxe : videdressing.com ;
comptoirduchic.com ; fr.vestiairecollective.com
– Vêtements pour enfants : bbdeluxe.com ; charline
etsescopains.com ; kidsdressing.com
– Vêtements de travail : depiedencap.eu

PISTES POUR DONNER

- Consoles de jeux, CD et DVD : engagement-solidaire.fr
- Jouets : opération « Enfants sans Noël » (facebook.com/OperationEnfantsSansNoel) ; jedonne-mesjouets.fr ; croix-rouge.fr
- Livres et magazines : recyclivre.com ; secourspopulaire.fr ; restosducoeur.org ; oxfamfrance.org ; adiflor.org ; initiatives populaires (circul-livre.blogspirit.com)
- Matériaux de construction : habitat.org
- Lunettes : fondations (lionsclubs.org/FR ; lunettes-sans-frontiere.org) ; opérations annuelles (lafondationkrysgroup.wordpress.com)
- Nourriture : banquealimentaire.org ; restos ducoeur.org ; donappetit.fr
- Objets divers : secourspopulaire.fr ; secours-catholique.org ; emmaus-france.org ; donne.consoglobe.com ; donnons.org ; jedonnetout.com ; objetgratuit.com ; recupe.net ; toutdonner.com ; donoo.eu
- Vêtements, petite maroquinerie, chaussures et linge de maison : lerelais.org

Pour en savoir plus sur la pollution du plastique : futura-sciences.com/magazines/environnement/infos/dossiers/d/developpement-durable-estocade-sacs-jetables-569/page/3/ (site général) ; septiemecontinent.com (site sur le « 7e continent plastique »)

- Pour louer entre particuliers : fr.zilok.com ; location.consoglobe.com ; jelouetout.com ; e-loue.com ; proxiloc.com

- Pour louer sa voiture : buzzcar.com/fr ; drivy. com ; unevoiturealouer.com ; livop.fr ; ouicar.fr
- Pour louer son domicile : airbnb.fr ; papvacances. fr ; abritel.fr ; homelink.fr ; echange-de-maison. com
- Pour louer un bureau : bureauxapartager.com ; bureaupartage.com ; cobureau.com
- Pour louer des outils et du matériel : goopes.com ; bricolib.net ; unpretepourunrendu.com
- Pour trouver des lieux de collecte pour le recyclage domestique : ourecycler.fr ; allo-dechetterie. com
- Pour trouver des lieux de collecte pour l'huile de moteur : vidangefacile.com

Pour en savoir plus sur le recyclage du plastique : biomens.eu/media/misc_media/20_recyclage-plastique.pdf ; encyclo-ecolo.com/Recyclage_du_plastique ; cc-avranches.fr/Le-recyclage-du-plastique

Pour en savoir plus sur le compostage : compostage. info/index.php ; ademe.typepad.fr/files/guide_ademe_compostage_domestique.pdf

LA CUISINE ET LES PROVISIONS

– Pour recycler les bouchons en liège : planeteliege.com/recyclage.php ; ecobouchon. com ; terracycle.fr

MAGASINS PROPOSANT DES PRODUITS ALIMENTAIRES EN VRAC

Applications mobiles pour trouver un magasin de vrac local : zerowastehome.blogspot.com/p/app.html ; zerowastehome.blogspot.fr/2013/04/our-bulk-locator-app-is-out.html

Alter Eco : altereco.com/produits/page.138.Alter-Eco-en-Vrac.html

Auchan : mieux-vivre.auchan.fr

Bio c'bon : bio-c-bon.eu

Biocoop : biocoop.fr

Bio Monde : biomonde.fr

Botanic : botanic.com

Canal Bio (à Paris uniquement) : canal-bio.net

Carrefour (rayon bio) : carrefour.fr

La Louve (à Paris uniquement) : cooplalouve.fr

La Vie Claire : lavieclaire.com

Leclerc : e-leclerc.com

Les nouveaux Robinson : nouveauxrobinson.fr

Magasins U : magasins-u.com Metro (pour les professionnels uniquement) : metro.fr

Naturalia : naturalia.fr

Satoriz : satoriz.fr

- Pour localiser un marché de producteur : bienvenue-a-la-ferme.com/liens-utiles
- Pour trouver un producteur de bio : annuaire.agencebio.org/recherche#producteurs ; annuaire-bio.mobi (application smartphone)
- Pour trouver une production spécifique : ctout-frais.com ; mon-producteur.com ; consommer-local.fr ; reseau-amap.org
- Pour trouver un club d'achat : basebio.com ; achat-groupe-bio.com

- Pour apprendre à cultiver : Renaud Victor et Dudouet Christian, *Le Traité Rustica du potager*, Rustica, Paris, 2011 ; rosalindcreasy.com
- Pour stocker ses recettes dans le cloud : google.com/intl/fr/drive/start ; dropbox.com
- Pour trouver des recettes qui allient les saveurs : Niki Segnit, *Le Répertoire des saveurs*, éditions Marabout, 2012
- Pour trouver des recettes de saison : cuisine-libre.fr/saison
- Pour cuisiner avec les restes : lebruitdufrigo.fr
- Pour apprendre un pliage de serviettes de table : pliages-serviettes.artsdeco.org

LA SALLE DE BAINS, LES PRODUITS DE TOILETTE ET LE BIEN-ÊTRE

- Pour recycler vos médicaments à la pharmacie : cyclamed.org
- Pour en savoir plus sur la toxicité des cosmétiques : asef-asso.fr/mon-bien-etre/nos-syntheses/1397-les-cosmetiques-passes-au-crible-la-synthese-de-l-asef
- Pour savoir utiliser le rasoir au coupe-choux : youtube.com/watch?v=xgl5CTTUFcw
- Pour savoir coudre votre serviette hygiénique : youtube.com/watch?v=zaRtF0Aafds
- Pour savoir utiliser le henné : hennaforhair.com/freebooks/hennaforhairfrench.pdf
- Pour trouver du savon en vrac : envie-de-nature.com/cote-boutique/la-vente-au-vrac
- Pour trouver du shampoing en vrac : envie-de-nature.com/cote-boutique/la-vente-au-vrac
- Pour connaître les douze produits chimiques dont il faut le plus se méfier : david-suzuki.org/fr/publications/ressources/2010/

le-guide-du-consommateur-responsable-12-
substances-toxiques-a-eviter-dans-vos-co
– Pour trouver un khôlier (pot à khôl) : maher-shop.
com/fr/divers/129-khool.html

LA CHAMBRE À COUCHER
ET LA GARDE-ROBE

– Pour localiser une friperie : fripier-fripe.telephone-
adresse.com
– Pour porter une chemise d'homme de différentes
façons : youtube.com/watch?v=CwhDT5r8Uxs
– Pour en savoir plus sur le programme de recyclage des vêtements Patagonia : patagonia.com/
eu/frFR/common-threads
– Pour recycler vos vêtements usagés : lerelais.org

Pour en savoir plus sur le recyclage des chaussures usagées : nike.com/us/en_us/c/better-world/
stories/2013/05/reuse-a-shoe (ou : facebook.com/
nikereuseashoe) ; foryourearth.com/recyclage

LE MÉNAGE ET L'ENTRETIEN

– Pour trouver des articles de récupération afin de
réparer votre maison : freecycle.org ; leboncoin.
fr ; craigslist.org ; mes-materiaux-a-vendre.com ;
chantiermoinscher.com ; levidechantier.fr
– Pour apprendre à réparer soi-même : reparersoi-
meme.com ; commentreparer.com
– Pour emprunter un outil à son voisin : bricolib.
net/trouver-une-bricotheque ; pretoo.fr ; unprete-
pourunrendu.com

- Pour donner des plantes ou du matériel de jardinerie : donnons.org ; recupe.net ; plantcatching.com/fr/give
- Pour donner son surplus de récolte : incredible-edible.info ; craigslist.fr ; banquealimentaire.org
- Pour donner des articles de son animal de compagnie : spa.asso.fr, (les dons acceptés varient en fonction des refuges, se renseigner)
- Pour acheter des friandises en vrac pour votre chien : maxizoo.fr/magasins

LE BUREAU ET LE COURRIER

- Pour trouver des adresses de coworking : bureauxapartager.com ; bureaupartage.com ; cobureau.com
- Pour vendre vos livres : amazon.fr
- Pour recycler vos stylos usagés : terracycle.fr/fr/brigades/brigade-des-instruments-decriture.html
- Pour trouver des marqueurs pour tableau blanc rechargeables : staedtler.fr
- Pour recharger vos cartouches d'imprimante : cartridgeworld.fr/magasins/résultats
- Pour utiliser Google Voice : google.com/google-voice/about.html
- Pour souscrire à un système de stockage dans le cloud : google.com/intl/fr/drive/start ; dropbox.com
- Pour donner vos appareils électroniques qui ne fonctionnent plus : emmaus-france.org; lesdeeeglingues.com ; envie.org ; ateliersansfrontieres.org
- Pour vendre vos appareils électroniques qui ne fonctionnent plus pour leur pièces détachées : ebay.fr
- Pour vous opposer à la communication de votre nouvelle adresse aux sociétés commerciales en

souscrivant au service proposé par La Poste : boutiqueducourrier.laposte.fr/dispatch-pack-reel
- Pour vous inscrire sur la liste Robinson-stop publicité : vosdroits.service-public.fr/R24281.xhtml
- Pour arrêter de recevoir l'annuaire téléphonique : recevoirmesannuaires.pagesjaunes.fr/
- Pour adresser une plainte à la CNIL : cnil.fr/vos-droits/plainte-en-ligne
- Pour un service gratuit de fax électroniques : hellofax.com
- Pour signer électroniquement vos documents : adobe.com/fr/products/acrobat/electronic-signatures-e-signatures.html ; signnow.com
- Pour transformer un document pouvant être imprimé en PDF : cutepdf-writer.softonic.fr/telecharger

LES ENFANTS ET L'ÉCOLE

- Pour faire une chasse au trésor : geocaching.com ; opencaching.com/fr
- Pour donner vos vieux jouets en bon état : jedonnemesjouets.com ; croix-rouge.fr/Actualite/Des-cadeaux-pour-tous-les-enfants
- Pour choisir des jeux appropriés à l'âge de vos enfants : pedagojeux.fr

Pour en savoir plus sur le compostage des couches : emag.suez-environnement.com/happy-nappy-recyclage-couches-1332

Pour en savoir plus sur l'hygiène naturelle infantile (HNI) : editions-jouvence.com/fr/ouvrages/fiches.cfm?ouvrage=K1142&theme=

– Pour trouver des techniques *furoshiki* : furoshikiecoconcept.wordpress.com

LES FÊTES ET LES CADEAUX

– Pour acheter des œufs de Pâques en bois rechargeables : astore.amazon.com/zerowastehomestore-20/detail/B001R18F3A
– Pour offrir un don pour une œuvre de charité : lescadeauxsolidaires.fr ; undonpouragir.fr/carte-cadeau ; elevagessansfrontieres.org/dons-et-legs/offrir-un-animal ; babyloan.org/fr/passports
– Pour plier un billet de 10 euros en forme de chemise : youtube.com/watch?v=Ms_Bpcbmp7I
– Pour une application d'origami pour les billets : itunes.apple.com/fr/app/euro-origami/id472904680?mt=8
– Pour chercher un objet d'occasion spécifique : ebay.fr ; leboncoin.fr ; craigslist.org ; freecycle.fr
– Pour emballer vos cadeaux dans un *furoshiki* : furoshikiecoconcept.wordpress.com
– Pour faire du volontariat pendant les vacances : france-volontaires.org/-Devenir-volontaire- ; espacebenevolat.org/espActions/Default ; francebenevolat.org
– Pour participer à une action enfance Noël : boursedusamaritain.ca/occ/participer.aspx
– Pour recycler ses guirlandes de Noël : truffaut.com ; magasins-u.com
– Pour acheter des équipements sportifs d'occasion : ataos.com
– Pour acheter des jouets d'occasion : bourse-aux-jouets.org
– Pour acheter des cadeaux faits main : etsy.com/fr

LES SORTIES

– Pour en savoir plus sur le mouvement Slow Food : slowfood.fr
– Pour en savoir plus sur les effets des Styrofoam sur la santé et l'environnement : nacicca.org/IMG/pdf/ecotoxicite_polystyrene.pdf
– Pour faire réparer votre tente : atelier.decathlon.fr
– Pour calculer votre bilan carbone : calculateur-carbone.org/index.php?type_page=questionnaire&page=general%1 ; coachcarbone.org
– Pour louer votre maison : airbnb.fr ; papvacances.fr ; abritel.fr
– Pour louer votre voiture : drivy.com ; unevoiturealouer.com ; livop.fr ; ouicar.fr

S'IMPLIQUER

– Pour participer à des activités visant à réduire les déchets : mountain-days.org/accueil.html ; initiativesoceanes.org ; surfrider.eu/fr.html
– Pour avoir des modèles d'associations de réduction des déchets : lamanne.org/?page_id=113 ; ville-montluel.fr/Collecte-de-fruits-et-legumes.html ; refedd.org/qui-sommes-nous/collectes-ventes-emmaus-refedd.html ; recyclagesolidaire.org

CONCLUSION

Note : ces sites étant répandus partout dans le monde, certains sont en anglais.

À la maison

- Supermarchés de vente exclusivement en vrac : beunpackaged.com
- Magasins de vente en vrac de produits spécifiques : la-cure-gourmande.fr (biscuits) ; mariagefreres.com (thés) ; glups.fr (bonbons) ; vinenvrac.fr (vin)
- Magasin constitué de comptoirs à la coupe : avignon-leshalles.com/index.html
- Distributeur de vin en vrac en supermarché : reserves-precieuses.fr/indexCuve.html

À l'école

- Programme pédagogique incluant le zéro déchet : zerowasteeducation.co.nz ; cc-saulnois.fr/documents/Ordures%20Menageres/programme%20pedagogique%20cycle%203.pdf?PHPSESSID=9gkg25e1mt5kc9fro5b30nnsj4
- Sortie scolaire au centre de tri et de compostage : ac-grenoble.fr/ecoles/g3/spip.php?article2538
- Programme d'économie domestique : doe.k12ga.us/Curriculum-Instruction-and-Assessment/CTAE/Pages/Family-and-Consumer-Sciences.aspx
- Cours universitaires sur le zéro déchet : ivc.edu/careered/certificates/Pages/zerowaste.aspx
- Campus zéro déchet : museschool.org ; grrn.org/page/zero-waste-campuses
- Compostage sur campus : uvsq.fr/le-tri-selectif-s-installe-a-l-ufr-des-sciences--252814.kjsp?RH=ACCUEIL-FR
- Bacs mis à la disposition des élèves pour la réutilisation : montgomeryschoolsmd.org/departments/studentaffairs/sao/supplies

En société

- Emprunt d'outils : rqparis19.org/NosActions/Bricotheque
- Gratiferias : paris.reelledemocratie.net/node/1720
- Échange de surplus de récolte : troctonjardin.blogspot.fr
- Échange de livres : circul-livre.blogspirit.com/circul-livre-dans-le-12eme.html
- Échange de vêtements : chacunsatribu.com/des-idees/actu/troc-party-paris.htm
- Cueillette urbaine : incredible-edible.info ; fallen-fruit.org/media/maps-2
- Restaurant vendant des contenants réutilisables pour emporter ses restes : nmsu.edu/atnmsu/cur/taostogoprogram.html (Etats-Unis)
- Voitures électriques en libre-service : avem.fr/?page=libre_service_ve
- Stations de recharge : fr.chargemap.com
- Vélos en libre-service : velostation.com (province) ; velib.paris.fr (Paris uniquement)
- Voies cyclables : voiesvertes.com ; voies-vertes.info

Espaces publics

- Fontaines publiques : eaudeparis.fr/jsp/site/Portal.jsp?search_action=search_action&page=directory&id_directory=4&search
- Réceptacles pour le recyclage et le compostage à l'aéroport : flysfo.com/web/page/index.jsp
- Réceptacle et compostage des déjections canines : envirowagg.com/green_partners.html
  Compostage de ville (dont les os et arêtes de poisson) : sfrecycling.com/index.php/for-homes/residential-recycling-compost-trash
- Ramassage de textiles et de chaussures usagés : eurekarecycling.org/page.

cfm?ContentID=4#clothes (textile) ; crrwasteser-vices.com/cities/Laguna_Hills/residents/index.html (chaussures)
- Recyclage des miroirs cassés : buildingresources. org/tumbled_glass.html
- Redevances proportionnées aux déchets livrés (Pay-As-You-Throw) : epa.gov/epawaste/conserve/tools/payt/index.htm
- Responsabilité élargie des producteurs (REP) : entreprises.cci-paris-idf.fr/web/environnement/actualites/2013/rep-ameublement-eco-cntribution-mai-2013 (ameublement)
- Compostage et recyclage obligatoires : villedu-rable.org/2012/12/08/san-francisco-une-ville-zero-dechet-en-2020
- Compostage des cheveux au salon de coiffure : lanouvellerepublique.fr/Loir-et-Cher/Actualite/Environnement/n/Contenus/Articles/2013/05/14/Un-coiffeur-loin-de-couper-les-cheveux-en-quatre-1464512
- Enterrement écologique : greenburialcouncil.org
- Valorisation des déchets de chantier : dechets-chantier.ffbatiment.fr ; chantiervert.com/site/index.php
- Ramassage à domicile des déchets dangereux (déchets ménagers spéciaux, DMS) : esterra.fr/c4-collecte-dms.html
- Ramassage à domicile de médicaments : highland-village.org/index.aspx?NID=598
- Service de déchiquetage de documents à la déchet-terie : marinsanitary.com/document-shredding (contrairement à ma conclusion, celui-ci se paie)
- Matériaux remis à la disposition des résidents : dax.fr/distribution-de-compost (Compost) ; sun-setscavenger.com/index.php/for-homes/household-hazardous-waste#paint (peinture); toronto.ca/reuseit/centres.htm (produits d'entretien) ;

middlebury.edu/offices/business/recycle/mrf/reuse (objets ménagers)
- Magasins d'occasion spécialisés : scrap-sf.org (matériel d'art) ; buildingresources.org/donations_inventory.html (matériel de construction) ; lamaisondemmaus.free.fr (mercerie) ; ataos.com (équipements sportifs) ; vintagemakeup.fr/fripesketchup-boutique-vintage-lyon/ (vêtements) ; envie.org (électroménager) ; renewcomputers.com (informatique)
- Café de réparations : repaircafe.fr
- Centre commercial d'occasion : lamaisondemmaus.free.fr
- Emmaüs : emmaus-france.org

Remerciements

Je tiens à remercier ceux sans qui ce livre n'aurait pas pu voir le jour.

Mon mari, Scott, pour son soutien moral et pour avoir lu tous mes brouillons et assumé les tâches ménagères !

Ma mère, maman, pour son exemple et pour m'avoir transmis ses connaissances (puissent-elles perdurer pour les générations futures).

Mon éditrice aux États-Unis, Shannon Welch, pour sa réceptivité, sa patience et ses encouragements.

Mon agent, Amy Williams, pour avoir décelé l'idée d'un livre en moi !

Mes amies Robin et Kress : Robin, pour m'avoir soutenue quand je me suis embarquée dans ce mode de vie, et Kress, pour m'avoir accueillie quand j'avais besoin de faire une pause dans l'écriture.

Les « Wednesday Walkers », les membres de mon groupe de marche, pour avoir su m'écouter et me conseiller quand j'en avais besoin.

Toute l'équipe de cette édition française : Florent Massot (éditeur) pour mettre cet ouvrage à la disposition de mon pays natal !, Laure Motet (traductrice), pour son étroite collaboration, et Hélène Bouchoucha (chargée des recherches documentaires), pour sa disponibilité.

Et, bien sûr, les lecteurs de mon blog, pour être ouverts au changement et faire connaître le zéro déchet autour d'eux.

Table

10976

Composition
NORD COMPO

Achevé d'imprimer en Slovaquie
par NOVOPRINT SLK
le 10 janvier 2020

Dépôt légal janvier 2015
EAN 9782290095140
L21EPLN001672A012

ÉDITIONS J'AI LU
87, quai Panhard-et-Levassor, 75013 Paris

Diffusion France et étranger : Flammarion